Von Goethe zu Krolow

Heinz-Peter Niewerth (Hrsg.)

Von Goethe zu Krolow

Analysen und Interpretationen zu deutscher Literatur

In memoriam
Karl Konrad Polheim

PETER LANG

Frankfurt am Main · Berlin · Bern · Bruxelles · New York · Oxford · Wien

Bibliografische Information der Deutschen Nationalbibliothek
Die Deutsche Nationalbibliothek verzeichnet diese Publikation in
der Deutschen Nationalbibliografie; detaillierte bibliografische
Daten sind im Internet über <http://www.d-nb.de> abrufbar.

Gedruckt auf alterungsbeständigem,
säurefreiem Papier.

ISBN 978-3-631-57169-9

© Peter Lang GmbH
Internationaler Verlag der Wissenschaften
Frankfurt am Main 2008
Alle Rechte vorbehalten.

Printed in Germany 1 2 3 4 5   7

www.peterlang.de

Inhalt

Ein kleines Vorwort

„In einer Zeit, in der ein Germanist oft nichts viel Besseres ist als ein Medienberater und in der so mancher lebenslang sein meist sehr kleines sogenanntes Spezialgebiet pflegt oder auf jeweils andere Art immer wieder das Gleiche sagt, will das wissenschaftliche Tätigkeitsfeld Karl Konrad Polheims geradezu riesenhaft erscheinen"[1] – diese Würdigung aus kompetentem Mund wirft auch ein Schlaglicht auf dieses Bändchen, das ‚alte' Schüler aus seinem Bonner Oberseminar aus Anlaß seines sich zum achtzigsten Mal jährenden Geburtstags zusammengestellt haben: Viele Forschungsbereiche werden nicht berührt – etwa der große Komplex des Volksschauspiels, der in fünf voluminösen Bänden dokumentiert ist, seine umfangreichen Untersuchungen zu Eichendorff und Marie von Ebner-Eschenbach sowie seine teils bahnbrechenden Arbeiten zur Textkritik. Doch auch die hier versammelten Arbeiten deuten schon auf die mannigfaltigste Art an, welche fruchtbare Lehrtätigkeit er an der Universität Bonn entfaltet hat, denn keiner der hier publizierten Aufsätze steht nicht in einem engen Verhältnis zu ihm – sei es anknüpfend an seine Forschungen, seine Vorlesungen oder an Diskussionen über Themen in seinem Oberseminar.

Polheim hat es vermocht, Literatur als wertvolles geistiges Erbe zu vermitteln, das über und jenseits der Tagesaktualität steht. Für ihn war – und da stand er ganz auf Seiten des von ihm so geschätzten Joseph von Eichendorff – die von manchen Wissenschaftlern praktizierte Konzentration auf den „Zeitgeist" eher ein Dokument geistiger Verarmung. Daß er damit oft in krassem Gegensatz zum modischen Dekonstruktivismus mit dessen Koketterie des „Nicht-verstehen-könnens" stand, war ihm eine innere Genugtuung. Schon in seiner Habilitationsschrift *Die Arabeske. Ansichten und Ideen aus Friedrich Schlegels Poetik*, die 1966 erschien, bezeichnet er sein Vorgehen als Versuch, ausgehend vom Begriff der Arabeske „auch andere Begriffe und Zusammenhänge, mit F. Schlegels Worten: ‚Ansichten und Ideen' aus dessen Poetik aufzuschließen"[2]. Literatur „aufschließen": Das war sein Ziel als akademischer Lehrer, dahin auch wollte er seine Schüler führen.

Das bestimmt auch die Zielsetzung dieses Bändchens, für dessen Vorbereitung zum Druck ich Hans J. Jacobs herzlich danken möchte. Weiterhin gilt mein Dank der Philosophischen Fakultät und dem Germanistischen Seminar der Universität Bonn, die die Publikation mit einem Druckkostenzuschuß ermöglicht

---

[1]   Helmut Koopmann, Zum Gedenken an Karl Konrad Polheim. In: In memoriam Karl Konrad Polheim (23.09.1927 – 16.03.2004). Reden gehalten bei der Akademischen Gedenkfeier am 22. November 2004 im Festsaal der Rheinischen Friedrich-Wilhelms-Universität Bonn. Alma Mater 99, Bonn (Bouvier) 2006, S. 18.

[2]   Karl Konrad Polheim, Die Arabeske. Ansichten und Ideen aus Friedrich Schlegels Poetik. München, Paderborn, Wien 1966, S. 7.

haben. Mit dem Untertitel sucht dieser Band bewußt den Anklang an die Festschrift zum sechzigsten Geburtstag von Karl Konrad Polheim, die 1987 im Peter
Lang Verlag erschienen ist[3]. Hier sollen – in deutlicher Abgrenzung zum oft be-
klagten unverständlich-elaborierten Fachjargon der ‚modernen' Germanistik –
ausgewählte literarische Werke in ihrer ästhetischen oder historischen Dimension erschlossen werden. Das Spektrum dazu ist recht breit: Motivanalysen und
-deutungen, Darlegungen von Problemen und Behinderungen im Entstehungs-
prozeß, psychologische Entschlüsselungen, Form- und Strukturanalysen, Aspekte der Rezeption, ästhetische Zuordnungen – alle diese Aspekte sollen dem Leser eine Hilfestellung geben, das geistige Erbe – das heißt: Werke und Autoren -
besser zu verstehen und „aufzuschließen", ganz in dem Sinne, in dem es Karl
Konrad Polheim in seiner langen Lehrtätigkeit so hervorragend vermocht hat.

Bonn, im September 2007   Heinz-Peter Niewerth

---

[3] Textkritik und Interpretation. Festschrift für Karl Konrad Polheim zum 60. Geburtstag.
     Herausgegeben von Heimo Reinitzer. Peter Lang, Bern-Frankfurt-New York-Paris 1987.

Jens Stüben

Die Konfiguration in Goethes *Egmont*

1. Einleitung

1.1 Die „dramatische Konfiguration"

Karl Konrad Polheim hat, Anregungen insbesondere von Bernhard Seuffert aufgreifend und entscheidend weiterentwickelnd, sich wie kein zweiter Literarhistoriker in Theorie und Interpretationspraxis mit der Gestaltung und Gruppierung der Personen in Dramen und in epischen Texten beschäftigt. Aus der vergleichenden Betrachtung der Stellung der Figuren und ihrer Beziehungen zueinander ergaben sich ihm immer wieder tiefgreifende Erkenntnisse, die oft den Schlüssel zur Interpretation eines Werkes lieferten oder aber sonst kaum bemerkbare Feinheiten der Personencharakteristik und dabei, da Inhalt und Form einander bedingen, auch der Komposition deutlich werden ließen. Begriff und Bedeutung der „Konfiguration" sind mit dem Lebenswerk Karl Konrad Polheims als Forscher und akademischer Lehrer untrennbar verbunden.[1] „Konfiguration" meint das Beziehungsgefüge der Figuren eines Werkes insgesamt, „Konstellation" dagegen eine temporäre und/oder nur einzelne Figuren umfassende Gruppierung; die „szenische Choreographie" schließlich „überträgt die vorübergehenden Konstellationen sowie die unvergängliche Konfiguration aus dem Dramatischen in das Theatralische".[2]

Als Beispiel sei hier, wie dies bereits Seuffert getan hat, Goethes Drama *Egmont* gewählt.[3] Dabei soll die Konfiguration, ebenfalls nach dem Vorbild Seuf-

---

[1]   Vgl. insbesondere den Sammelband: Karl Konrad Polheim (Hg.): Die dramatische Konfiguration. Paderborn u. a. 1997 (Uni-Taschenbücher 1996), mit Beiträgen von Karl Konrad Polheim und Mitgliedern seines Bonner Oberseminars.

[2]   Karl Konrad Polheim: Die dramatische Konfiguration (mit Goethes *Iphigenie* und Hofmannsthals *Rosenkavalier* als Beispielen). In: Polheim (wie Anm. 1), S. 9–32, hier S. 12.

[3]   Bernhard Seuffert: Beobachtungen über dichterische Komposition II. In: Germanisch-Romanische Monatsschrift 3, 1911, S. 569–584, hier S. 569ff. Diesem Aufsatz verdanke ich grundlegende Anregungen und Erkenntnisse. Die zahlreichen Bezüge zu Seuffert können im Folgenden nicht einzeln nachgewiesen werden. – Der Text des *Egmont* wird zitiert nach: Johann Wolfgang Goethe: Sämtliche Werke nach Epochen seines Schaffens. Münchner Ausgabe. Bd. 3.1: Italien und Weimar. 1786–1790, 1. Hg. v. Norbert Miller u. Hartmut Reinhardt. München 1990, S. 246–329 (unter Angabe der Seitenzahl in Klammern); Dokumente zu *Egmont* werden zitiert nach dem Kommentar, ebda, S. 818–884 (mit Seitenzahl), bzw. nach Bd. 16: Aus meinem Leben. Dichtung und Wahrheit. Hg. v. Peter Sprengel. München 1985 (mit Band- und Seitenzahl).

ferts und Polheims, zusammenfassend durch eine graphische Darstellung veranschaulicht werden.[4]

1.2 Übersicht über die Figuren und Figurengruppen im *Egmont*

In Goethes Trauerspiel *Egmont* nennt uns die hierarchisch geordnete Aufstellung der *dramatis personae* namentlich neunzehn Figuren, die wir ohne weitere inhaltliche Rücksichten zu Gruppen zusammenstellen können:

Zwei niederländischen Fürsten (Egmont, Oranien) stehen zwei niederländische Soldaten (Buyck, Ruysum) gegenüber.

Drei spanische Adlige (Alba, Ferdinand, Regentin) kontrastieren mit drei einheimischen Bürgersleuten (Clärchen, ihre Mutter, Brackenburg).

Vier Bedienstete der Adligen (die Schreiber Machiavell und Richard; Albas Soldaten Silva und Gometz) korrespondieren mit einer Gruppe von vier Brüsseler Handwerkern und Kaufleuten (Soest, Jetter; Zimmermeister, Seifensieder).

Wir können zusammenfassend zwei Neunergruppen bilden, und zwar eine Gruppe aus Adligen und zugeordneten Bediensteten und eine Gruppe aus Brüsseler Bürgern und niederländischen Soldaten. Ihnen steht der Schreiber Vansen allein gegenüber. Als Wortführer der niedersten Volksschicht hat er ein Gegengewicht in dem König Philipp dem Zweiten, der, obgleich er selbst nicht auftritt, von Spanien aus alle Fäden in der Hand hält.

Eine andere Ordnung könnte so aussehen:

Die aus Egmont und seinem Sekretär Richard bestehende Zweiergruppe hat im Privaten ihre Entsprechung in der aus Clärchen und ihrer Mutter bestehenden Gruppe. Beiden Zweiergruppen ist je eine Figur zugeordnet: Zu dem flandrischen Statthalter Egmont tritt der in Antwerpen residierende Oranien, zu der Brüsseler Bürgerin Clärchen der Brüsseler Bürger Brackenburg.

Einer weiteren Zweiergruppe (Alba, Ferdinand) ist die Zweiergruppe der spanischen Soldaten (Silva, Gometz) beigegeben. Zu beiden Gruppen lässt sich je eine Figur hinzufügen; diese Figuren stellen zusammen selbst eine Zweiergruppe dar (Regentin, Machiavell), sodass zwei Dreiergruppen, die der spanischen Adligen und die der Personen in spanischen Diensten, gebildet sind.

Die beiden ersten Dreiergruppen (Egmont, Richard, Oranien; Clärchen, Mutter, Brackenburg) und die beiden letzten Dreiergruppen (Alba, Ferdinand, Regentin; Silva, Gometz, Machiavell) ergeben zusammengenommen zwei Sechsergruppen: Sechs Niederländer stehen sechs Spaniern gegenüber. Es bleibt eine dritte, aus drei Zweiergruppen bestehende Sechsergruppe: die Vertreter des niederländischen Volkes (Soest, Jetter; Zimmermeister, Seifensieder; Buyck, Ruysum). Hinzu kommen wiederum Vansen und der König.

---

[4]   Zum Sinn eines Konfigurationsschaubilds (mit Bezug auf Seuffert) vgl. Polheim (wie Anm. 1), S. 14f.

Eine graphische Übersicht kann diese Konstellationen veranschaulichen:

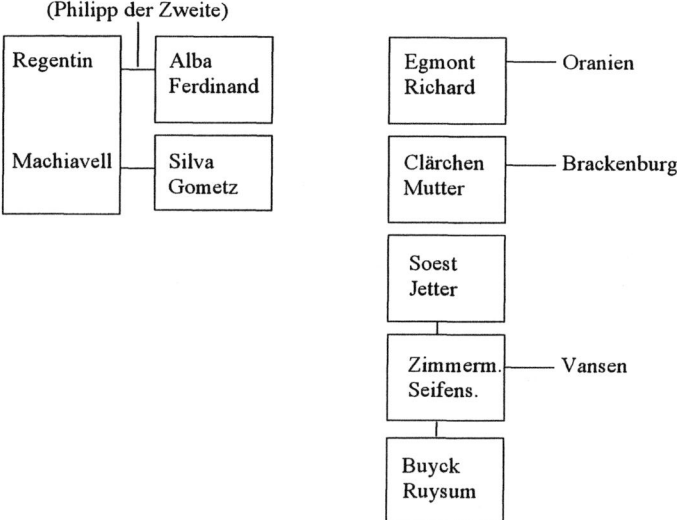

(Philipp der Zweite)

| Regentin | Alba Ferdinand | | Egmont Richard | Oranien |

| Machiavell | Silva Gometz | | Clärchen Mutter | Brackenburg |

Soest Jetter

Zimmerm. Seifens. — Vansen

Buyck Ruysum

Somit sind die Personen einmal nach soziologischen, ein andermal nach ethnologischen Gesichtspunkten geordnet. Diese Gruppierungen verweisen auf soziale und ethnische Gegensätze, die in dem Trauerspiel thematisiert werden.

Fragen wir nach der Konfiguration, so ist zusätzlich die unterschiedliche Bedeutung der Figuren im Hinblick auf den – über die sozialen und ethnischen Gegensätze hinausgehenden – Gehalt des Dramas insgesamt zu berücksichtigen. Vor allem aber müssen die Beziehungen zwischen den Figuren, auch zwischen zunächst weit voneinander entfernt stehenden, in die Darstellung einbezogen werden. Das auffällige Vorherrschen der Zweiergruppen wird uns dazu führen, all jene Beziehungen besonders unter dem Aspekt des Kontrastes zu untersuchen. Am Ende soll die obige (vorläufige) Figurenübersicht durch das (endgültige) Konfigurationsbild ersetzt werden. Eine Gegenüberstellung beider Schaubilder mag dazu beitragen, das dramatische Gefüge insgesamt umso deutlicher sichtbar zu machen.

1.3 Übersicht über den Handlungsverlauf des *Egmont*

Karl Konrad Polheim hat in literarischen Werken immer wieder dem Gehalt entsprechende symmetrische Strukturen entdeckt und herausgearbeitet. So wird sich auch die Konfiguration des *Egmont*, dargestellt durch das Schaubild (Seite 31), als annähernd symmetrisch erweisen.[5] Eine Betrachtung der Folge der Auf-

---

[5] Zur „Symmetrie" als einem „mögliche[n] Prinzip der Konfiguration" s. ebda, S. 15.

tritte dieses Dramas lässt erkennen, dass bereits der Handlungsablauf einer Symmetrie unterliegt:[6]

I/1	Bürger - Buyck - Ruysum - (Egmont)	Bürger und niederländische Soldaten, weiter Volksfestplatz, Öffentlichkeit, Egmont von allen Niederländern verehrt
I/2	Regentin - Machiavell - (Egmont)	hohe Politik, Sorge um Egmont
I/3	Clärchen - Mutter - Brackenburg - (Egmont)	vertraute Atmosphäre, Glück Clärchens, Blick nach draußen
II/1	Bürger - Vansen - Egmont	(weiter) Platz, Macht des Volkes, Aufwiegelung durch Vansen gelingt, Egmont tritt auf und wird bejubelt
II/2a	Egmont - Richard	Egmont bekennt sich zu seiner Lebensform, größte Höhe Egmonts
II/2b	Egmont - Oranien	Gefahr der Entfremdung durch „Sorglichkeit"
III/1	Regentin - Machiavell - (Alba)	höchste Ebene, Furcht vor Alba
III/2	Egmont - Clärchen - (Regentin)	der eigentliche Egmont, Liebesglück
IV/1	Bürger - Vansen - (Egmont)	niedrigste Ebene, Furcht vor Alba
IV/2a	Alba - Silva - Ferdinand - (Egmont)	Lebensgefahr für Egmont
IV/2b	Alba - Egmont	Alba äußert sich zu seinem Vorhaben, größte Höhe Albas, Peripetie
V/1	Bürger - Clärchen - Brackenburg - (Egmont)	(enge) Straße, Ohnmacht des Volkes, Clärchens Aufruf misslingt, Egmonts Name darf nicht ausgesprochen werden
V/2	Egmont	furchtbare Umgebung, Verzweiflung Egmonts, fensterloser Kerker
V/3	Clärchen - Brackenburg - (Egmont)	private Sphäre, Verzweiflung wegen Egmont
V/4	Egmont - Ferdinand - (Bürger)	Egmont und Ferdinand vor spanischen Soldaten, enger Kerker, Privatheit, Egmont von einem Spanier verehrt

---

6　Zur besseren Übersicht sind die Szenen im Diagramm mit einer Zählung versehen. Ich übernehme die Szeneneinteilung von Seuffert (wie Anm. 3, S. 570), der die symmetrisch einander entsprechenden langen Szenen II/2 und IV/2 aufteilt. Eine Übersicht über die Szenen bietet auch Karl Konrad Polheim (Hg.): Zwischen Goethe und Beethoven. Verbindende Texte zu Beethovens Egmont-Musik. Mit Einführung und Kommentar. Bonn 1982, S. 47f.

Die erste Szene ist in vielem das Gegenbild der letzten, die zweite das der vorletzten usw. Die mittlere Szene, die einzige, die den Titelhelden mit seiner Geliebten zusammen auf der Bühne zeigt und in der jener ganz er selbst sein darf,
hebt sich als ‚Höhepunkt' heraus.[7]

1.4 Kommunikation und Konfiguration als Themen des *Egmont*

Weniger die Entfaltung einer komplexen und vielsträngigen Handlung als vielmehr die Kontrastierung verschiedener Charaktere kennzeichnet das Drama *Egmont*.[8] Die Charaktere wiederum repräsentieren großenteils „unterschiedliche
politische Konzeptionen und Haltungen", die einander genübergestellt werden,[9]
sind aber ebenso in den Bereichen des Persönlichen und des Zwischenmensch-
lichen durch deutliche Gegensätze geprägt. Zwar haben die Figuren meist nur
ein einziges Gespräch miteinander,[10] und zum Teil treffen sie auf der Bühne ü-
berhaupt nicht zusammen. Dennoch sind die Beziehungen fast aller Figuren zueinander dem Zuschauer bekannt. So ist Egmont nach dem Ersten Aufzug, obgleich er noch nicht aufgetreten ist, bereits eine lebendige Gestalt: Wir wissen
von den Angehörigen des Volkes (I/1), von der in der Hierarchie über ihm ran-
gierenden Regentin (I/2) und – auf niedererer Ebene – von Clärchen (I/3), wie
sie zu ihm stehen. Auch über Alba, die Regentin und Oranien erfahren wir alles
Wesentliche, ehe sie auftreten, und in kaum einer Szene werden sie nicht erwähnt. Alle haben sich – so wie einst Clärchen – von Egmont ein „Bild" ge-

---

[7] Bekanntlich sah bereits Karl Philipp Moritz in dieser Szene den „Mittelpunkt", den
„höchste[n] Punkt", des *Egmont* (849f.). Auch Volkmar Braunbehrens: Goethes *Egmont*.
Text – Geschichte – Interpretation. Freiburg/Br. 1982, der als einziger den Aufbau des
Dramas, insbesondere die räumliche Struktur, eingehend untersucht hat, sieht im Dritten
Aufzug dessen „Symmetrieachse" (S. 97).

[8] Für Wolfgang Kayser: Anmerkungen des Herausgebers zu *Egmont*. In: Goethes Werke.
Hamburger Ausgabe in 14 Bdn. Hg. v. Erich Trunz. Bd. 4. Textkrit. durchges. u. kom-
ment. v. W. Kayser. 8., überarb. Aufl. München 1974, S. 573–595, entspricht das Werk
dem von ihm umrissenen Typus „Figurendrama" (S. 576) – ein Terminus freilich, der sich
in der wissenschaftlichen Diskussion nicht bewährt hat.

[9] Krzysztof Lipiński: „O was sind wir Großen auf der Woge der Menschheit?" Mechanis-
mus der Macht in Goethes *Egmont*. In: Edward Białek, Manfred Durzak, Marek Zybura
(Hg.): Literatur im Zeugenstand. Beiträge zur deutschsprachigen Literatur- und Kulturge-
schichte. Festschrift zum 65. Geburtstag von Hubert Orłowski. Frankfurt a. M. u. a. 2002
(Oppelner Beiträge zur Germanistik 5), S. 205–215. – Ähnlich Hans-Jürgen Schings:
Freiheit in der Geschichte. Egmont und Marquis Posa im Vergleich. In: Hans Esselborn,
Werner Keller (Hg.): Geschichtlichkeit und Gegenwart. Festschrift für Hans Dietrich Irmscher zum 65. Geburtstag. 2., verb. Aufl. Köln u. a. 1996 (Kölner Germanistische Studien
34), S. 174–193: *Egmont* biete eine reich entfaltete Phänomenologie des politischen Handelns: „Das Volk spielt darin ebenso seinen Part wie die Regentin Margarete von Parma,
ihr Sekretär Machiavell und Wilhelm von Oranien, der Schreiber Vansen ebenso wie der
Spanier Alba, wie Spiegel sie alle gruppiert um den einzigartigen Egmont" (S. 186).

[10] Paul Böckmann: Goethe. *Egmont*. In: Benno von Wiese (Hg.): Das deutsche Drama. Bd.
1. Düsseldorf 1958, S. 147–168, hat auf die Bedeutung des Dialogs hingewiesen (S. 147).

macht (263), und aus Kontrastfarben verfertigt man – so wie die Regentin – von Alba ein (Porträt-)„Gemälde" (284).

Die unterschiedliche Einschätzung der Charaktere ist der Inhalt nahezu aller Gespräche. Immer geht es um die Haltung der Figuren gegenüber Dritten: Egmont und Oranien sprechen über die Regentin und Alba; die Unterredungen der Regentin mit ihrem Sekretär drehen sich um Egmont, Oranien, Alba und den König; Alba und Egmont äußern sich über das niederländische Volk. Auf dem Platz in Brüssel spricht man über die Fürsten; das Thema der Gespräche Clärchens mit der Mutter ist das Verhältnis zu Egmont und Brackenburg; und selbst in der intimsten Szene des Dramas mit Egmont und Clärchen werden Oranien und die Regentin erwähnt und charakterisiert (289f.). Fast alle Aussprachen – das Gespräch Egmonts mit Ferdinand bildet hier eine wichtige Ausnahme – sind für die Personen, denen die Mitteilungen gelten, nicht handlungsleitend und lediglich für den Zuschauer von informativem Wert. Die Unterredung mit Alba bewirkt nichts, denn dieser betont: „Ich ändre meinen Willen nicht" (302). Und auch Egmont erkennt die Vergeblichkeit seiner Argumente: „Umsonst hab ich so viel gesprochen" (308). Was immer gesagt wird, bleibt – mit Ausnahme der Worte Ferdinands zu Egmont – ohne Wirkung. Argumente sind für die Gesprächspartner kaum jemals meinungsbildend,[11] denn deren Auffassungen stehen fest, und die unterschiedlichen Standpunkte sind unverrücklich. Gleichbleibende Charaktere enthüllen in immer neuen Dialogsituationen sich selbst und ihre Beziehungen unter-, ihre Meinungen voneinander. So ist die Konfiguration im *Egmont* nicht allein ein heuristischer Begriff des Interpreten, sondern ein dem Werk selbst inhärentes Prinzip. Das Verhältnis der Figuren zueinander erscheint geradezu als ein Thema unseres Dramas.

2. Figuren und Konfiguration

2.1 Die Zentralfigur: Egmont

Schon aus der Präsenz der Figuren auf der Bühne, aus der Häufigkeit der Nennung ihrer Namen in der Figurenrede sowie aus dem Nebentext lässt sich für die Konfiguration Wesentliches entnehmen. Der Titel des Trauerspiels nennt uns die wichtigste Gestalt: Heinrich Graf Egmont, Prinz von Gaure. Er tritt in sieben der fünfzehn Szenen auf und wird in sieben weiteren erwähnt. Nur in einer einzigen

---

[11]   Diese Beobachtung auch bei Werner Schwan: Egmonts Glücksphantasien und Verblendung. Eine Studie zu Goethes Drama *Egmont*. In: Jahrbuch des Freien Deutschen Hochstifts 1986, S. 61–90, hier S. 61. – Die Mutter (I/3) und Brackenburg (V/3) vermögen Clärchen nicht zu überzeugen, Oranien kann Egmonts Haltung nicht ändern (II/2b), und Clärchen findet beim Volk kein Gehör (V/1). Machiavells Meinung kann die Regentin nicht akzeptieren (I/2), Richards mahnende Worte bleiben ohne Wirkung (II/2a). Die Meinungsäußerung, die Alba von Egmont fordert, dient dem Spanier von vornherein nur, um Zeit zu gewinnen.

der acht Szenen, in denen er nicht selbst erscheint, wird sein Name unerwähnt gelassen (III/1), bevor er dann im folgenden Auftritt umso mächtiger leibhaftig präsent ist. Egmont hält von allen Figuren die meisten Monologe, wovon einer sogar eine ganze Szene füllt (V/2). Er tritt als einziger nacheinander mit fast allen Personen zusammen auf und führt somit auch die meisten Dialoge; keine Figur – ausgenommen wieder Ferdinand (IV/2b, V/4) – hat mehr als eine Begegnung mit ihm. All dies zeigt, wie sehr der Titelheld dominiert und in wie vielen verschiedenen, stets – bis auf sein Verhältnis zu Ferdinand – unwandelbaren Beziehungen er zu den übrigen Figuren steht.

Egmonts Name wird gleich zu Beginn, noch ehe die Namen aller anderen wichtigen Personen fallen, in einer Bühnenanweisung und dann in der Figurenrede als vorbildhaft genannt (I/1), und mit den allerletzten Worten des Dramas spricht Egmont von sich selbst als beispielgebend. Mit Ausnahme des ersten beherrscht der Protagonist die gewichtigen Aktschlüsse. Mehrmals tritt er inmitten einer Szene auf (II/1, II/2a, III/2, außerdem IV/2b), sodass sein plötzliches Erscheinen die Wirkung seiner imponierenden Gestalt dem Zuschauer bewusst macht. Die Bühnenanweisungen unterstreichen die besondere Stellung Egmonts: Die Männer des Volkes „stehn um ihn herum" (270), und von Albas Soldaten wird er „durch die Mitteltüre" abgeführt (309).

Egmont ist die einzige Figur, die alle wichtigeren Personen (außer Brackenburg) kennt und erwähnt – sogar einen Vertreter des Volkes kann er namentlich begrüßen (270) – und die zugleich von jeder Figur gekannt wird. Wir erleben ihn im Verlaufe des Bühnengeschehens in wechselnden Situationen: Seine Person vereinigt die Zuneigung der vertrauten Geliebten, die große Politik und die niederen Amtsgeschäfte, und ihr steht der Hass eines Widersachers gegenüber. Als einzige Figur besitzt Egmont eine derart facettenreiche Persönlichkeit. Alle wichtigeren Figuren vollziehen innerhalb oder außerhalb des Dargestellten eine Handlung, nur Egmont hat bis zuletzt „sein Betragen nicht geändert" (298). Andererseits ist Egmont der einzige Charakter, der sich, indem er seinen Tod am Ende als ein Opfer annimmt, innerlich entwickelt.

Es gibt in dem Drama keine Nebenhandlung und keinen Handlungsteil, der nicht in irgendeiner Weise mit der Person und dem Schicksal Egmonts verknüpft ist. Bereits Schiller behauptete, der „Charakter [...], der an allen Anteil nimmt und auf den sich alle beziehen", sei fast das einzige, was die einzelnen tableauartigen Szenen zusammenhalte.[12] Sämtliche übrigen Figuren haben zu einem gewichtigen Teil die Funktion, das Wesen Egmonts und seine Einzigartigkeit zu beleuchten. Gleich, ob die anderen Personen ihm sehr nahe (Clärchen), weniger nah (Oranien, Regentin) oder sehr fern (Alba) stehen: Wie um einen Fixstern gruppieren sich alle in der Konfiguration um ihn. Schon Goethe selbst betrachtete Egmont (in *Dichtung und Wahrheit*) „als Hauptfigur, um welche sich die übrigen am glücklichsten versammeln ließen" (859).

---

[12] Über Egmont, Trauerspiel von Goethe. In: Schillers Werke. Nationalausgabe. Bd. 22: Vermischte Schriften. Hg. v. Herbert Meyer. Weimar 1958, S. 199–209, hier S. 200.

2.2 Die weiteren Hauptfiguren

Von den wichtigeren Personen des Dramas haben außer Egmont noch drei weitere (Clärchen, Regentin, Alba) sowie die Gruppe der Bürger eine ihnen eigene Sphäre. Es gibt in dem Drama keinen Schauplatz, der nicht einer dieser Figuren zugeordnet wäre.

2.2.1 Clärchen

Die nach Egmont wichtigste Figur ist mit vier Auftritten Clärchen; hinzu kommt die ihre Züge tragende Erscheinung der Freiheit im Schlussbild. Die letzte Figurenrede im mittleren Akt gehört ihr, und ähnlich wie Egmont am Schluss spricht auch sie hier von sich selbst (291). Doch ist sie bereits vom Ende des Ersten Aufzugs an durch Erwähnungen und Anspielungen immer gegenwärtig und prägt so drei weitere Aktschlüsse (I, II, V). Die Mittelszene führt die beiden wichtigsten Personen des Dramas zusammen (III/2).

Clärchen ist das weibliche Pendant zu Egmont als Liebendem. Zwar entstammt sie dem Bürgerstande, doch als Niederländerin hat sie die Liebe Egmonts gewonnen. Jederzeit ist ihr der fürstliche Stand ihres Geliebten gegenwärtig, und sie ist sich ihrer Erwähltheit bewusst. Wie ihr Freund besitzt sie ein lebhaftes Temperament, das sie der Gefahr mit „Mut und Verachtung" (312) begegnen lässt. Um die Zukunft sorgt sie sich nicht, und sie überhört alle Ahnungen und Warnungen der Mutter. Wie Egmont weist sie jeden wohlgemeinten Rat eines nahestehenden Menschen zurück. Von allen wichtigeren Personen dieses Trauerspiels gehen nur Egmont und Clärchen in den Tod.

Doch außer diesen Parallelen gibt es auch bemerkenswerte Unterschiede in beider Wesen.[13] Die Äußerungen und das Verhalten Clärchens sind ganz von der Person ihres Geliebten bestimmt: „mein ganzes Leben widmet ich deinem Leben" (316). Egmont dagegen, der sich über seine Liebe nur knapp andeutend äußert (272, 278, 282), wird auch in solchen Szenen gezeigt, in denen auf die Person Clärchens noch nicht einmal indirekt verwiesen ist. Gewiss, der eigentliche Egmont, „ruhig", „glücklich" (291) und mit seinem Selbstbild identisch, ist – so stellt er sich dar – nicht der Politiker Egmont, sondern ist Clärchens Egmont, der Liebende. Doch die Freundin ist nicht die einzige Freude Egmonts – wir hören, dass er Geselligkeit schätzt, das Spiel und den Reitsport liebt –, wohingegen Clärchen kein weiteres Glück mehr kennt, seit sie den Grafen lieben darf, und immer um ihn sein möchte. Ganz richtig deutet sie ihre Beziehung zu Egmont, wenn sie sich den „kleine[n] Teil" (316) von dessen Wesen nennt.

Für Clärchen hat das Leben ohne den Geliebten keinen Eigenwert: Sie ist „außer" sich (313). Dagegen wird die Freundin in Egmonts großem Monolog nur als imaginäres Mittel, die Freiheit zu erlangen, kurz genannt und allein unter

---

13　Dagegen sieht Robert T. Ittner: Clärchen in Goethe's *Egmont*. In: Journal of English and Germanic Philology 62, 1963, S. 252– 261, Clärchen zweifellos zu einseitig unter negativem Aspekt, wenn er sie als „a contrasting figure to Egmont" darstellt (S. 261).

der irrealen Voraussetzung: „Ach Clärchen, wärst du Mann" herbeigesehnt (315). Bis zuletzt ahnt Egmont nichts von Clärchens Selbstmord und zeigt damit, wie wenig er sich doch in ihrer Gefühlswelt auskennt. Umgekehrt glaubt Clärchen den Geliebten bereits in der Nacht ermordet (317).

Clärchen ist mit Blick auf den Tod anders als Egmont äußerlich „frei", doch sie hasst eine „Freiheit", in der „die Angst der Ohnmacht" liegt (316), und nimmt sich das Leben. Dagegen geht Egmont im Gefühl innerer Freiheit und im Bewusstsein einer handelnd vollzogenen Übereinstimmung mit dem eigenen Schicksal und der Geschichte in den Tod. Nach einem vergeblichen Aufbäumen gegen das drohende Verhängnis ergeben sich Clärchen und Egmont in ihr Geschick, doch das letzte Ziel des Mädchens besteht in der Verleugnung und Aufgabe ihres Selbst, während Egmont seine Erfüllung in der Erhöhung seiner selbst findet. Auch als er den unentrinnbaren Tod vor Augen hat, denkt Egmont an das Leben und stirbt am Ende „freudig" (329). Sein Schritt führt ihn „aus diesem Kerker" (329) gleichsam nach oben, während Clärchen „gehüllt in Nacht [...] die Tiefe" sucht (319). Düstere, unheilvolle Bilder vor Augen, geht sie „heimlich", wie im Schlaf, noch vor „des Morgens Ahndung in das Grab" (318f.). Demgegenüber sind Egmonts Gedanken hell und klar, als er am Morgen zum öffentlichen Hinrichtungsplatz abgeholt wird. Die Art, wie die beiden Liebenden sterben, ist also keineswegs „identisch".[14]

Die Darstellung der Unterschiede des Verhaltens von Egmont und Clärchen darf indes nicht vergessen machen, dass die beiden wesensverwandten Personen aufs engste miteinander verbunden sind. Seuffert stellte im Fünften Aufzug eine Verflechtung der Szenen und der Schicksale fest, die eine „volle seelische Gemeinschaft der Liebenden", eine „Gleichheit der Empfindungen, der Hoffnungen, der Wünsche" darstelle.[15] Hartmut Reinhardt hat in einer subtilen Analyse des Schlussaktes die Seeleneinheit zwischen dem Gefangenen und der Verzweifelten herausgearbeitet.[16] Indem in Egmonts Traum die Bilder Clärchens und der Freiheit, die wiederum mit Egmont wesenseins ist, zusammenfallen, wird die Herzensverwandtschaft zwischen ihm und der Geliebten optisch verdeutlicht. Und doch ist eine absolute Gleichheit damit nicht gegeben. Da nur eine der bei-

---

[14] So aber die sonst sehr genau beobachtende Elizabeth M. Wilkinson: Sprachliche Feinstruktur in Goethes *Egmont*. Zur Beziehung zwischen Gestalt und Gehalt. In: Heinz Otto Burger (Hg.): Begriffsbestimmung der Klassik und des Klassischen. Darmstadt 1972 (Wege der Forschung 210), S. 353–390, hier S. 387.

[15] Seuffert (wie Anm. 3), S. 572f. – Ähnlich hört auch E. M. Wilkinson (wie Anm. 14) in dem von beiden Gesagten ein „Zwiegespräch, in dem die Stimmen so vollkommen aufeinander abgestimmt sind und in ihrer Bewegung so parallel verlaufen, daß ihre räumliche Trennung ohne jegliche Bedeutung erscheint" (S. 387).

[16] „Zwischen Egmont und Klärchen stellt sich eine Simultaneität des Fühlens und Denkens her, als könnte die räumliche Trennung, ja als könnte der Tod dem Einklang der Seelen nichts anhaben". Gefängnis und Clärchens Haus werden „durch das Beziehungsspiel der Worte, die wie Ruf und Echo erklingen, zu einer gemeinsamen seelischen Sphäre verbunden." Hartmut Reinhardt: *Egmont*. In: Walter Hinderer (Hg.): Goethes Dramen. Interpretationen. Stuttgart 1995 (Reclams Universal-Bibliothek 8417), S. 158–198, hier S. 166.

den tragischen Figuren ausschließlich auf die andere bezogen ist, wird erkennbar, dass allein Egmont die Rolle der Zentralfigur zukommt.[17]

2.2.2 Alba

Ähnlich wie der Hauptheld tritt sein Antagonist, Ferdinand Herzog von Alba, das erste Mal inmitten einer Szene vor einer mehr als zweiköpfigen Gruppe seiner Landsleute auf. Dabei kontrastiert der geschlossene Raum, der Culenburgische Palast (IV/2a), mit dem freien, offenen Brüsseler Platz (II/1). Albas Name wird – genau wie der Egmonts (I/1, I/2, I/3) – in drei unmittelbar vorangehenden Szenen (II/2b, III/1, III/2) erwähnt. Bis zum Schluss ist Alba durch wiederholte Nennungen gegenwärtig. Jedoch gehören ihm nur zwei Szenen (IV/2a, IV/2b) – beide am selben Ort, im Palast –, die den beiden Szenen in Egmonts Wohnung (II/2a, II/2b) symmetrisch gegenüberstehen. Während der überall beliebte, leutselige Niederländer an sehr verschiedenen Orten (Platz in Brüssel, in Clärchens Haus, in seiner Wohnung, in der Behausung des Feindes, im Gefängnis) gezeigt wird, ist der verschlossene Spanier in seiner Sphäre verkapselt, obgleich sein mächtiger Einfluss in die Sphären aller übrigen Personen hinüberreicht, an allen sonstigen Handlungsschauplätzen zu spüren ist. Es kennzeichnet den Herzog als Egmonts mächtigen Gegenspieler, dass er in derjenigen Szene am eingehendsten charakterisiert wird, in der die Titelfigur gar nicht erwähnt wird (III/1). Unterschiedlich ist bereits beider erstes Auftreten: Als Egmont vor dem Volk erscheint, wird er sogleich umringt (270); als aber Alba hervortritt, weichen seine Soldaten und Ferdinand zurück (297). Auch Albas Aussehen und Wesen stechen gegen das Erscheinungsbild Egmonts auffällig ab. Der Spanier ist „verschlossen und einsilbig", wie ein eiserner Turm „ohne Pforte" (296), voller Hass gegen fröhliche Menschen und das andere Geschlecht, unnachgiebig und grausam in seiner Amtsführung. Egmont wird uns dagegen als „offen" (258, 262, 291), fröhlich, gesellig und gastfreundlich dargestellt; in seinen politischen Entscheidungen ist er human, den Frauen und den Untergebenen gegenüber mild und gerecht.

Auch die Ideenwelt der beiden Kontrahenten ist gegensätzlich. Alba tritt als Zerstörer des gewachsenen Lebens des niederländischen Volkes auf, der die regionalen Traditionen durch eine von außen aufgezwungene absolutistische Staatsdoktrin zu ersetzen sucht, während Egmont, gestützt auf den politischen Willen seines freiheitsliebenden Volkes, das Herkommen zu verteidigen strebt.[18]

---

[17] Eduard Engel: Goethe. Der Mann und das Werk. 2. Aufl. Berlin 1910, sieht dagegen nicht in Egmont den tragischen Helden, sondern in Clärchen, „denn nur sie geht kämpfend unter" (S. 282).

[18] Egmont ist ein „kenntnisloser, gutgläubiger Dilettant" (Emil Staiger: Goethe. Bd. 1. 2. Aufl. Zürich 1957, S. 292) nur insofern, als er sich auf die durch das Goldene Vlies bewirkte Immunität verlässt. Keinesfalls aber „versagt" er „den großen politischen Fragen seiner Zeit gegenüber" (ebda). Dagegen wird Horst Hartmann: Goethes *Egmont*. Eine Analyse. In: Weimarer Beiträge 13, 1967, S. 48–75, der Person Egmonts eher gerecht, wenn er die Auseinandersetzung mit Alba durch eine „Gleichwertigkeit der Gegen-

In *Egmont* und Alba stehen sich Konservatismus und Reaktion, Duldsamkeit und Despotismus, Volksverbundenheit und bürokratischer Zentralismus, aber auch Optimismus und Skeptizismus, Menschenfreundlichkeit und Missgunst gegenüber.

Alba lebt in einer Welt der Rationalität und der abstrakten Sachzwänge. Er denkt in Kategorien des Vergangenen und des Zukünftigen, und doch muss er die Unberechenbarkeit des Schicksals anerkennen. Egmont dagegen ergibt sich in die Ungewissheit des Geschicks und lebt in einer Gegenwart, deren er sich sorglos und genießend erfreut.[19] Bereits die enge Bindung an den König und an dessen politisches Agieren zeigt den Herzog als unfrei. In *Egmont* hasst er den Selbstsicheren, Erfolgreichen und Freien, während er selbst in Ruhmsucht und Rachedenken gefangen ist. Albas fremdes Wesen ist der Person Egmonts notwendig feind. Dagegen besitzt das liebende Clärchen die größte Wesensverwandtschaft zu Egmont, sodass Alba und Clärchen – bezogen auf die Zentralfigur – in der Konfiguration einander gegenüberstehen.

2.2.3 Die Regentin

Margarethe von Parma, Generalstatthalterin der spanischen Niederlande, tritt zweimal – zusammen mit ihrem Schreiber – auf (I/2, III/1). Zu Anfang beider Szenen hält sie einen Monolog. Sie kennt und erwähnt Egmont, Oranien und Alba, während sie selbst in insgesamt zehn Szenen von fast allen Personen genannt wird. Der mittlere Akt beginnt als einziger nicht mit einer Volksszene, sondern mit dem Auftritt Margarethes, und nur in dieser einen Szene spricht man nicht über Egmont, der – wie auch alle übrigen wichtigeren Personen – den Bereich der Regentin, abgesehen von seinem Erscheinen in ihrem Palast *zwischen* den Szenen (vor II/2a), nicht betritt. Damit erhält die Figur der Generalstatthalterin gegenüber der Zentralfigur, aber auch den übrigen Hauptfiguren, ein gewisses Eigengewicht.

---

spieler" gekennzeichnet sieht (S. 59). Mit Recht schreibt Schwan (wie Anm. 11, S. 85), in der Unterredung mit Alba gewinne Egmont „staatsmännisches Format und menschliche Größe, wenn er mit Impulsivität, Courage und rhetorischer Kraft die freie niederländische Denkart und Lebensweise verteidigt gegen die Argumentation seines Gegners". Zu einem ähnlichen Urteil kommt Irmgard Hobson: Oranien and Alba: The Two Political Dialogues in *Egmont*. In: The Germanic Review 50, 1975, S. 260–274, hier S. 269ff.

[19]   Unter diesem Aspekt betrachtet den Protagonisten und den Antagonisten auch E. M. Wilkinson (wie Anm. 14, S. 371): Sie stellt fest, dass es sich „weitgehend um verschiedene *Seh*-weisen handelt: [...] um einen Gegensatz zwischen Augen, die der ganzen Fülle der Gegenwart [...] geöffnet sind, und Augen, die dem Gegenwärtigen geschlossen bleiben, während der Geist nach Belieben in die Ferne – auch die Ferne der Vergangenheit oder Zukunft – schweift. [...] Dieser [...] Kontrast wird über das ganze Stück verteilt als ein Problem des Lebens, das verschiedene Menschen in verschiedenen Situationen auf verschiedene Weisen verbindet und das auch kreuz und quer durch Nationalverschiedenheiten oder gegensätzliche Personengruppen hindurch verläuft. Die offensichtlich ausgeprägtesten Pole sind Egmont und Alba".

Egmont schätzt die Regentin; sie bringe ihm sogar „fast Liebe" (315) entgegen. Doch sind beide Figuren in mancher Hinsicht Gegensätze. Als eine zwar einflussreiche, aber abhängige Politikerin, die ihr Verhalten an äußeren Gegebenheiten und Einwirkungen ausrichtet, bis sie im Bewusstsein ihrer Ohnmacht abdankt, hebt sich Margarethe gegen Egmont ab, der sein Lebensgesetz in sich selbst hat und daraus ein unbegrenztes Selbstgefühl schöpft. Mit leichter Hand erledigt Egmont seine Amtsgeschäfte; alle „Betrachtungen" (276) weist er zurück, und Alba tritt er ohne Bedenken entgegen. Margarethes Denken und Handeln dagegen ist der Sorge unterworfen, gegenüber dem König und dem Volk agiert sie unsicher; ihre Angst, von Alba verdrängt zu werden, lässt sie den Rückzug antreten.[20] In der Szene, die den Herzog erstmals zeigt (IV/2a), wird überhaupt nicht von ihr gesprochen, nachdem sie zuvor in ausnahmslos allen Szenen entweder anwesend war oder genannt wurde. Albas absolute Macht, die alles andere ausschließt, wird zudem dadurch unterstrichen, dass er die Regentin im Gespräch mit Egmont, der ihr Lob anstimmt (303), geradezu ignoriert.

Der Dritte Aufzug stellt die beiden Frauengestalten Margarethe und Clärchen gegeneinander. Nicht nur das äußere Erscheinungsbild – Margarethes androgyne Züge werden betont –, sondern auch die verschiedenen Tätigkeiten, Jagdsport und Garnwickeln, und die miteinander kontrastierenden Umgebungen, Palast und Bürgerhaus, zeigen den Gegensatz. Das ihr anvertraute Volk lässt die Regentin in realistischer Einschätzung der Sachlage resignierend zurück, während Clärchen mit geradezu männlichem Gebaren sich über die verzagten Bürger erhebt.

2.2.4 Die Bürger von Brüssel

In keiner einzigen Szene wird das niederländische Volk nicht erwähnt. Um das Volk geht es in den politischen Äußerungen Egmonts, der Regentin und Albas. Die beiden ersten und die beiden letzten Akte werden durch Volksszenen eingeleitet. Egmonts Name wird zuerst von Vertretern des Volkes genannt (I/1), sein erstes Auftreten bildet den Höhepunkt einer Volksszene (II/1), und auch am Ende der Schlussszene sind seine Gedanken beim Volk. Die herausgehobene Bedeutung des niederländischen Volkes in unserem Drama lässt es gerechtfertigt erscheinen, als *pars pro toto* die „Bürger von Brüssel" – diese Gruppenbezeichnung findet man im Personenverzeichnis – in den Kreis der Hauptfiguren um Egmont einzureihen.[21]

---

[20] Auch E. M. Wilkinson (ebda, S. 373) betrachtet Egmont und die Regentin als „polar entgegengesetzte Naturen" und beschreibt ihren „unversöhnlichen Gemütsunterschied", der die Gemeinsamkeiten ihrer Sehweisen und Ansichten überlagere.

[21] Eine akribische und differenzierende Analyse der Volksszenen bietet Gonthier-Louis Fink: Bild und Bedeutung des Volkes in Goethes *Egmont*. In: Gerhard Buhr, Friedrich A. Kittler, Horst Turk (Hg.): Das Subjekt der Dichtung. Festschrift für Gerhard Kaiser. Würzburg 1990, S. 223–242. Eine genaue Charakteristik der Bürgerfiguren liefert Braunbehrens (wie Anm. 7), S. 43ff.

Freilich sind die niederländischen Bürger – anders als die im Gleichschritt marschierenden spanischen Soldaten (292) – durch Namen[22] und spezielle Charakteristika als Individuen gekennzeichnet: Zu dem leicht beeinflussbaren Jetter, der als Schneider einige Berufsstereotype personifiziert, und dem meist überlegt urteilenden Soest (beide in I/1, II/1, IV/1, V/1) treten als Kontrastfiguren der ehrenhafte und besonnene Zimmermeister (in II/1, IV/1, V/1) und der erzkonservative, jähzornige Seifensieder (in II/1), sodass bei aller Geschlossenheit der sozial definierten Gruppe doch deutliche Unterschiede im Detail erkennbar sind. Zeichen dieser zugleich bestehenden Einheit und Verschiedenheit ist, dass am Ende der ersten Szene jeder der vier Angehörigen des Volkes – unter ihnen hier die Soldaten Buyck und Ruysum – einen anderen Leitbegriff ausruft („Sicherheit und Ruhe! Ordnung und Freiheit!") und dass daraus doch „eine Art Kanon" entsteht (253).

Die Art, wie uns die Gruppe der Bürger gezeigt wird, vor allem die Art und Weise ihres Sprechens, spiegelt die Entwicklung des politischen Geschehens wider. Im Ersten Aufzug sind die Männer des Volkes noch gesprächig und offen, bringen Toasts auf die Herrschenden aus, im Zweiten Aufzug ist das Reden bereits gefährlich, und die Frage, ob man den Agitator Vansen, der die Lage „immer redenswert" findet (266), reden lassen soll, spaltet die Gruppe. Im vorletzten Akt ist den Bürgern „zu reden verboten" (291), und im letzten Akt kommen sie nicht mehr zu einem Gespräch zusammen und sprechen nur noch wenige einzelne Sätze; Egmonts Name, so der besonders furchtsame Schneider Jetter, soll nun nicht mehr genannt werden (310).

Egmont ist ein wahrhafter Repräsentant seines Volkes, „froh und frei", so wie sich die Niederländer selbst charakterisieren (248). Man rühmt seine Fähigkeiten als Schütze und Feldherr, schätzt seine Freigebigkeit. In seinem Traum, und das meint: in der Zukunft, sieht er durch sein Opfer den Freiheitskampf der Niederländer neu entfacht und damit auch die vorübergehend gestörte Wechselbeziehung zwischen dem Volk und dem Fürsten wiederhergestellt.[23] Egmonts wiedergewonnene Identität wird für ihn (und für den Zuschauer) dadurch sinnfällig gemacht, dass ihm seine eigene Psyche (denn diese selbst ist es und nicht der Geist des toten Clärchen) mittels des Traumes ein Bild von sich, Egmont, erzeugt, bei dessen Ausdeutung er sein Selbstbewusstsein zurückerlangt, ein Bild, das ihn, obgleich tot, als – auch künftighin – lebendige „Symbolgestalt" des niederländischen Volkes, als ‚Ikone' ihres siegreichen Freiheitskampfes,

---

[22] Zu den vier mit Namen versehenen „Bürger[n] von Brüssel" (246) kommen in der Szene „Platz in Brüssel" noch weitere „Bürger" und andere Angehörige des „Volk[es]" hinzu, die alle namenlos sind (266–270).

[23] Die Behauptung Hartmanns (wie Anm. 18, S. 71f.), „Egmonts Erkenntnisse und Schlußfolgerungen" seien „im niederländischen Volk [...] aufgehoben", lässt sich im Text nicht belegen. Nur in Egmonts Bewusstsein wird die Verbindung zum Volk derart überhöht; wie aber das Volk selbst sich verhalten wird, erfährt man nicht aus dem Drama, sondern nur aus der realen Geschichte.

präsentiert. Kraft dieses Bildes ist Egmont ausgesöhnt mit sich selbst und seinem Schicksal ebenso wie mit seinem Volk und dessen Geschichte.[24]
Clärchen steht in mancher Hinsicht dem Bürgertum, dem sie angehört, gegenüber. Sie verteidigt ihre Liebe zu Egmont gegen die Vorhaltungen der Mutter, die mit den Normen des Bürgerstandes argumentiert und sie wegen ihrer Liaison mit dem Grafen „verworfen" (262) nennt. Der Schlussakt zeigt Clärchen und die Brüsseler zueinander in großer Distanz. Da ihr Aufruf an die Bürger vergeblich bleibt, begibt sie sich nur umso schneller und nunmehr endgültig hinüber zu Egmont.[25]
Bereits durch die Dramenhandlung ist der Gegensatz des Spaniers Alba und seiner Welt zu dem freiheitsliebenden Volk der Niederländer klar bezeichnet: Die spanische Ordnung ist durch die absolutistische Zentralgewalt des Königs und auf allen Ebenen von einem inhumanen Uniformismus geprägt, während auf niederländischer Seite die Individualität und die personale Würde hervorgehoben werden, aus denen sich ein „Gemein-Geist" (298) zu bilden vermag. Alba, der im Bewusstsein eigener Machtvollkommenheit das Volk und dessen Eigenheiten geringschätzt und unterdrückt, steht der Regentin gegenüber, die, vom Volke verehrt und ihm wohlgesinnt, ihre Machtlosigkeit eingesteht. Die Generalstatthalterin und die Brüsseler Bürger verkörpern die Bereiche der hohen und der niederen Politik, in die Egmont als Staatsmann und Volksführer eingebunden ist.[26]

2.3 Die Randfiguren

Den bis hierhin besprochenen Figuren einschließlich der Gruppe der Bürger sind jeweils eine oder zwei Randfiguren zugeordnet. Mit diesem Begriff lassen sich die Personen mit geringer eigener Bedeutung zusammenfassen, die meist nur einmal auftreten und nur je zu einer einzigen weiteren Figur eine Beziehung haben: Egmont und der Regentin dient je ein Sekretär, Machiavell und Richard; Clärchen hat ihre Mutter bei sich. Diese drei Figuren sind im Wesentlichen

[24] Am Ende ist die „innere Widersprüchlichkeit" des Titelhelden, seine „Zerrissenheit zwischen auratischer Symbolgestalt" (wie ihn das Volk von Anfang an sieht) und „lebendigem Individuum" (als das er Clärchen begegnet), in der der „Grundkonflikt" des Egmont gesehen wurde, versöhnt. So Franz-Josef Deiters: „Du bist nur Bild". Die Selbstbegründung des Geschichtsdramas in Goethes Egmont. In: Cornelia Blasberg, F.-J. Deiters (Hg.): Geschichtserfahrung im Spiegel der Literatur. Festschrift für Jürgen Schröder zum 65. Geburtstag. Tübingen 2000, S. 65–88, hier S. 77, ähnlich S. 68, 72.
[25] Da zwischen Clärchen und dem Volk am Ende keine Beziehung besteht, kann Clärchens Tod auch nicht symbolisch den Tod des ‚unpolitischen' Volkes bedeuten, wie Georg Keferstein: Die Tragödie des Unpolitischen. Zum politischen Sinn des Egmont. In: Deutsche Vierteljahrsschrift 15, 1937, S. 331–361, meint (S. 356).
[26] Zugleich war die Regentin in Personalunion Statthalterin der Provinz Brabant und damit die unmittelbare Herrscherin über die Brüsseler (vgl. 268f.). Egmont, Statthalter der Provinz Flandern, residiert in Gent (251, 311).

funktionsgleich. Sie vertreten gegenüber den Personen, denen sie nachgeordnet sind, obwohl oder gerade weil sie für jene das Beste wollen, stets eine abweichende Ansicht; so bringen sie die wichtigen Figuren zum Sprechen. Der weitsichtige, staatskluge Machiavell steht überdies im stärksten Kontrast zu dem das Volk tyrannisierenden Alba.

Zu Alba gehören seine beiden Soldaten Silva, der seinem Herrn seine Bedenken verschweigt (299), und Gometz, der im Gespräch über den Herzog einige kritische Töne anschlägt (296). Dennoch funktionieren beide gleich als Empfänger und Ausführende der Befehle des Herzogs, dessen menschenbeherrschende Macht durch sie demonstriert wird. Die Brüsseler Bürger treten am Anfang zusammen mit dem Soldaten Buyck, einem Holländer, und dem Invaliden Ruysum, einem Friesländer, auf.

Alle die Randfiguren, die nicht (wie Richard) mit Egmont selbst sprechen, haben die Funktion, Egmonts freundliches Wesen (Mutter), seine Gewissenhaftigkeit im politischen Handeln (Machiavell), sein unerschütterliches Selbstvertrauen (Silva) sowie seine Tapferkeit und Volksnähe (Buyck, Ruysum) zu charakterisieren. Richard, die Mutter und Silva gehören insofern zusammen, als ihnen Ahnungen in den Mund gelegt sind, die auf den Ausgang des Dramas verweisen: Indem der Sekretär den entfesselt leidenschaftlichen Selbstdarstellungen seines Herrn und die Mutter der Liebesseligkeit ihrer Tochter wenige düstere Worte entgegensetzen, wird auf Egmonts und Clärchens Tod vorausgedeutet. Und Silva bezweifelt den dauerhaften Erfolg von Albas Maßnahmen im Gesamtzusammenhang einer stets wechselvollen Geschichte, wie sie dann Egmonts Schlussvision bildhaft beschwört.

2.4 Der König

Zu den dargestellten Hauptfiguren tritt ein Akteur in Beziehung, der unter den *dramatis personae* nicht geführt wird, dafür aber von der ersten bis zur letzten Szene indirekt umso mehr gegenwärtig ist: Spaniens König Philipp der Zweite (248). Das Wort „König" fällt bereits zweimal, bevor Egmonts Name genannt wird (247), und das politische Problem, um das es in dem Geschichtsdrama geht, wird hier spielerisch vorweggenommen (248). Immer wieder, in zehn Szenen, ist der Monarch Gegenstand des Gesprächs.

Schon dass Egmont bei all seinen Auftritten in spanischer Hoftracht gekleidet ist, womit er seine „Ergebenheit" dem König gegenüber ausdrückt,[27] zeigt die Bedeutung Philipps in der Konfiguration. Als treuer Diener seines Königs und Träger des Goldenen Vlieses glaubt sich Egmont sicher; doch bei seiner Gefangennahme muss er die Allgewalt und Übermacht des Herrschers eingestehen. Die Regentin ist sich der Abhängigkeit von ihrem Bruder nur zu bewusst. Ebenso müssen Clärchen und die Bürger die Auswirkungen der Macht des Königs

---

[27] Braunbehrens (wie Anm. 7), S. 73.

bitter erfahren. Der unmittelbare Einfluss auf Margarethe und Alba, der mittelbare auf Egmont, aber auch die Wirkung auf die anderen Figuren weisen dem König seine Stellung an der Spitze des Konfigurationsbildes zu. Ihm noch übergeordnet ist Kaiser Carl der Fünfte, der Vater Philipps und Margarethes: Sein Name erscheint in der Liste der *dramatis personae*; er wird mehrmals genannt (248, 282), und er hat Egmont das Goldene Vlies verliehen (288). Die Gegenüberstellung der beiden Monarchen durch die Niederländer (248) bestätigt das der Konfiguration unseres Dramas inhärente Prinzip des Kontrastes.

2.5 Die Nebenfiguren

Jede der vier von mir als Nebenfiguren zusammengefassten Personen – Oranien, Vansen, Brackenburg, Ferdinand – lässt sich sowohl der Zentralfigur als auch genau einer der vier übrigen Hauptfiguren zuordnen. Es ergeben sich somit vier zweigliedrige Konstellationen, zu denen jeweils Egmont in Beziehung tritt:

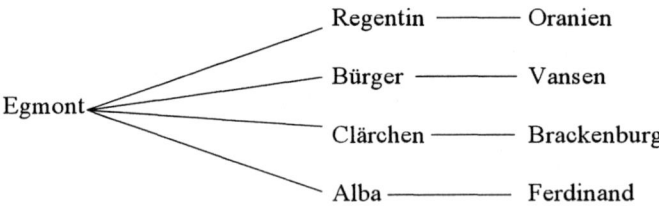

2.5.1 Oranien
Wilhelm von Oranien wird wie die Regentin in zehn Szenen genannt. Anders als diese erscheint er jedoch nur einmal auf der Bühne (II/2b) und spricht keinen Monolog. Gleichwohl ist Oranien im Figurengefüge von nicht geringer Bedeutung.

Oranien ist ein politischer Denker, ein Stratege, dessen große Übersicht ihn die Zukunft intuitiv sicher voraussehen und planmäßig agieren lässt. Er handelt nicht aus egoistischen Motiven, denn seine Sorge gilt dem Wohl des Volkes. Auch Egmont ist sich seiner Verantwortung bewusst, und gewichtige politische Argumente sind ebenso auf seiner Seite zu finden. Beide Fürsten waren einmal „Gegner", ehe sie „unzertrennliche Freunde geworden" sind (257). Doch der „heimlich[e]" (257) Oranien und Egmont mit seiner Offenheit und Geradheit verkörpern Gegensätze. Die Sorge um die richtigen Züge im „Schachspiele" (279) macht Oranien trotz seiner zutreffenden Einschätzung der Sachlage im Grunde unfrei (277), denn er hat sich „durch Klugheit" dazu „verführen" (281) lassen, sein Verhalten an äußeren Bedingungen auszurichten. Andererseits macht Egmonts realitätsblindes „Festhalten an seiner ihm eigenen Sehens- und Lebensweise", das mit seinem „Dämonische[n]", seiner unwandelbaren, „entschiede-

ne[n] Natur", identisch ist, ihn, den ‚Freiesten' (310, 320), „zum Gefangenen"[28]
– viel früher bereits, als er durch Alba realiter gefangengenommen wird.
    Der Beziehung Egmonts zu Oranien kann man das Verhältnis Egmonts zu
Alba an die Seite stellen: Oranien wird in der ersten Szene der Regentin (I/2)
fast ebenso scharf und ablehnend gekennzeichnet wie Alba in der zweiten
(III/1). Egmonts Freunde Graf Oliva – vertreten durch den Sekretär, der Egmont
ermahnt, des alten Grafen Brief zu beantworten – und der in seiner Einwirkung
auf Egmont jenem Grafen sehr ähnliche Oranien haben im Zweiten Aufzug e-
benso zwei zusammenhängende Szenen (II/2a, II/2b) wie Egmonts Gegenspieler
Alba im vierten (IV/2a, IV/2b). Oranien erscheint im zweitletzten Auftritt vor
der Mittelszene (II/2b) zum ersten (und einzigen) Mal auf der Bühne, während
Alba in der zweiten Szene nach der Mittelszene (IV/2) seinen ersten Auftritt hat.
    Oranien und Alba, denen beiden die „Klugheit" des Strategen eigen ist
(297), sind in ähnlicher Weise ihrem Kalkül, ihren eigenen Verstandesentschei-
dungen ausgeliefert. In ihrer Geisteswelt gefangen, treten sie dem ungebundenen
Naturmenschen Egmont gegenüber. Die ihm „verhaßt[en] [...] Ermahnungen"
(275) des Grafen Oliva deuten voraus auf die entsprechenden Bemühungen Oraniens. Auch dieser erregt Egmonts Unwillen, denn wie Oliva seine „Bedenklich-
keiten" (274), so „trägt" auch Oranien „seine Sorglichkeit" (282) in Egmonts
von Sorge unberührtes Wesen hinein. Zwar hat Oranien – ähnlich wie der für-
sorgliche alte Graf – nicht nur die beste Gesinnung, sondern auch, wie sich bald
erweist, mit seinen Befürchtungen völlig Recht – allein er schickt sich an, Egmonts „gute Natur" (282), das Substrat seines Handelns, in einer für dessen
Glück und Freiheit bedrohlichen Weise anzugreifen. Doch Oranien kann und
darf nicht anders handeln, will er den Freund vor einem todbringenden Fehler
bewahren. Egmont hingegen muss sich dem Drängen seines Freundes wider-
setzen, um sich nicht ihm wesensfremden Ängsten auszuliefern. Die von Oranien ihm nahegelegte Handlungsweise, die vorsorgliche Flucht, wäre für den
seiner Kraft und seinem Stern vertrauenden, bewusst stets in der Gegenwart le-
benden Egmont gleichsam tödlich, fast analog der durch Alba betriebenen phy-
sischen Vernichtung.
    Oranien hat außer zu Egmont nur noch zu der Regentin eine unmittelbare
Beziehung. Die beiden niederländischen Politiker sieht Margarethe von Parma
gegen sich „verbunden" (257). Egmont vergleicht Margarethes Meinung über
Oranien mit der über ihn selbst (289). Wir erfahren von einer Aussprache der
drei Adligen (277). Somit bilden die Regentin, Oranien und Egmont eine Dreier-

---

[28] Wilkinson (wie Anm. 14), S. 381. Das „Dämonische" hier im Sinne der „Daimon" über-
      schriebenen ersten Strophe von Goethes Gedicht *Urworte. Orphisch*. Eine etwas andere
      Bedeutung gab Goethe dem Begriff des ‚Dämonischen' in *Dichtung und Wahrheit*, dazu
      weiter unten. Vgl. George A. Wells: Egmont and ‚das Dämonische'. In: German Life and
      Letters N. S. 24, 1970/71, S. 53–67, bes. S. 60f.

konstellation. Als Niederländer und Provinzstatthalter gehört Oranien in der Konfiguration auf eine Ebene mit Egmont.[29]

2.5.2 Vansen

Egmont hat auf niederer Ebene einen weiteren Widerpart, den Schreiber und Winkeladvokaten Vansen.[30] Zwar agitiert er nicht gegen den Grafen, im Gegenteil (296); umgekehrt aber muss dieser, um Frieden und Ordnung zu erhalten, die letztlich durch das aufwieglerische Vorgehen Vansens ausgelöste Unruhe verurteilen. Als Wortführer des „Pöbels" (277) ist Vansen eine zwielichtige Gestalt, an der sich die Geister der Brüsseler Bürger scheiden – ebenso wie die der Interpreten.[31] Der Seifensieder, sein gleichfalls wenig sympathischer politischer Antipode, widersetzt sich Vansens großspurigem Auftreten, denn er durchschaut dessen Demagogie. Sichtlich vermeidet Goethe jedoch Schwarzweißmalerei: Wo Vansen auf die altverbrieften Freiheiten und Privilegien und auf die Pflichten der Fürsten ihren Untertanen gegenüber hinweist, ist er im Recht, ja er bringt

---

[29] Kurt Sommer: Über Gruppierung der Gestalten im Drama. In: Zeitschrift für Ästhetik und allgemeine Kunstwissenschaft 18, 1925, S. 305–330, setzt die Akzente anders. Für ihn steht ein „Widerspiel" zwischen Oranien und Alba stellvertretend für die gegensätzlichen „Seelenstrebungen, die in der Brust des Mittelspielers [Egmont] ihren Kampf austragen" (S. 309). Ähnlich schreibt Friedrich Sengle: Das historische Drama in Deutschland. Geschichte eines literarischen Mythos. 2. Aufl. Stuttgart 1969, S. 48, Egmonts „Schicksal" liege „in dem Raume, der durch die Volksszenen und die politische Oranien-Alba-Achse gebildet wird". Auch Keferstein (wie Anm. 25, S. 359) behauptet, Oranien sei „der eigentliche politische Gegner Albas und seiner Welt". Doch nicht Oranien und Alba sind die Kontrahenten, sondern Egmont und Alba, und der Konflikt ist keineswegs nur ein innerseelischer, wie Sommer will.

[30] Man hat sogar behauptet, „Egmonts eigentlicher Antagonist" sei nicht Alba, sondern Vansen, indem hier politische „Utopie" und „Resignation" einander gegenüberstünden. Goethe habe „die klarste Einsicht dem Gauner und Narren Vansen, Zweifel und Verzweiflung aber Egmont, dem Helden, Engel des Himmels, Liebling des Volkes" zugeschlagen. So Peter Lutz Lehmann: Egmont. In: Ders.: Von Goethe zu George. Heidelberger Essays. Heidelberg 1986 (Beiträge zur neueren Literaturgeschichte 68), S. 22–27, hier S. 25f. Lehmann verkennt, dass Egmonts Kritik am Verhalten des Volkes der Realität gerecht wird und dass schließlich doch sein Vertrauen in das Volk obsiegt.

[31] Hartmann (wie Anm. 18, S. 52) möchte Vansen, der „Gestalt mit dem entwickeltsten revolutionären Bewußtsein", eine eindeutig positiv bewertete Sonderstellung einräumen. Peter Michelsen: Egmonts Freiheit. In: Euphorion 65, 1971, S. 274–297, hat dies mit Recht bestritten (S. 276, 285f.). Nicht zuzustimmen ist daher der Ansicht von Jürgen Schröder: Poetische Erlösung der Geschichte – Goethes *Egmont*. In: Walter Hinck (Hg.): Geschichte als Schauspiel. Deutsche Geschichtsdramen. Interpretationen. Frankfurt a. M. 1981 (Suhrkamp Taschenbuch 2006), S. 101–115, die nicht-marxistische Forschung habe sich mit ihrem negativen Urteil über die Figur Vansen „blamiert" (S. 111). Vielmehr müssen die Äußerungen Vansens über die Taten der Aufständischen (269, 296), will man sie richtig werten, auf der Folie der Schilderungen Machiavells (254) und Richards (273) gesehen werden, in denen von den Gewaltaktionen der Bilderstürmer in Flandern berichtet wird, die Vansen den Brüsselern als nachahmenswert hinstellt.

durchaus zukunftweisende Ansätze eines bürgerlichen Verfassungsstaates in den politischen Diskurs ein.[32] Auch zu Clärchen und Oranien steht Vansen in einem deutlichen Kontrastverhältnis. Clärchen tritt nur in denjenigen Akten auf, in denen Vansen nicht erscheint. Sie streitet für Egmont, bleibt aber von den verschüchterten Bürgern unbeachtet, während Vansen, dessen Vorgehen den Geboten Egmonts zuwiderläuft, sich Gehör verschaffen kann. So wie Oranien ahnt auch Vansen – anders als die unbedarften Brüsseler Bürger –, dass sich Egmont in falscher Sicherheit wiegt (294). Beide versuchen, die jeweils angesprochenen Personen von ihrer Einschätzung der Sachlage zu überzeugen: Oranien rät aus ehrlichen und politisch vernünftigen Motiven zur Flucht, der Zyniker Vansen dagegen propagiert den gewaltsamen Aufstand. Die Übersicht und Bedachtheit des Staatsmannes stehen dem blinden Aktionismus des Unruhestifters diametral gegenüber.

Vansen und Alba sind die Vertreter zweier feindlicher Parteien, und doch berühren sich die Gegensätze: Bilderstürmerei und Inquisition, Anarchie und Unterdrückung, Rebellion und Reaktion bedrohen den Frieden und zerstören das organisch gefügte Volksleben gleichermaßen.

Aus den Figuren Vansen, der Gruppe der Bürger und Egmont erhalten wir eine zweite dreieckig angelegte Konstellation, die in das Konfigurationsbild als zentrisch symmetrisch zu der vorigen Dreiecksgruppe einzufügen ist: Zwei Adligen, die zueinander in einem gewissen Gegensatz stehen (Regentin, Oranien), sind die Vertreter zweier Volksschichten gegenübergestellt.

2.5.3 Brackenburg

Fritz Brackenburg tritt in drei Szenen auf, in denen auch Clärchen erscheint. Nur zweimal spricht er – ganz kurz – mit einer dritten Person, der Mutter (259f.), und als er den Bürgern begegnet, wird er von diesen zwar angeredet, doch richtet er selbst seine Worte nur an Clärchen (V/1). Brackenburg ist die einzige Figur, die weder mit Egmont zusammentrifft noch von diesem oder in dessen Gegenwart erwähnt wird. Umgekehrt jedoch verweist Brackenburgs langes Selbstgespräch (I/3) indirekt auf Egmont.

Clärchen verhält sich ihrem Verehrer gegenüber freundlich-distanziert, aber im Angesicht des Todes sind beide geschwisterlich vereint, denn jetzt ist nicht nur Brackenburg ein unglücklich Liebender. Je mehr er an das geliebte Mädchen denkt – seine beiden Monologe kreisen nur um sie –, desto tiefer verfällt er in lähmende Depressionen. Selbstmitleid und Aktivität, Verzagtheit und Lebensfreude bestimmen als Gegensätze die Haltung Brackenburgs und seines erfolgreichen Nebenbuhlers Egmont.

---

[32] Vgl. Braunbehrens (wie Anm. 7): „Nicht seine [Vansens] Person beeindruckt, sondern die Konsequenz seiner politischen Argumentation und sein Weitblick. [...] Daß er nicht gerade Sympathie herausfordert [...], darf nicht darüber hinwegtäuschen, daß seine Position das Recht und die historische Fähigkeit, dieses Recht auch durchzusetzen, auf ihrer Seite hat" (S. 50).

Vergleicht man Brackenburg mit Alba, so wird ein weiteres Mal deutlich, dass die Freiheit als ein zentrales Thema unseres Dramas verstanden werden darf. Beide Personen sind einer emotionalen Macht unterworfen, die sich als verzehrende unerfüllte Liebe und als grenzenloser Hass ihrer bemächtigt hat. Ihnen gegenüber steht Egmont, der um sein Glück beneidete Freie, der die Motivation seines Handelns in sich selbst trägt.

Zusammen mit Egmont bildet die Zweiergruppe aus den Figuren Clärchen und Brackenburg das dritte Dreieck in der Konfiguration: Clärchen steht zwischen Egmont und Brackenburg. Dieser befindet sich am weitesten von den Vertretern der hohen Politik entfernt. Am Ende weder tot noch lebendig, ist Brackenburg fast eine groteske Gestalt; seine Verzweiflung bannt ihn gleichsam in die Tiefe. Damit ist sein Platz im Konfigurationsbild vorgegeben.

2.5.4 Ferdinand

Albas Sohn tritt in immerhin drei Szenen auf (IV/2a, IV/2b, V/4) und hat als einzige Nebenfigur gleich zwei Begegnungen mit Egmont und zusätzlich ein Gespräch mit einer der übrigen Hauptfiguren, Alba. Dafür wird Ferdinand in keiner weiteren Szene erwähnt, und er hält auch keinen einzigen Monolog. Er spricht mit dem Protagonisten als letzter, sodass ihm über die Funktion des retardierenden Momentes hinaus eine den Schluss des Trauerspiels, die Milderung der Katastrophe, vorbereitende Rolle zukommt.

Ferdinand ist im wahrsten Sinne der „natürliche Sohn" (246, 297) eines von gefühlskalter Ratio besessenen Vaters und zeigt ein stark emotional geprägtes Verhalten. Dem Herzog ist sein Sohn zwar „wert und lieb" (300), doch erkennt er in ihm nur zu deutlich die verhassten Anlagen einer empfindsamen Mutter. Dass Ferdinand anders ist als sein Vater, zeigt bereits die szenische Choreographie: Während Alba seinen Soldaten Befehle erteilt, steht sein Sohn davon entfernt „in der Galerie" (299). Als Egmont gegenüber dem Herzog über die Wirkungslosigkeit seiner Worte klagt und in diesem Augenblick Ferdinand auf- und Alba „an die Seite" tritt (308), spätestens als am Schluss der Szene Ferdinand dem Gefangenen folgt, während Alba zurückbleibt (309), wird vorausdeutend darauf hingewiesen, dass Ferdinand für Egmont am Ende von entscheidendem Einfluss ist.

Egmont und Ferdinand werden von Dritten als leichtsinnig charakterisiert (256, 300), und beide sind gewöhnlich ohne „Sorge" (275, 301). Der Feind seines Vaters ist Ferdinand „nicht fremd" (324), und Egmont bekundet sein Gefühl der Wahlverwandtschaft dadurch, dass er dem neugewonnenen Freunde sein Pferd überlässt und später seine Geliebte Clärchen anvertraut. Beide, Clärchen und auch Ferdinand, fühlen sich aufs tiefste mit dem verehrten Egmont verbunden; das Mädchen, das am liebsten wie ein „Mannsbild" (260) für ihn kämpfen würde, glaubt ohne ihn nicht weiterleben zu können, und der junge Mann, der „ein Weib" sein möchte (323), um sich seiner Gefühle nicht schämen zu müssen, will sich von dem zum Tode Verurteilten nicht trennen (326f.). Egmont verdankt der Liebe Clärchens, dass er die durch Oranien in ihn hineingetragenen fremden Wesenselemente, die „Sorglichkeit", abstreifen kann (282), und es ist die Zuneigung Ferdinands, die es ihm ermöglicht, gefasst in den Tod zu gehen: „Durch ihn bin ich der Sorgen los, und der Schmerzen, der Furcht und jedes ängstlichen Gefühls" (327). Die Begegnungen mit der Geliebten sowie später mit dem Besucher im Kerker sind es, die den Protagonisten, dessen Identität erschüttert ist, wieder zu sich selbst bringen.

Zu den Bürgern steht Ferdinand – betrachtet man ihr Verhalten gegenüber Egmont – im Gegensatz. Der spanische Adlige verehrt den Grafen ebenso wie das niederländische Volk, doch während sich die Bürger von ihrem eingekerkerten Helden distanzieren, fühlt sich Ferdinand mit seinem neu gewonnenen Freund und Idol im Gefängnis eng verbunden. Das moralische Wachsen Ferdinands gleicht somit den moralischen Niedergang des Volkes aus.[33]

Auch Oranien und Ferdinand verkörpern in Bezug auf Egmont Gegensätze: Oranien, obgleich Freund und Landsmann Egmonts, vertritt dennoch gegenüber diesem das Wesensfremde, während Egmont in dem Spanier Ferdinand, dem ihm bislang unbekannten Sohn seines Feindes, das Eigene erhalten sieht.

Ferdinand und Brackenburg sind die beiden einzigen wichtigeren Personen, die einander weder kennen noch kennen können noch voneinander erfahren. Bei einer Betrachtung der beiden jugendlichen Figuren – die eine Spanier und adlig, die andere Niederländer und bürgerlich – eröffnen sich trotz des nationalen und sozialen Gegensatzes wichtige Vergleichsmöglichkeiten.[34] Die emotionale Beziehung Ferdinands zu Egmonts Feind – ohnmächtiger Hass – ist ähnlich tiefgreifend wie die Brackenburgs zu Egmonts Freundin – unerwiderte Liebe. Beide jungen Männer sind weiche, sentimentale Menschen und unglücklich Liebende, die ohne die verehrten Personen – im einen Fall Egmont, im anderen Clärchen – nicht leben können und deren Tod beinahe vorwurfsvoll beklagen (319f., 325f.). Beiden wird am Ende aufgetragen, für eine andere Person (Clärchen, die Mutter) zu sorgen.

Beziehen wir den Vergleich zwischen Brackenburg und Ferdinand jedoch auf Egmont, so erkennen wir den wesentlichen Unterschied: Brackenburg ist die

---

[33] So Jeffrey L. Sammons: On the Structure of Goethe's *Egmont*. In: Journal of English and Germanic Philology 62, 1963, S. 241–251, hier S. 244. – Nicht gelten lassen kann man in Anbetracht der Annäherung von Egmont und Ferdinand (und der Beziehung Egmonts zu Clärchen) die Auffassung von Braunbehrens (wie Anm. 7): „Trotz des Schwankens von Ferdinand, der deswegen aber noch keineswegs aus seiner angestammten Sphäre um Alba gelöst ist, wird so das Prinzip durchgehalten, daß in diesem Drama jeder Stand und jeder gesellschaftliche Bereich für sich bleibt und kaum einmal in engere Berührung zu anderen Bereichen tritt" (S. 103). Die Funktion Ferdinands sieht Braunbehrens darin, die „Isolation Albas" zu verdeutlichen (S. 67). – Lange wurde die Rolle Ferdinands in der Forschung zu wenig gewürdigt. Zuletzt jedoch fasste man ihn als Parallelfigur zu Egmont auf: Joachim Heimerl: Egmont und Ferdinand – Träger des Goetheschen Prometheussymbols. In: Weimarer Beiträge 48, 2002, S. 202–225.

[34] Die Parallele betonen besonders Albert Bielschowsky: Goethe. Sein Leben und seine Werke. Bd. 1. 25. Aufl. München 1913, S. 337, und Seuffert (wie Anm. 3, S. 576f.); die Unterschiede zwischen beiden Figuren entgehen ihnen jedoch.

einzige der wichtigeren Figuren, zu der Egmont keinerlei Kontakt hat, während die Begegnung mit Ferdinand dem Gefangenen die größte Erquickung bedeutet. Durch Albas Sohn überwindet Egmont den Hass seines Feindes und gewinnt seine ureigene Freiheit zurück. Das Verhältnis von Brackenburg zu Egmont – umgekehrt besteht keines – erhält ein negatives Vorzeichen, während das Ferdinands zu Egmont positiv und wechselseitig ist. Mit Ferdinand, Alba und Egmont ist die letzte dreigliedrig angelegte Gruppierung festgelegt. Da Ferdinand und Brackenburg, bezogen auf Egmont, extremste Gegensätze darstellen, stehen sie in der Konfiguration einander gegenüber.

2.6 Die Erscheinung der Freiheit

Die Wirkung Ferdinands auf Egmont wird am Schluss noch einmal gesteigert durch die Erscheinung der Freiheit, die als Personifikation von Egmonts Traum auf der Bühne zu sehen ist. Da sie mit Clärchen nicht gleichzusetzen ist, vielmehr den von Egmont visionär erschauten Sieg des niederländischen Volkes im Kampf um Unabhängigkeit und Glaubensfreiheit verkörpert, kann man die Erscheinung in die Nähe von König Philipp rücken, der ja gleichermaßen den großen geschichtlichen Kontext vertritt und, da nur ‚hinter' der Bühne agierend, ebenfalls eine stumme Figur ist.

3. Konfiguration und Deutungsaspekte

Versuchen wir nun die Stellung der Figuren zueinander graphisch zu veranschaulichen und dabei der Überschaubarkeit halber nur die wichtigsten und hervorstechendsten Beziehungen und Kontrastverhältnisse zwischen den Figuren wiederzugeben. Von mehreren denkbaren Konfigurationsdiagrammen[35] sei hier

---

[35] In fünf Sitzungen des Oberseminars von Karl Konrad Polheim im Wintersemester 1974/75 haben der Leiter und die Teilnehmer des Seminars gemeinsam um ein aussagekräftiges Konfigurationsschaubild gerungen, das möglichst vielen Aspekten der Deutung gerecht wird. Neben dem Vorschlag des Verfassers wurden dabei fünf weitere Diagramme mit mehreren Varianten diskutiert, darunter auch die einst von Seuffert (wie Anm. 3, S. 578) vorgelegte Lösung, der ebenfalls zu einem symmetrischen Schaubild gelangt war („Es sind Parallelen da und Symmetrien, es sind Ordnungen vorhanden, es ist ein fester Aufbau gefügt"). Das Volk als „ideell übergeordneter Bestandteil" ist bei Seuffert an die Spitze gerückt, in zweiter Zeile stehen die Regentin und Clärchen, in dritter Alba, Egmont („im Mittelpunkt") und Oranien, in vierter Ferdinand und Brackenburg. Seufferts Schema hat den Vorzug der Übersichtlichkeit: Die beiden Frauengestalten, die zwei männlichen Politiker und die beiden jugendlichen Figuren sind jeweils auf einer Ebene angeordnet. Freilich erscheinen dabei alle Figuren außer der Mittelpunktfigur gleich wichtig, und Gruppierungen sind kaum erkennbar.

das aussagekräftigste präsentiert, indem es außer den Figurenbeziehungen und -gruppierungen auch den Rang der Figuren bestmöglich sichtbar werden lässt:

(Carl der Fünfte)
(Philipp der Zweite)

Erscheinung der Freiheit

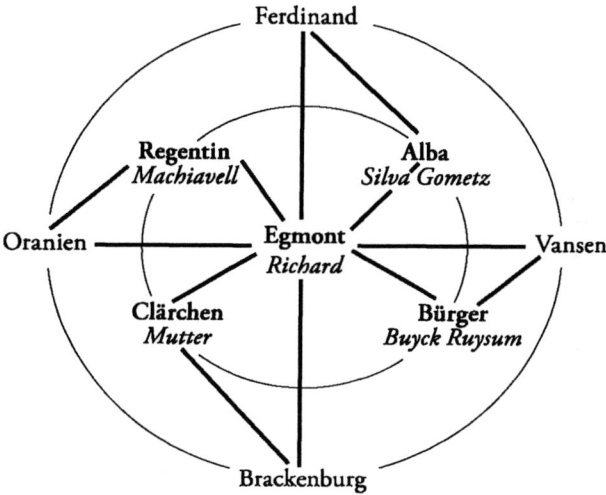

Die nach Egmont wichtigsten Personen, hier als ‚die übrigen Hauptfiguren' und als ‚Nebenfiguren' bezeichnet, sind in dem Konfigurationsbild auf zwei konzentrischen Kreisen um die Zentralfigur gruppiert. Dabei stehen die Figuren, die – immer in bezug auf den Protagonisten – die größten Kontraste bilden, einander gegenüber: z. B. Clärchen gegenüber Alba, Ferdinand gegenüber Brackenburg. Unter dem Aspekt des Herrschaftswechsels von Margarethe auf Alba und Egmonts politischer Stellung konstituiert sich eine aus diesen drei Personen bestehende Figurengruppe. Eine waagerechte Reihe bilden Oranien, Egmont und Vansen: So wie der verblendete, seinem Glücksstern vertrauende Egmont „der Ergänzung"[36] durch die Klugheit und Umsicht Oraniens bedarf, so macht er sich später, im politischen Disput mit Alba, auch Argumente Vansens zu eigen, nachdem er die Brüsseler zunächst geschichtsblind beschwichtigt hatte: „Ein ordentlicher Bürger [...] hat überall so viel Freiheit als er braucht" (270). Und unter den veränderten politischen Bedingungen am Ende des Dramas, als Egmont über seinen Traum nachsinnt, erscheint auch dem sonst so friedlich Gesinnten der von Vansen zur Unzeit propagierte Kampf als Mittel zur Erlangung der

---

[36] Schwan (wie Anm. 11), S. 90.

Freiheit nunmehr notwendig und gerechtfertigt.[37] Vor dem Hintergrund der realen, am Ende des Dramas symbolisch vorweggenommenen geschichtlichen Entwicklung „antizipieren" Oranien und Vansen, „der künftige politische Führer und der schillernde intellektuelle Sprecher des revolutionären Volkes [...], den zentralen Egmont flankierend, [...] einen politisch-revolutionären Zustand des niederländischen Volkes, der noch der Zukunft angehört."[38]

Einige weitere Beziehungen lassen sich miteinander vergleichen und im Konfigurationsdiagramm wiederfinden: Die beiden wohlmeinenden Vertrauten Egmonts, Oranien und Clärchen, stehen seinen beiden Gegnern, Alba und Vansen, gegenüber, die jeweils in anderen Akten auftreten als die vorigen. Das somit bezeichnete Parallelogramm[39] ist in bezug auf den Mittelpunkt, Egmont, zentrisch symmetrisch. Dem Schaubild kann man darüber hinaus noch weitere Konstellationen von Figuren entnehmen, die je ein Parallelogramm bilden und den Protagonisten in ihrer Mitte haben, namentlich die bereits dargestellten Beziehungen Alba – Ferdinand – Clärchen – Brackenburg sowie Regentin – Oranien – Bürger – Vansen.

Unabhängig von diesen Beziehungen sind alle Personen miteinander verbunden, jedoch nur über die Zentralfigur Egmont. Wir erkennen aus dem Schaubild, dass Egmonts Mittelstellung den einzigen Berührungspunkt aller Gruppen bildet. Nur Egmont trifft mit Figuren aus sämtlichen Zweiergruppen zusammen.

Unser Drama heißt nicht „Egmont und Clärchen" oder „Egmont und Alba" und weder „Graf Egmont" noch „Egmonts Tod". Was wir aus seinem schlichten Titel entnehmen können, ist indessen nicht belanglos. Wir sehen, dass uns der Protagonist in immer wieder neuen Abschattungen seiner vielschichtigen Persönlichkeit gezeigt wird, um das durch ihn verkörperte „Lebensprinzip [...] in seinen positiven wie negativen Wirkungen"[40] erschöpfend darzustellen. Egmonts Lebensspektrum umfasst Höchstes und Niederstes, sein Lebensbereich umschließt sowohl das Politische als auch das Private. Er betritt als einziger die Bereiche aller vier übrigen Hauptfiguren, und allein ihm gelingt dabei die Überschreitung seiner eigenen sozialen Sphäre. Die anderen Personen sind ihrerseits in ihrem Handeln direkt oder – wie Brackenburg – indirekt auf den Titelhelden bezogen. Auch Clärchens Mutter, die um das Wohl ihrer Tochter fürchtet, ja sogar Alba, der ihn mit Hass verfolgt: sie handeln unter dem Eindruck von Egmonts einnehmender Persönlichkeit. Diese „Gabe" Egmonts, „alle Menschen an sich zu ziehn", hat Goethe als „attrativa" bezeichnet und als Ausfluss des „Dä-

---

[37]   Vgl. Edward T. Larkin: Goethe's *Egmont*: Political Revolution and Personal Transformation. In: Michigan Germanic Studies 17, 1991, S. 28–50.

[38]   Schröder (wie Anm. 31), S. 111. Auch Braunbehrens (wie Anm. 7) schreibt, Vansen habe den politischen „Weitblick [...] mit Oranien gemeinsam" und stelle „auch in seiner dramaturgischen Funktion dessen Variante auf der bürgerlichen Seite dar" (S. 50).

[39]   Unter keinen Umständen dürfen wir das Parallelogramm zu einem Prinzip der Figurengruppierung im Drama überhaupt hypostasieren, wie Sommer (wie Anm. 29) dies mit seiner „Raute" tut. Vgl. Polheim (wie Anm. 1), S. 13.

[40]   Braunbehrens (wie Anm. 7), S. 178.

monische[n]" gedeutet: „Eine ungeheure Kraft" gehe von den ‚dämonischen' Menschen aus, „sie üben eine unglaubliche Gewalt über alle Geschöpfe".[41] Dennoch geht Egmonts Charakter nicht in den Beziehungen zu den anderen Personen auf, denn sein Wesen liegt außerhalb jedweder Begrenzung.[42] Nicht in der Enge menschlicher Gesellschaft, sondern erst durch die Begegnung mit der Natur und im Einklang mit allen Elementen kann er seine „Menschheit" (314) ganz entfalten. Doch auch und gerade Egmonts ‚Freiheit' ist nicht unantastbar. Gegen die mentale und schließlich physische Gewalt Albas vermag er sich zunächst nicht zu schützen. Alles Individuelle wird durch des Herzogs Erziehungsdiktatur gleichgeschaltet, und auch Egmonts ausgeprägte Individualität ist zerstört. Alba raubt ihm nicht nur das Leben, das ihm nie der „Sorge" wert gewesen ist, sondern seine Selbstsicherheit, seine Identität, sodass er, Egmont, schon „vor der Zeit den Mord" (314) fühlt und sich selbst nicht mehr kennt (313f.). Doch dem innerlich Vernichteten wird unvermutet Rettung zuteil: Ferdinand und die Erscheinung der Freiheit geben ihm die innere Gefestigtheit wieder, sodass er getröstet, ja innerlich triumphierend dem Tod entgegengehen kann. So trägt das „Dämonische" in Egmont über das „Dämonische" in Alba[43] letztlich den Sieg davon. Erst darin, dass Egmont auch angesichts des Todes noch auf den Kern seines Wesens zurückgehen kann und er nach tiefster Verzweiflung die Identität seiner Persönlichkeit zurückgewinnt, liegt die wahre Macht seines ‚Dämons'.

Egmonts Freiheit von sorgender Vorausschau, die Anderen als Leichtsinn erscheint, beruht auf grenzenlosem Selbstvertrauen und Vertrauen in sein Schicksal. Um sich selbst treu zu bleiben, überlässt er sich nachtwandlerisch dem Weg, den ihn die Hand des Fatums führt. Indessen opfert er seiner Freiheit, der Übereinstimmung mit sich selbst, seinem ‚Dämon', nicht weniger als Leib und Leben. Bei all seinem Glück, trotz seiner Lebensfülle und seiner Verbundenheit mit der Natur und den Menschen reißt ihn sein ‚Dämon' unrettbar in den Untergang. Egmont hat sich – mit Ferdinands Worten – „selber getötet" (326). Sein eigenes innerstes Wesen hat ihn unausweichlich in den Tod geführt,[44] und

---

41 *Dichtung und Wahrheit* (16, 821f.).

42 Dazu bemerkt Michelsen (wie Anm. 31, S. 295) treffend: „Im Gegensatz zum Aufbau des Dramas: seiner Dialogstruktur verwirklicht Egmont sich [...] nicht im Gespräch [...], ja überhaupt nicht in den von Menschenhand gezogenen Grenzen [...], in gewisser Hinsicht sogar nicht einmal in dem Stück selbst, in das er nur mit einem Teil seines Wesens hineinreicht".

43 Mit Bezug auf Goethe (859, *Dichtung und Wahrheit*) kann das „Dämonische" außer für Egmont auch für Alba in Anspruch genommen werden. Dies tut etwa Benno von Wiese: Die deutsche Tragödie von Lessing bis Hebbel. 6. Aufl. Hamburg 1964, S. 85. Auf den Begriff des Dämonischen, dem zwischenzeitlich nur mehr forschungsgeschichtliche Bedeutung zuerkannt wurde – so Georg-Michael Schulz: Egmont. In: Bernd Witte u. a. (Hg.): Goethe-Handbuch. Bd. 2: Theo Buck (Hg.): Dramen. Stuttgart u. a. 1997, S. 154–172, hier S. 169 –, rekurriere zuletzt Heimerl (wie Anm. 33), S. 207ff.

44 Karl Viëtor: Goethe. Dichtung. Wissenschaft. Weltbild. Bern 1949, sieht die Ursache für Egmonts Untergang ebenfalls nicht in der Person Albas: „Egmonts eigentlicher Gegen-

der Grund für seine Tragik liegt somit in ihm selbst beschlossen. So überlegen sein ‚Dämon' dem des Feindes immer ist, so fordert seine Größe doch auch das größte Opfer: Egmont selbst. „Nemo contra deum nisi deus ipse."[45]

---

spieler ist [...] eine geheimnisvolle, aber der Lebenssphäre innewohnende Macht" (S. 52). Klarer formuliert dies B. von Wiese (wie Anm. 43, S. 86), der das Tragische darin erkennt, „daß die gleichen beglückenden und begnadenden Lebens- und Schicksalsmächte, die Egmont zu einem so liebenswerten und einmaligen Wesen machen, ihn auch wieder gnadenlos in einen Abgrund hineinstoßen, wo er seine Seelenfreiheit zu verlieren scheint und sich der nackten Todesangst ausgeliefert sieht". Schließlich trifft Michelsen (wie Anm. 32, S. 296) den Sachverhalt mit der Formel, dass Egmonts „Sein mit seinem ihn vernichtenden Schicksal eins ist".

[45] *Dichtung und Wahrheit* (16, 822).

Edda Polheim

„Darum war die dunkle Blume da, daß die lichten leben"

Zu Stifters Katzensilber

Es besteht ein eigenartiges Mißverhältnis zwischen dem hohen Stellenwert, den der Dichter seiner Erzählung *Katzensilber* beimaß, und der Wertschätzung, die ihr von wissenschaftlicher Seite entgegengebracht wurde.[1]

---

[1] So schreibt Stifter am 13.9.1852 an seinen Verleger Heckenast: „Das Beste dürften die zwei Stücke Bergkristall und Katzensilber sein." Am 29.10.1852 fügt er seiner eigenen Beurteilung noch hinzu: „Wäre alles so wie die ersten Bogen von Katzensilber oder wie einige Parthien des alten Pfarrers – was könnte das für ein Buch sein". Stifter benennt den 13.9.1852 als Beendigung an dieser Erzählung; dazu weitere Briefe und Zeugnisse (K.Privat, S. 291 - 301). Im Gegensatz dazu nur ein Beispiel negativster Einschätzung der Erzählung auf wissenschaftlicher Seite:" In der symbolischen Betrachtung zeigt sich dagegen ‚Katzensilber' als merkwürdiges Zwitterding, beinahe ein ästhetisches Monstrum [...]. Vom Standpunkt der Symbolik des ersten Teils aber ist der ganze zweite Teil, vom Eingreifen der Eltern in das Geschick der Kinder und besonders des braunen Mädchens an und das Motiv des Heranwachsens der Kinder, ein Sturz ins Banale. Denn hier verlässt Stifter die Grundlage des Märchenhaft-Symbolischen [...] die Welt der Kinder und verfällt dem Rationalen, dem Pathetischen und der Welt der Erwachsenen". Federick Stopp. Die Symbolik in Stifters *Bunten Steinen*. In: Deutsche Vierteljahrsschrift für Literaturwissenschaft und Geistesgeschichte. 28. Jahrgang, Bd. XXVIII, 1954. S. 188 – Derselbe ebd. S. 193: „Je mehr aber die Symbolik um sich greift, desto weniger weiß Stifter etwas damit anzufangen". – Auch für einen Schriftsteller wie Roland Koch, der selbst in einem eigenen Roman das oder ein „braunes Mädchen" zur Titelfigur macht, ist der Schluß unserer Erzählung „unbefriedigend". Für ihn endet „*Katzensilber*, wo das fremde braune Mädchen am Schluss einfach verschwindet [...]". Hier hat das braune Mädchen „ein Geheimnis [...], aber es wird nicht aufgelöst". Roland Koch. Das kalte Gesetz. Zu Stifters *Der Waldbrunnen* und meinem Roman *Das braune Mädchen*. In: Text und Kritik, hg. Von Heinz Ludwig Arnold X/03, 160 Adalbert Stifter, Landshut 2003. S. 41. – Nicht anders sieht Matthias Göritz die Erzählung. Für ihn ist das „braune Mädchen" „eine Mignonfigur, das sich jedem Zugriff und Verständnis, ja selbst dem Erzähler entzieht und in der Landschaft, aus der es plötzlich auftauchte, am Ende auch so rätselhaft wie eine Chiffre verschwindet". Matthias Göritz. Vom Lesen in der Landschaft. Topographie und Wissen in Adalbert Stifters *Bunte Steine*. Ebd., S. 23.

Zitierte Stifter-Texte in den Anmerkungen in Abkürzung:
Katzensilber= (S. ...), *Granit* = (*Die Pechbrenner*, S. ...), *Kalkstein* = (*Der arme Wohltäter*, S. ...), *Der Hochwald* = (*Hochwald*, S. ...): dtv 13369. Adalbert Stifter. Sämtliche Erzählungen nach den Erstdrucken. München 2005 (Deutscher-Taschenbuch-Verlag).
„Vorrede" und „Einleitung" zu den *Bunten Steinen*: Stifters gesammelte Werke. *Bunte Steine, Nachlese, Fünfter Band*. Insel-Verlag Leipzig, Jahr (?) = (Stifter, Insel-Ausgabe, 5.Bd. S. ...).
Witiko: Stifters gesammelte Werke. *Witiko*, Vierter Band. Insel-Verlag Leipzig, Jahr (?): = (Stifter, Insel-Ausgabe, 4.Bd. S. ...).

Die im Jahr 1853 fertig gestellte Erzählung nimmt innerhalb der *Bunten Steine* eine Sonderstellung ein. Nach manchen Umbenennungen und Umbenennungsversuchen der ganzen Sammlung von Seiten Stifters war *Katzensilber* die einzige der sechs Erzählungen, die von Anfang an unter diesem Titel und für diese Sammlung bestimmt war.[2]

Die Absicht Stifters war es zunächst, hier eine Sammlung von Kindergeschichten vorzulegen; daß die *Bunten Steine* diese ursprüngliche Intention nicht verwirklichten, steht außer Frage. Ob allerdings die von manchen Interpreten vorgenommene Einordnung nur als „Geschichten über Kinder, die in Katastrophen geraten"[3], die Dimension der Erzählungen tatsächlich auszuloten in der Lage ist, mag man bezweifeln, gehen sie doch weit darüber hinaus und wenden sich an Leser, die im biblischen Sinne Kinder geblieben sind. Nur so wird verständlich, was Stifter im *Katzensilber* geschehen läßt: „es [das braune Mädchen] redete Worte, und die Kinder verstanden es" (S. 1257).

Es soll hier nicht in erster Linie das Augenmerk auf das ‚Sanfte Gesetz' der berühmt programmatischen Vorrede gelenkt werden, – das ohne Zweifel auf alle Erzählungen Stifters mit Gewinn anzuwenden ist. Für diese Untersuchung scheint die wesentlich weniger beachtete 'Einleitung' zu den ‚Bunten Steinen' von einigem Interesse. Neben aufschlußreichen biographischen Details überraschen darin die häufigen Hinweise gerade auf unsere Erzählung – sei es, daß von den „Blättchen Katzensilber" die Rede ist, die wie ‚Silber' funkeln, oder etwa die Erwähnung des „ungeschliffenen Rubins" und die, am Beispiel eines im Erdreich gefundenen Glasstückes, indirekt aufgeworfene Frage der Relativierung des Wertbegriffes.

Die erwähnten biographischen Züge, keineswegs auf die Einleitung beschränkt, sind von Stifter selbst ausdrücklich hervorgehoben, und haben manchen Interpreten dazu verleitet, sie über Gebühr zur Grundlage ihrer Untersuchungen zu machen. Bestärkt wurden sie noch durch Stifters oftmaligen Hinweis auf seine märchenkundige Großmutter, Ursula Kray, und die Tatsache, daß

Adalbert Stifter. *Briefe*. Vierte Auflage, hg. Dr. Friedrich Seebaß, Tübingen 1936: = (Briefe, S. ...).

Adalbert Stifter. Sein Leben in Selbstzeugnissen Briefen und Berichten. Berlin 1947: = (K. Privat, S. ...).

[2]   Siehe dazu auch Paul Requadt: Stifters *Bunte Steine* als Zeugnis der Revolution und als zyklisches Kunstwerk. In: Adalbert Stifter. Studien und Interpretationen. Gedenkschrift zum 100. Todestag. Heidelberg 1968.

[3]   Alfred Doppler: Adalbert Stifter: Landschaft, Schicksal und Geschichte. In: Vierteljahresschrift des Adalbert Stifter Institutes. Jahrgang 4o, Folge 1/2 ,1991, S.11. Eine interessante Parallele zur Frage, ob Kindergeschichte ja oder nein, findet sich in E.T.A. Hoffmanns Erzählung *Das fremde Kind*, die ja als mögliche Quelle für Stifters Katzensilber in der Sekundärliteratur angesehen wird. Der Schluß dieser Erzählung lautet: „,'Wenigstens', nahm Cyprian das Wort, ,sollte Lothar, unternimmt er es, Märchen zu schreiben, doch sich nun ja des Titels enthalten – Vielleicht: Märchen für kleine und große Kinder!" E.T.A. Hoffmanns Werke. Sechster Teil . Goldene Klassiker Bibliothek o.J. S. 247.- Eine gewisse Nähe zu den Erzählungen E.T.A. Hoffmanns läßt sich möglicherweise auch aus der auffällig genauen Beschreibung der Nußknacker im *Katzensilber* erkennen.

er die *Bunten Steine* seiner in vieler Hinsicht erziehungsresistenten Stieftochter Juliane widmete.[4] Gerade der Bezug auf Juliane wäre aber allenfalls auf die Erzählung *Der Waldbrunnen* aus dem Jahr 1866 herzustellen – deren Sujet einerseits durchaus große Ähnlichkeit zum *Katzensilber* aufweist, andererseits aber mit seinem Märchenschluß und den stellenweise etwas aufdringlich erscheinenden pädagogischen Tendenzen wie die echte Märchenvariante ein- und desselben Themas wirkt.

Sieht man sich nun in der Sekundärliteratur zu den *Bunten Steinen* genauer um, so wird man häufig auf *Turmalin, Bergkristall* oder *Granit* treffen, aber dem Glanz von *Katzensilber* wollten nur wenige Interpreten ihr Augenmerk leihen. Als Eckpunkte der Auseinandersetzung mit dieser Erzählung nenne ich die frühe und bis heute ausführlichste Arbeit von Joachim Müller aus dem Jahr 1952[5] und die sehr aufschlußreiche Untersuchung Helga Bleckwenns im Jahr 2000. Während Joachim Müller das „braune Mädchen" noch als Zigeunerkind interpretiert, ist es für Helga Bleckwenn[6] ein „elbisches Wesen", eine Erkenntnis, die sie mit allen jüngeren Untersuchungen teilt. Das „Zigeunermädchen", das ja nur auf einer einzigen Briefstelle beruht – und auch hier von Stifter nur als Formulierung Louise von Eichendorffs wiederholt[7] – war auf die Dauer doch kein schlagendes Argument für die Interpreten. Eine Widerlegung der Zigeunerkind-Deutung hätte allerdings schon in der Feststellung des Vaters der drei Kinder liegen können, „daß es [das braune Mädchen] ein „Waldgeschöpf sei" (S. 1250). Auch die Antwort des Pfarrers auf die Frage nach der Herkunft des Mädchens „Es war kein Ding dieser Art in die Pfarr- oder Schulbücher eingetragen" (S. 1255), weist in diese Richtung; ebenso die Aussage der befragten Waldleute, die ein solches Geschöpf gesehen haben wollten: „so beschrieb es der eine so, der andere anders, ein jeder auf seine Weise" (S. 1267).

Man hatte sich also auf wissenschaftlicher Seite auf das Mädchen als ein „Waldgeschöpf" geeinigt – aber ist es das wirklich – und was noch wesentlicher ist: bleibt es das auch bis zum Schluß der Erzählung? Zweifel daran kommen etwa Eve Mason, die das „braunen Mädchen" in einer Doppelrolle sieht. Für sie

---

[4]   Stifters Widmung der *Bunten Steine* vom 16.2.1853: „Meiner Ziehtochter Juliana Mohaupt zu ihrem Geburtstage, als sie das zwölfte Jahr zurückgelegt hatte. Empfange hier das erste Mal ein Buch, das dein Vater verfasst hat, lese zum ersten Male seine Worte im Drucke, die du sonst nur von seinen Lippen gehört hast, sei gut, wie die Kinder in diesem Buche; behalte es als Andenken; wenn du einst von dem Guten weichen wolltest, so lasse dich durch diese Blätter bitten, es nicht zu tun" (K. Privat, S. 301).

[5]   Joachim Müller. Menschwelt, Naturereignis, Symbolbezug und Farblichkeitsstruktur in Stifters *Katzensilber*. In: Vierteljahresschrift des Adalbert-Stifter-Institutes, Jg. 31, Folge 3/4. Linz 1952. S. 152.

[6]   Helga Bleckwenn. Regionales Erinnern in Adalbert Stifters Böhmerwald-Erzählungen. In: Jahrbuch des Adalbert-Stifter-Institutes. Adalbert Stifter 2000. „Grenzüberschreitungen". Band 7,8. Linz 2000, 2001, (erschienen 2004), S. 79.

[7]   Brief Adalbert Stifters an Louise von Eichendorff vom 31.3.1853: „Sie sprechen auf die schönste Weise von dem armen Zigeunerkind das aus, was ich bei der Arbeit fühlte" (J. Müller, S. 145 f. – siehe Anmerkung 5).

ist es keine ganz „Jenseitige", sondern ein Wesen, das zwischen beiden Sphären traurig irrlichtert, noch ein in der Realität verwurzeltes Zigeunerkind".[8]

Durch die Verbindung zu „Sture Mure" steht das „braune Mädchen" ganz offensichtlich in engem Zusammenhang mit Märchen und Sagen, besonders zu den Tiroler und Vorarlberger Sagen mit ihren den Vegetationsdämonen zuzurechnenden Fangen/Fengen/Fanggen, Wildfrauen, Saligen Fräulein, Zwergen und Elben – darüber belehrt der Kommentar der Historisch-kritischen Stifter-Ausgabe vorzüglich.[9] Interessant ist der Umstand, daß Stifter diese Sagen in etlichen Fällen nahezu wörtlich in die Erzählung übernommen hat, ohne sie besonders ein- oder umzuarbeiten. Leopold Schmidt sieht darin sicher zu Recht „eine deutliche Hinwendung zu einem verstärkten Realismus [.....] zu einem poetischen Realismus im Sinne der Zeit".[10]

Zur Charakteristik der Fangge gehört es, daß sie an den Wald und auffällige Naturformationen gebunden sind; so erklären sich auch die Namen „Roh- oder Rauhrinde", „Sturzfärche" usw. Werden diese zerstört, ist auch ihre Existenz vernichtet oder zumindest dem menschlichen Bereich entzogen. Zu ihren besonderen Eigenschaften, die sie zum beliebten Märchen- und Sagenmotiv prädestinieren, gehören ihre Wetter- und Kräuterkundigkeit. Stehen sie im Dienst bei den Menschen – was besonders besorgte Fanggenmütter zum Schutz ihrer Töchter vor der Brutalität der Väter arrangieren – verlangen sie keine Ent- bzw. Belohnung. Ja sie verschwinden auf Nimmerwiedersehen, wenn ihnen eine solche von gutmütigen Menschen gegeben wird. Hinter dieser Überlieferungstradition, die im Gegensatz etwa zu den gabenheischenden Kölner Heinzelmännchen steht, verbergen sich möglicher Weise verlorene Seelen, die ihre Sünden unbelohnt abarbeiten müssen um erlöst zu werden. Neben den Magd-Diensten der Fanggen-Töchter sind vor allem die Zwerge, eine kleine Abart der Fanggen, als Hirten sehr gefragt und als Motiv beliebt.

Diese Kurzfassung fanggischer Eigenschaften findet sich nahezu vollständig in den beiden eingeschobenen Geschichten der Großmutter in unserer Erzählung. Es bedarf keiner großen Phantasie, das „braune Mädchen" diesen Naturgeistern zuzurechnen, und doch gibt es hier einen gravierenden Unterschied: Naturgeister entwickeln sich nicht, sie bleiben in der nämlichen Gestalt vom Anfang bis zum Ende ihres irdischen Gastspieles, das heißt: sie altern auch nicht. Gerade das aber geschieht mit dem „braunen Mädchen". Dafür nur einige Beispiele: „Das braune Mädchen war wieder größer geworden" – wobei auch die

---

[8]   Eve Mason. Stifters *Bunte Steine*. Versuch einer Bestandsaufnahme. In: Adalbert Stifter heute. Londoner Symposium 1983. Schriftenreihe des Adalbert-Stifter-Institutes, Folge 35. Linz 1985. S. 82.

[9]   Zwei Fanggen-Geschichten, die mit den Erzählungen der Großmutter fast wörtlich übereinstimmen, scheinen im Kommentar nicht auf: *Das Nörgelein als Ziegenhirt*. In: Karl Haiding. Österreichs Sagenschatz, 3. Auflage, Wien 1965, S.282 – ebd. *Rohrinda*, S. 371.

[10] Leopold Schmidt: Volkskundliche Beobachtungen an den Werken Adalbert Stifters. In: Stifter Almanach, Linz 1953. S. 104.

dadurch notwendige Änderung seiner Bekleidung durchaus aufschlußreich ist. Es erscheint bis zur Mitte der Erzählung im Habit des „Waldgeschöpfes" – „ein grünes Wams und grüne Höschen [...] an welchen viele rote Bänder waren" (S. 1235), und hat durch lange Zeit „immer die nehmlichen Kleider an, die es das erste Mal angehabt hatte" (S. 1236). Doch im Verlaufe der Erzählung entwächst es dieser Kleidung: es waren ihm „seine grünen Höschen zu kurz geworden, es war größer und schlanker geworden" (S.1260). Zunächst ändert sich nur die Größe der Kleider des „braunen Mädchens". Sie waren „dem Schnitt nach wie die alten gemacht" (S. 1284). Allmählich bringt man das Mädchen dazu, „daß es weibliche Kleider trug" und „[d]a es weibliche Kleider trug, war es scheuer, und machte kürzere Schritte" (S. 1288). Diese „weiblichen Kleider" und die damit zusammenhängende Verhaltensänderung, die den weiteren Verlauf der Erzählung andeuten, fallen bereits in die Zeit, in der es „schier gar nicht mehr fortging" und in der es „im Winter immer bei der Großmutter blieb" (S. 1285).

Die langsame Annäherung des „Waldgeschöpfes" an die Menschen wird also schon durch die veränderte Kleidung sichtbar: sie bezieht sich allerdings keineswegs auf die Kleidung allein. So meiden Fanggen menschliche Behausungen, oder suchen sie unter bestimmten Voraussetzungen als Schutzmöglichkeit. Im Gegensatz dazu steht das Verhalten des „braunen Mädchens". Lange Zeit ist es nicht zu bewegen, mit den Kindern ins Haus zu gehen. Erst nach dem Hagel-Erlebnis beginnt die langsame Hinwendung zur menschlichen Behausung, bis es schließlich mit den Kindern im Haus spielt, ißt, lernt, schläft und dann auch bei der Großmutter bleibt.

Die größte Verhaltensänderung, die in keiner Weise mehr mit fanggischem Verhalten in Einklang zu bringen ist, liegt ohne Zweifel in der „Einrichtung, daß der junge Priester, der den Religionsunterricht der Kinder besorgte, zwei Mal in der Woche von der Pfarre herüber kam, um das Mädchen Gott und die Gebräuche unserer heiligen Religion kennen zu lehren. Die Mutter wiederholte die Lehre, und erzählte dem Kinde von heiligen Dingen" (S. 1285).

Diese Sicht auf Gott und das religiöse Verhalten entfremden das „braune Mädchen" seiner angestammten Lebenswelt immer mehr. Hier drängt sich der Vergleich mit dem Undine-Stoff auf, in dem es der den Wassergeistern zugehörigen Undine um den Erwerb einer unsterblichen Menschenseele geht, die allerdings nur durch die Liebesheirat mit einem sterblichen Mann zu erlangen ist. Daran scheitert Undine letzten Endes, sie muß unerlöst ins Wasserreich zurückkehren. Bei aller Tragik für dieses Nixengeschöpf kann Undinde aber in ein heiles Wasserreich zurückkehren; anders liegt der Fall bei dem „braunen Mädchen": ihm gelingt es zwar, die bedingungslose Liebe der Menschen seiner Umgebung zu erringen: „'So bleibe bei uns', fuhr die Mutter fort, ‚hier ist deine Mutter, hier ist dein Vater, wir theilen alles mit dir, was wir haben, wir theilen unser Herz mit dir" (S. 1287). Seine am Schluß der Erzählung notwendige Rückkehr ins Reich der Naturgeister ist viel existentiellerer Natur als bei Undine. Das Schicksal des „braunen Mädchens" liegt in der Gewißheit „Sture Mure ist todt, der hohe Felsen ist todt" (S. 1287). Wenn es sich dann von den Eltern losreißt mit einem Schluchzen, „das so heftig war, daß es dasselbe erschütterte, und daß es schien, als müsse es ihm das Herz zerstoßen" (S. 1287), so reagiert es wie ein gequältes Menschenkind und nicht fast tierisch „laut heulend" wie die „braune Magd" in der ersten Großmutter-Geschichte. Diese „große Magd mit braunem Angesichte und starken Armen" (S. 1225) in der man durchaus die Mutter des „braunen Mädchens" sehen kann, wird über eine Todesbotschaft, deren Überbringer der Bauer ist, in Verbindung zur „Sture Mure" gesetzt: „Jochträger, Jochträger, sag' der Sture Mure, die Rauh-Rinde sei todt" (S. 1226).

Da wäre zunächst das Wort „Sture".[11] Interessanterweise taucht „Sture" bei Stifter drei Mal auch im *Hochwald* auf,[12] wobei seine Bedeutung zwischen Namen und Losungswort pendelt.[13] Bei dem Wort „Mure"[14] fällt sogleich die Wortverwandtschaft zu Moräne/Mure auf – beides geomorphologische Termini. In eben diese Fachsprache gehört auch das Wort „Geschiebe", das am Beginn der Erzählung zur Charakteristik des Landgutes und seiner Umgebung steht: „Wenn man über die Sandlehne emporgegangen ist, steigt noch ein Felsen auf, der dem Berge Festigkeit gibt, dessen Geschiebe nicht gegen den Garten absinken läßt" (S. 1222). „Geschiebe" ist hier als Ansammlung von „mehr oder weniger aufgearbeiteten Gesteinstrümmern, die in den Moränen abgelagert werden" (Brockhaus) zu lesen. Diese eiszeitlichen Relikte stehen nun in engem Zusammenhang mit den, jedem Alpenländer vertrauten, Muren. Hierbei handelt es sich um Schlammlawinen, vermengt mit Steinen und Felsbrocken, ausgelöst durch Hochwasser führende Bäche, die, so klein sie ursprünglich auch sein mögen, sich in reißende Wasser verwandeln können. Erinnert man sich an den Heimweg

---

[11]   Im Grimmschen Wörterbuch wird „sturen" mit „stieren, starren, rühren, wühlen" erklärt.

[12]   Adalbert Stifter. *Der Hochwald* (Hochwald, S. 355). – Weiters: „Sture ließ beide kriegerisch ehrenvoll [...] begraben" (S. 356) und „Sein Tod war die Losung des Sturmes – Sture und alle liebten ihn sehr" (S. 357).

[13]   Daß möglicher Weise noch eine andere Lesart für „Sture" in Frage käme, zeigt Eduard von Keyserlings Erzählung *Am Südhang*: „Am nächsten Tag schon sollten Karl Erdmann [...] in den Staatswald fahren, und beim Sturre Waldhüter übernachten". Reclams-Universalbibliothek 8852. Stuttgart 1998. S. 47.Sollte es sich hier um eine Ortsbezeichnung handeln, so gälte auch hiefür, daß die Eigenschaft sture/sturre = groß/stark zum Namen wird, was in der Namensforschung ja hinlänglich bekannt ist.

[14]   Das Vorarlbergische Wörterbuch, das sich wegen der zahlreichen Fangenerzählungen dieses österreichischen Bundeslandes hier anböte, bringt wenig Ergiebiges – verschiedene Erklärungen für Mure: längliches Weißbrot mit Längseinschnitt, Nebel – mürrisch verdrießliches Gesicht – zufriedenes Murren der Katze. Nach Anton Avenzin handelt es sich bei „Sture Mure" um einen Katzennamen, zum Vergleich zieht er *Kater Murr* bei E.T.A. Hoffmann heran. Eine Verbindung zur Katze könnte sich auch durch die als „Murrkater" bezeichneten Gewitterwolken ergeben, in Schlesien heißen sie „schwarzer Kater, schwarze Katzen", in der Schweiz „schwarzer Mann" (Handwörterbuch der deutschen Aberglaubens, Bd.3, Sp. 819 f.) und nicht zuletzt durch die Wahl der volkstümlichen Bezeichnung *Katzensilber* = Glimmer für die ganze Erzählung. – Zur Mure als geomorphologischen Terminus: Großer Brockhaus, 13. Bd., 1971, S. 83: „verwandt mit Moräne [...], Schlamm- und Gesteinsströme in Gebirgen [...], entstehen vor allem bei der Schneeschmelze oder nach Starkregen [...] oder bei Hochwasser durch Überfluten des Flußbettes, bei der Gesteinsblöcke, Schotter und Erde mitgerissen werden".

der Großmutter und der drei Kinder nach dem Hagel, so hat man die genaue Beschreibung eines Murenabganges vor sich: „sie sahen, wie keine Büsche mehr auf dem Berge standen, sondern nur lauter dike Strünke, sie sahen wie schier kein Gras war sondern nur beinahe schwarze Erde, die mit dem Wasser einen Brei machte" (S. 1243). Das „Wässerlein", von dem die Rede ist, hat sich in einen jener „Gießbäche" (S.1222) verwandelt, wie sie am Anfang der Erzählung zur Charakteristik der Landschaft aufgeführt werden: „Als sie zu dem Bächlein gekommen waren, war kein Bächlein da [....], sondern es war ein großes schmuziges Wasser, auf welchem Hölzer und viele viele grüne Blätter und Gräser schwammen" (S. 1243). Hier ist eindrucksvoll geschildert, was all diesen Hochwassern in der Realität gemeinsam ist, nämlich das unheimlich schnelle Anschwellen solcher Bäche – „das Wasser war viel breiter geworden. Es eilte mit dem Holze mit dem Laube und mit den fremden schwarzen Dingen, die auf ihm schwammen, dahin" (S. 1244). Nur noch mit Hilfe des „braunen Mädchens", das den nicht mehr sichtbaren „Plaz des Brükleins" (S. 1244) findet und sie darüber führt, entkommen die Kinder der großen Gefahr. Daß der hier geschilderte Murenabgang keineswegs sich zum ersten Mal ereignet, geht eindeutig aus der Vegetation dieser Sandlehne, Mulde und Geröllhalde hervor: „die Krüpelbirke die Erle die Esche und die vielen vielen Haselnußstauden" (S. 1228); alle diese Pflanzen sind die ersten Gewächse, die sich auf den verwüsteten Flächen wieder ansiedeln. Zieht man aus all diesen Beobachtungen die Summe, so hat die Überlegung viel für sich, daß die „Sture Mure", also die starke Mure als besonders auffällige Formation, die Stelle sein könnte, an die die Existenz eines urmütterlichen Waldgeistes gebunden ist, wobei der „hohe Fels" als möglicher Vater und das „braune Mädchen" als Kind die Familie komplettieren würden.

Eine Unterstützung erfährt diese Annahme auch noch dadurch, daß in auffälliger Häufung vom „grauen Rasen" die Rede ist. Ganz realistisch könnte man dies auch damit erklären, daß nach Murenabgängen der zurückbleibende Rasen immer grau wirkt. Abgesehen davon aber, daß sich die Vegetation rasch nach solchen Katastrophen erholt, bleibt unser Rasen die ganze Erzählung über grau. Ein Blick in das Handwörterbuch des deutschen Aberglaubens (Bd.3, Sp. 1123) liefert eine sehr einleuchtende Erklärung dafür: „G[rau] ist die Farbe der Geister wie Schwarz und Weiß, Licht und Dunkel, zwischen denen es die Mitte hält wie der Schatten, weshalb es zur Bezeichnung des schattenhaften Wesens der Geister besonders geeignet ist".[15]

Eine Verbindung zwischen der „großen braunen Magd" und dem „braunen Mädchen" besteht auch darin, daß beide, wenn auch auf unterschiedliche Weise, mit einer Todesnachricht konfrontiert werden. Während die braune Magd sie über den Bauern, den Jochträger erfährt, bedarf es für das „braune Mädchen" keines Boten mehr. Warum, das wird noch zu zeigen sein. In beiden Fällen aber

---

[15]   Dazu auch Heidrun Ehrke: Die Funktion der Farben in Adalbert Stifters ‚Studien'. Europäische Hochschulschriften Reihe 1, Bd./Vol. 281, 1979. S. 104 f.

nimmt diese Todesankündigung eine zentrale Stellung ein. Von Anfang an hat die Forschung sie in Verbindung zu dem von der Antike her bekannten – durch Plutarch überlieferten – und in vielen Sagen weiterlebenden Ruf: „Der große Pan ist tot" gebracht. Mit diesem Orakelspruch war in der Antike der Untergang des vorbeifahrenden Schiffes besiegelt. Der Kommentar der Historisch-Kritischen Stifter-Ausgabe führt diesen Ruf zwar genau an, doch hat die Sekundärliteratur keinen weiterführenden Gebrauch davon gemacht. Beläßt man es bei der Feststellung der Plutarchschen Quelle, so trägt das wenig zum Verständnis der Erzählung bei. Ein anderes ist es, wenn man diesen Todesruf weiter verfolgt, und zwar in seiner christlichen Umdeutung[16] als Untergang des gesamten Heidentums.[17] In dieser Form ist er allerdings der Schlüssel zum Verständnis der ganzen Erzählung, und die mancherorts geschmähte märchenhafte Simplizität erhält vor diesem Hintergrund einen ganz anderen Charakter und Aussagewert.

Hierzu gehört auch ein genaueres Eingehen auf die, in die Erzählung eingestreuten Geschichten der Großmutter, sowohl ihrem Inhalt als auch ihrer Reihenfolge nach. Der einzige Interpret, der sich bisher mit diesen Geschichten befaßt hat, ist H.-P. Mederer.[18] Er tut es allerdings nicht so sehr vom Inhalt her, als vom Standpunkt des Sagen-Erzählens und der Didaktik aus.

Die beiden ersten Geschichten von der Magd und dem Wichtelchen sind eindeutig unter Sagen und Märchen einzuordnen. Fraglich ist ihre genaue Verortung. Die Historisch-Kritische Stifter-Ausgabe verweist darauf, daß es sich bei den angegebenen Ortsnamen um fiktive Örtlichkeiten handelt. Viel wichtiger aber ist die Überlegung, wo für die zuhörenden Kinder die von der Großmutter benannten Orte anzusiedeln sind. Wenn die Großmutter in der ersten Geschichte (S. 1225 f) das „Hagenbucher Haus" (S. 1225) nennt, so wird diese reale Ortbezeichnung ins Unreale, Märchenhafte eingebettet durch die nähere Beschreibung des Hauses: „Wo dort hinter dem spizigen Walde die weißen Wolken ziehen" (S. 1225).

Dieses Verfahren wiederholt Stifter auch in der zweiten Wichtelgeschichte (S. 1226). Hier „geht ein fahles Ding empor, das sind die Karesberge" und die liegen „wo der Gallbrunnerwald aufhört". In der dritten Großmutter-Geschichte (S. 1229) *Vom Tode des Hühnchens*, dem bekannten Grimm-Märchen, fallen er-

---

[16] In seiner „Praeparatio Evangelica" sieht Eusebius von Caesarea die Sage vom „Tod des großen Pan" als Veranschaulichung des antiken Götterglaubens und seine Auflösung durch das Christentum. Dazu besonders: Martina Adami: Der große Pan ist tot? Studien zur Pan-Rezeption in der Literatur des 19. und 20. Jahrhunderts. Innsbrucker Beiträge zur Kulturwissenschaft, Germanistische Reihe Band 61, Innsbruck 2000. S. 21 f.

[17] Den Begriff „Heiden" erläutert das Handwörterbuch des deutschen Aberglaubens. Nach der Einführung des Christentums wurden nicht nur Menschen der Vorzeit zu Heiden, sondern ebenso die Götter und Geister (vgl. Bd. 3, Sp. 1635 ff.) – „Wettergeister werden als Heiden bezeichnet" (ebd, Sp. 1647). Als Nachkommen der Heiden galten die wilden Männer in Tirol (vgl. ebd., Sp. 1649), „ für verdrängtes H[eidenvolk] galten die Zwerge" (ebd., Sp. 1650).

[18] Dazu Hanns-Peter Mederer. Sagenerzählungen und Sagenerzähler im Werk Adalbert Stifters. In: Vierteljahresschrift des Adalbert-Stifter-Institutes, Jg. 38, 1/2, Linz 1989.

zählter Ort und Ort, an dem erzählt wird, zusammen. Es ist der kartologisch festgelegte hohe Nußberg, um den sich das weitere Geschehen gruppiert, einge-bettet in die Stifter-Gegend des Dreiländereckes und vor allem des sagenumwo-benen Dreisesselberges. Stifter verfährt hier, wollte man photographische Tech-niken zum Vergleich heranziehen, wie mit einem Zoomer, dessen Linse den an-visierten Punkt immer näher heranzuziehen in der Lage ist. Dieses Verfahren entspricht auch seinem Konzept bei der Auswahl seines Schul-Lesebuches, näm-lich bei der Erzählung der Bewegung von außen nach innen zu folgen.[19]

In der kleinen vierten Geschichte (S. 1230) von den „Rittern [...] von den schönen Frauen", die in dieser Gegend gelebt hatten – man könnte durchaus an die Burg Wittinghaus denken –, verläßt Stifter die reine Sagenebene und eröff-net damit eine historische Dimension. Nicht von ungefähr fällt sie mit der ersten Zäsur innerhalb der Großmutter-Geschichten zusammen: es wurde nämlich „auch ein Brüderlein geboren, Sigismund" (S. 1231). Dieses Kind komplettiert farblich die Geschwister: zum Blondköpfchen Emma und dem Schwarzköpf-chen Clementia kommt nun das Braunköpfchen Sigismund, das allein durch die-se Haarfarbe schon in engen Zusammenhang mit dem „braunen Mädchen" und der ebenfalls braunhaarigen Großmutter gestellt wird. Mit der Geburt Sigis-munds werden die Wanderungen auf den Nußberg notgedrungen unterbrochen. In dem Augenblick aber, in dem Sigismund körperlich in der Lage ist, an länge-ren Spaziergängen teilzunehmen, knüpft die Erzählung wieder am Nußberg an, ja noch differenzierter, an der „diken veralteten Haselwurzel" (S. 1232). Hier folgt die fünfte Geschichte der Großmutter, die innerhalb des Geschichtenrei-gens die merkwürdigste und interessanteste ist. Im Mittelpunkt dieser Geschich-te steht die Erzählung vom Schäfer, dem verlorenen Schaf, der Harthöhle und dem „schwarzen Mann", der „aus dem Sesselwalde" kam, und dem Schäfer die Fundstelle für den Karfunkelstein anzeigt.[20] Der Kommentar der Historisch-

---

19   Adalbert Stifter und J. Aprent: Lesebuch zur Förderung humaner Bildung. Faksimile-Druck, München und Berlin, 1938. [Pest Erstdruck 1854]. Vorrede S. VI f.: „Was die Einteilung betrifft, scheiden die beiden Theile ‚Von Außen – nach Innen' den Stoff in zwei große Gebiete, die sich auf die Richtung beziehen, nach welcher überhaupt alle geistige Entwicklung vor sich geht. Zuerst Beschauen des Gegenstandes und Herrschaft desselben, dann Erregtheit des Inneren und seine Geltungmachung also dort Beschrei-bung und Erzählung, hier Gefühlsäußerung (Lyrik) und Denken über die Dinge (Reflexi-on). Zu beiden kömmt im Menschen dann das Wollen, in welchem das thätige Innere sich wieder der Außenwelt zuwendet und die That erzeugt, die den Kreis an seinem An-fangspunkte abschließt" – Dazu weiter: Gustav Wilhelm: Begegnung mit Stifter. Einbli-cke in Adalbert Stifters Leben und Werk. München 1943, S. 148. – Weiters die etwas kryptische Auffassung Matthias Görlitz'; für ihn entfalten sich die „Raumschemata [...] als Ausgreifen vom <Mund-Raum> des Erzählens in den <Greif-Raum>". In: Text und Kritik (A 1), S.26.

20   H.-P. Mederer (wie Anm. 18): S. 88. Für ihn ist „Voraussetzung für das Finden des roten Steins [...] die deutlich mit der Todesbotschaft kontrastierende Glücksbotschaft des schwarzen Mannes". Üblicher Weise gelten „schwarze Männer" nicht eben als Glücks-bringer, sie haben eindeutig bedrohlichen Charakter. Die Frage stellt sich, ob der „schwarze Mann" nicht auch hier eine Gefahr darstellt, und zwar in dem Sinn, daß er als

Kritischen Stifter-Ausgabe vermerkt die Häufigkeit des Motivs: Schatzfindung durch ein verlorengegangenes Tier. Allerdings fehlt hier der Hinweis, daß sowohl der Schäfer als auch das verlorene Lamm, das er nicht gefunden hatte, es „war zu Hause, und trank an seiner Mutter" (S.1233), durchaus Parallelen zu Bildern der barocken Andachtsliteratur aufweisen (zurückgehend auf das „verlorene Schaf" im Matthäus Evangelium 18/12). Verstärkt wird diese christliche Sicht, wenn man denn von einer solchen sprechen will, durch die Höhlenmetapher. Ist doch die Höhle sowohl in der Antike wie auch für das Christentum und andere Religionen symbolisch mit Tod und Geburt verbunden, der mythische Ort des hieros gamos, aber auch der Ort der neuen Erkenntnis durch göttliche Geburten – man denke nur an Platons Höhlengleichnis. Auch das Wasser, das aus der Höhle fließt, ist in diesem Sinne durchaus mit dem christlichen Wasser des Lebens in Verbindung zu bringen; zumal seine Verbindung mit Silber an die Psalmen erinnert, in denen das Wort Gottes mit dem geläuterten Silber verglichen wird. Neben der christlichen Ausdeutung ist Silber aber auch heidnisch konnotiert, wenn wir etwa an Ovids „Silbernes Zeitalter" denken.

Stifter stellt schon in der Vorrede zu den *Bunten Steinen* die Verbindung zwischen diesen beiden Bedeutungsebenen her: „Wenn wir die Menschheit in der Geschichte wie einen ruhigen Silberstrom einem ewigen Ziel entgegengehen sehen".[21] Das Ineinandergreifen von christlichen und heidnisch antiken Symbolen wird auch im Karfunkelstein sichtbar. Er ist einerseits Zeichen herrscherlicher Macht und Würde (Schmuck sowohl an Kaiser- und Königskronen als auch an Kreuzen und Reliquiaren), andererseits versinnbildlicht er aber auch das Streben nach Vollkommenheit (hier wäre an den Gral zu erinnern).

In diesem Sinne ist auch die Geschichte des Schäfers zu sehen: er findet den Stein, ist aber überhaupt nicht in der Lage, seinen Wert zu erkennen „es war ein kalter rauher Stein" (S. 1233). Damit beginnt nun der Weg des Steines vom Hochbauern zum Arzt, vom Arzt zum Lombarden, vom Lombarden zu Fürsten und Königen, und jeder von ihnen kann nur den Gewinn daraus ziehen, der innerhalb seines Denkens und seiner Möglichkeiten für ihn zu erreichen ist.

Im Laufe dieses Besitzerwechsels gewinnt der Stein immer mehr an Wert und Bedeutung, bis er bei Fürsten und Königen landet, die auch um seinen irrealen, mythischen Wert wissen: „sie beneiden sich darum, und wenn sie das Land erobern, wird der Stein sorgsam fortgetragen, als ob man eine eroberte Stadt in

---

Verführer auftritt und Besitzgier auf allen sozialen Stufen anfacht. Weiters ebenders. S. 110.

[21] Adalbert Stifter. *Bunte Steine*. Vorrede. Leider bietet die Stifter dtv – Ausgabe weder Vorwort noch Einleitung – daher: (Stifter, Insel-Ausgabe, S. 12) – Die Farbe Silber ist darüber hinaus gehäuft in der Erzählung anzutreffen. Nur einige Beispiele: silberstämmige Birken, in Silberfäden fließt des Wasser aus der Höhle, silberglänzend sind die Glasdächer der Gewächshäuser, Silberfäden kennzeichnen den Herbst, die Wolken glänzen wie Silber usw., dazu Konrad Steffen: Adalbert Stifter. Deutungen. Basel/Stuttgart 1955. Vor allem Kapitel *Katzensilber* S. 159-164. – Ob man hier die in Vergessenheit geratenen Silbervorkommen dieser Gegend als realen Hintergrund sehen sollte, ist fraglich.

einem Schächtelchen davon trüge" (S. 1233). Der Wertzugewinn entsteht durch die Weitergabe in kundigere, berufenere Hände.

Handelt es sich in dieser Schäfer-Geschichte auch um das Finden des wahren Wertes, so geht es in der kurzen sechsten Geschichte (S. 1233 f) um die Unterscheidung von wirklichem und nur scheinbarem Wert – eine Frage, der schon in der „Vorrede" anhand des in der Erde gefundenen Glasscherbens nachgegangen wird. Hier nun sind es die heimischen Gewässer, "die braun und glänzend sind, weil sie den Eisenstaub aus den Bergen führen [...] es glänzet der Sand, als ob er lauter Gold wäre, [...] und wenn man ihn mit Wasser vorsichtig abschwemmt, so bleiben kleine Blättchen und Körner zurük, die eitel und wirkliches Gold sind" (S. 1233 f). Stifter geht hier sehr pädagogisch vor, in dem er die in den Alpen auch heute noch gängige Praxis des Goldwaschens dazu benützt, um die Schwierigkeit aufzuzeigen, den Wert des Gefundenen schlechthin von Anfang an richtig einzuschätzen. Oft bedarf es des „Abschwemmens" um zum wahren Kern vorzudringen – eine Erkenntnis, die für die ganze Erzählung von Bedeutung ist.

Nach dem Wissen der Großmutter sind in den Bächen nicht nur „Goldstaub" und „Katzensilber" zu finden, sondern sogar Muscheln mit Perlen: „Wenn man eine Muschel findet, und sie die rechte ist, so liegt in ihr eine Perle, die so kostbar ist, daß man sie durchbohrt, und mit mehreren vereinigt an einer Schnur gefaßt den schönen Frauen als sanften Schmuk um den Hals thut, oder Heiligenbilder umwindet, und heilige Gefäße einfaßt" (S. 1234). Selbst in dieser letztgenannten Verwendung verbinden sich Heidnisches und Christliches: die Perlen, als Dämonen abwehrendes Mittel, schützen Heiliges. Denkt man dann noch an die Synthese Maria/Venus, beide aufs engste mit dem Perlensymbol verbunden, so bleibt in beiden Fällen die Frage entscheidend, ob die gefundene Muschel eben „die rechte ist".

Wie H.-P. Mederer hier zu der Ansicht kommt, „Durch die Enttäuschung, daß sie [die Kinder] keine Perlen finden (was übrigens sehr realistisch ist), werden die Schwestern reif zum sozialen Kontakt zur Außenwelt" ist schwer nachvollziehbar (H.-P. Mederer, S. 110).

Hier werden nun die Großmutter-Geschichten zum zweiten Mal unterbrochen. Die erste Zäsur liegt in der Geburt Sigismunds, und nun ist es das erstmalige Auftauchen des „braunen Mädchens". Beide Ereignisse umrahmen die zentrale Schäfer-Geschichte, der damit eine besondere Stellung zugewiesen ist. Als „sie wieder einmal auf dem hohen Nußberge an der diken veralteten Haselwurzel saßen, kam aus dem Gebüsche ein fremdes braunes Kind heraus. Es war ein Mädchen, es war fast so groß und noch schlanker als Blondköpfchen, hatte nakte Arme, die es an der Seite herab hängen ließ" (S. 1235).[22]

---

[22] Durch die Sekundärliteratur geistert das „braune Mädchen" auch als eine Art androgynes Wesen. So ist es bei D.C.G. Lorenz „sowohl dem Verhalten wie dem Äußeren nach anfänglich androgyn und wird erst durch den Einfluß der Zivilisation zur jungen Dame umgemodelt". Dagmar C.G. Lorenz: Zur Diskussion gestellt. Stifters Frauengestalten. In: Vierteljahrsschrift des Adalbert-Stifter-Institutes, Jg. 32, Folge 1/2, 1983. S. 99 f. Die

Widmen sich die großmütterlichen Geschichten bis dahin der Frage nach Wert und Unwert und der Schwierigkeit, beides von einander zu unterscheiden, so basiert die siebte Geschichte (S. 1237) offensichtlich auf, im weitesten Sinn, historischen Tatsachen. Der Stellenkommentar der Historisch-Kritischen Stifter-Ausgabe vermutet hier Anspielungen auf die oberösterreichischen Bauernkriege 1625/26, in denen es im Zuge der Gegenreformation zu äußerst gewaltsamen Auseinandersetzungen gekommen war. Auch in dieser Geschichte steht die Wahrheitssuche, also die Frage nach der richtigen Religion, verschlüsselt im Vordergrund. Die Frage, ob in der hier agierenden schönen Gräfin eine historische Figur zu sehen ist, scheint da wohl unerheblich zu sein. Viel interessanter ist ihr Verhalten den fremden Eindringlingen gegenüber, das sehr an Penelopes Handeln bei Homer erinnert. Daß Stifter sich intensiv mit der Antike beschäftigte, erklärt sich aus seiner humanistischen Ausbildung in Kremsmünster und wird auch in dem Programm seines Schul-Lesebuches sichtbar.

Die achte Geschichte (S. 1239) steht nun wieder in engster Beziehung zur ersten: war es da die große braune Magd – eine Art Urmutter – so ist es in dieser Geschichte die Gottesmagd Maria, die nach der christlichen Legende auf dem Weg zu ihrer Base Elisabeth Zuflucht vor dem Gewitter unter einer Haselstaude suchte. Damit ist nicht nur der Kreis zwischen heidnischen und christlichen Symbolen geschlossen, darin liegt auch die Vorausdeutung dessen, was den Kindern unter der Hasel zustoßen und wie ihre Rettung auf dem Umweg über beide Symbolebenen zustande kommen wird.

Die neunte Geschichte (S. 1257) „von den Bäumen, die von dem Berge herab gefallen waren und doch nicht aufgehört hatten zu leben" ist am ehesten aus der Gesamtsicht auf alle neun Großmutter-Geschichten zu deuten. Faßt man alle diese eingeschobenen Erzählungen zusammen, so ergeben sich drei Dreiergruppen: die erste Gruppe umfaßt Märchen und Sagen, die zweite – sowohl als Gruppe, als auch durch die Karfunkelstein-Geschichte der Mittelpunkt der ganzen Erzählungen – wird umrahmt von den beiden neu hinzukommenden Personen: Sigismund und das „braune Mädchen". Sigismund, schon vom Namen her heidnisch und christlich konnotiert, ist durch die Verbindung zur Rittergeschichte eingebunden in eine Geschlechterreihe, und somit selbst Teil der Geschichte. Sein Gegenstück, mit dem ihn nicht nur die Farbe braun verbindet, ist das „braune Mädchen", das eben die Perle aus der rechten Muschel ist. Die zusammenfassende dritte Gruppe führt noch einmal alles auf, was zur menschlichen Existenz aller Zeiten und Völker gehört: Historie, hier durch die Bauernkriege vertreten, – Religion, in der Marienlegende, – und Mythos, hier in der Geschichte von den gefallenen Bäumen. Nicht vergessen werden darf, daß der Baum in eine Art Schöpfungsmythos eingereiht ist, der auf der Vorstellung beruht, daß Baum und Mensch wesensgleich sind. Die Bäume, die trotz des Sturzes vom

---

„junge Dame" mag als humoristische Einlage hingehen, Stifter spricht jedenfalls eindeutig von einem Mädchen. – Möglicher Weise hat sich das „androgyn" über eine der genannten Quellen für Stifter eingeschlichen. In L. Tiecks Erzählung *Die Elfen* ist das fremde Kind tatsächlich eine Art androgynes Wesen.

Himmel weiterleben, sind somit Metapher für die allen Mythen und Religionen innewohnende Vorstellung von der Unzerstörbarkeit allen Lebens und aller Lebensäußerungen.

Wie am Nußberg erzählter Ort und Ort des Erzählens zusammenfallen, so ist die „alte verdikte Haselwurzel" die Stelle, an der Aberglaube und Glaube in eins verfließen zum Nutzen der Kinder.

Wie weit sind nun die drei Kinder in die mythische Sphäre des Nußberges eingebunden? Zunächst einmal sind sie in sehr maniriertem Märchenton geschildert. Die erstgeborene Emma, das Blondköpfchen, ist äußerlich und wohl auch dem Charakter nach dem Vater zuzuordnen, „das zweite dunkle Schwesterlein Clementia" (S. 1224), der Mutter. Die Kleider der beiden Schwestern auf ihre Bedeutung hin zu analysieren, wäre sehr reizvoll und brächte sicherlich einiges an Einsichten. Ich reduziere hier die Beobachtungen auf die „Körblein", die zu ihrer Wanderausrüstung gehören, und auf die sich wiederholende Beschreibung, daß sie in der Hand „eine weiße Ruthe mit einem Haken" trugen und die „Ruthe war selber von einem Haselstrauche genommen, und war geschält worden" (S. 1224). Die magische Bedeutung der Hasel ist allgemein bekannt. Was hier auffällt ist die „geschälte" Haselgerte, der wir in alpenländisch-ländlichen Gegenden noch heute in Fronleichnams- und Palmprozessionen begegnen können. Dem liegt die heidnische Vorstellung zu Grunde, daß sich Hexen und Naturgeister zwischen Holz und Rinde des Haselstabes verbergen. Vielleicht ist es nur ein Zeichen überbordender Phantasie, wenn man die immer wieder betonten „nakten Arme, die es [das „braune Mädchen"] an der Seite herab hängen ließ" (S. 1235), mit diesem beengten Raum zwischen Rinde und Holz in Verbindung bringt.[23] Mit dem Schälen der Gerte für christliche Bräuche soll somit dem dämonischen Einfluß der Boden entzogen werden. Wohin sich die Erzählung entwickeln wird, deutet sich symbolisch schon an, wenn das „braune Mädchen" auftaucht „mit einer weißen abgeschälten Haselruthe wie die Kinder hatten" (S. 1236). Wenn hier die Haselrute im real-vordergründigen Raum in erster Linie dazu dient, die Haselnüsse in die Erreichbarkeit der Kinder zu holen, so darf doch der enge mythische Zusammenhang zwischen beiden nicht übersehen werden, auch wenn die Akzentuierung unterschiedlich ist.

Im Gegensatz zur apotropäischen Wirkung der Hasel ist die Haselnuß ein Symbol des Lebens und durch ihre Form fest in die Volkserotik eingebunden. Aus dieser Sicht ist auch zu verstehen, daß die Großmutter, als alte Frau, „selten Nüsse von dem hohen Nußberge mitbrachte, und dann immer nur wenige, die sie stets auf das Tischlein der Kinder legte, so wie sie auch die geschenkten ihnen immer wieder zurük schenkte" (S. 1231). Ihre Aufgabe als Frau, die Wei-

---

[23]   Anders begründet H.-P. Mederer die Verletzung des „braunen Mädchens"; er sieht darin „die extreme Selbstlosigkeit, die über die Fähigkeit zum sozialen Handeln noch hinausgehende Opferbereitschaft gerade der ‚sozialen Außenseiterin'" (Mederer, wie Anm.18, S. 106). Gerade eine solche wäre aber ausschließlich im menschlichen Bereich anzusiedeln.

tergabe des Lebens, hat sie erfüllt, symbolisiert durch die Weitergabe der Haselnüsse an die nächsten Generationen.

Die beiden Mädchen sind also mit ihren Birkenkörbchen (die Birke ist ebenso apotropäisch wie die Hasel) von der Ausstattung her bestens vor Dämonischem geschützt. Etwas zwiespältiger zeigt sich die Situation bei Sigismund. Als „Braunköpfchen" steht er zwischen dem blonden Vater und der dunklen Mutter und ist gleichzeitig deren Synthese, die durch die braune Farbe die besondere Nähe zu dem „braunen Mädchen" signalisiert.

Seine Bekleidung unterscheidet sich nicht wesentlich von der der Mädchen. Auch er hat eine geschälte Haselrute, nur hat er „[s]tatt des Körbleins [...] ein Täschchen von gelbem Leder an grünen Bändern über seine Schultern hängen" (S. 1232). Im Gegensatz zu den zauberabwehrenden Körbchen der Mädchen ist Leder immer dann anzutreffen, wenn eine irgendwie geartete Verbindung zu Dämonisch-Heidnischem besteht oder eine besondere Kraft signalisiert werden soll – im letzteren Sinn sei an die Verwendung von Leder in der Ritterbekleidung erinnert. Sigismunds Täschchen ist aber noch in ganz spezifischer Weise auf das kommende Hagel-Unheil abgestimmt, nämlich durch die Farbe gelb. Sie verhindert dem Volksglauben nach Blitzschlag, weshalb etliche gelb blühende Blumen auch Donner-Blumen genannt werden (Handwörterbuch des deutschen Aberglaubens. Bd.3, Sp. 572). Die grünen Bänder verweisen zusätzlich auf den Bereich der Naturgeister, zu denen ja auch das „braune Mädchen" mit seiner Affinität zu dem Knaben zählt. Aus all diesen Einzelbeobachtungen ergibt sich folgerichtig, daß Sigismund ganz selbstverständlich auf dem gefahrvollen Heimweg durch den Hochwasser führenden Bach in besonderer Weise unter dem Schutz des „braunen Mädchens" steht: es „bükte [...] sich sanft und freundlich gegen Sigismund, und strekte ihm die Arme entgegen. Der Knabe verstand die Bewegung, er ließ die Hand der Großmutter los, und begab sich in den Schuz des braunen Mädchens" (S. 1244). Hier sehen wir eines der volkstümlichen Schutzengel-Bilder des 19. Jahrhunderts vor uns – wobei der über eine Brücke geleitende Engel ein häufiges Motiv ist. Der schützende Himmelsbote ist in unserer Erzählung durch den hilfreichen Naturgeist ersetzt. Die Wirkung dieses Erlebnisses bleibt auch für das Braunköpfchen nicht aus, es hatte „mehr Muth bekommen [...], weil es von dem braunen Mädchen getragen worden war" (S. 1257).

Ein Jahr nach dem so entscheidenden Hagelwetter versuchen die Kinder, das „braune Mädchen" zum Mitkommen zu bewegen. Diese entscheidende Annäherung geschieht nur sehr langsam und in kleinen Schritten. Erst durch Sigismund wird der vollständige Durchbruch in dieser Sache erreicht. Lockend wiederholt er seine Aufforderung: „Komme mit, komme mit", und „[d]as braune Mädchen ging zögernd nach. Es ging von den Glashäusern gegen die Bäume vorwärts, es ging auf dem Kieswege durch das Grün des Gartens, es ging über den Sandplatz vor dem Hause, es ging über die Treppe empor, und stand auf dem Teppiche des Besuchszimmers" (S. 1262). Mit diesem Weg überschreitet das „braune Mädchen" eine entscheidende Grenze – nämlich die Grenze zwischen Natur und Zivilisation, die, wie oft bei Stifter, durch Glashäuser gekennzeichnet ist.[24] Ein eindrucksvolleres Bild für diese Grenzziehung ist kaum vorstellbar: Glashäuser, die der Aufzucht junger Pflanzen und dem Schutz fremder Gewächse dienen, sind gleichzeitig aber auch der Ort einer totalen Transparenz, ermöglichen sie doch in gleicher Weise den Blick von außen nach innen und umgekehrt. Sie sind nicht bodenständig und trotzdem ein integrierter Fremdkörper in der Natur.

Die innigste Verbindung zwischen dem „braunen Mädchen" und dem Knaben, zeigt sich nach dem Hagelschlag in der zweiten Beinahe-Katastrophe, dem Feuer. Diese Beinahe-Katastrophen finden sich im Werk Stifters häufig: so in der *Mappe*, im *Abdias*, im *Turmalin* und im *Bergkristall*. Nachdem in unserer Erzählung das „Braunköpfchen" mit Hilfe des „braunen Mädchens" dem Feuer entronnen ist, „kniete das braune Mädchen vor dem Knaben [...] Man hätte in der dunkeln Nacht und bei dem Scheine des Feuers sehen können, wie diese Augen freudesprühend waren, daß er gerettet sei" (S. 1278).

Die Bedeutung, die diese Rettung für das „braune Mädchen" selbst hat, liegt nur oberflächlich betrachtet allein in ihrer wachsenden Liebe und Zuneigung zu dem Kind. Es gelingt damit auch die Rettung dessen, der allein im Stande sein wird, das zu bewahren und weiterzugeben, worin das Wissen und Wesen des Naturgeschöpfes liegt. Ihm wird es zu verdanken sein, daß die Bäume zwar vom Himmel fallen, aber trotzdem weiter blühen können.

Daß diese Rechnung aufgeht, beweist auch der Schluß der Erzählung, wenn Sigismund, der offensichtlich als einziger der Geschwister dem Land treu bleibt, bei der Erinnerung an das fremde Kind „ein tiefes Weh im Herzen" spürt (S. 1288). Er ist es, der die Tragik dieses Waldgeschöpfes mit- und nachempfinden kann: „wie oft mußte es einsam gewartet haben, ob seine Gespielen kämen, und wie hat es seinen Schmerz, den es sich in der neuen Welt geholt hatte, in seine alte zurük getragen" (S. 1288). Der Wunsch, der ihn beseelt „wenn dem Mädchen nur recht recht viel Gutes in der Welt beschieden wäre" (S. 1288), läßt allerdings die Frage offen, welche Welt er hier meint. Offensichtlich aber spürt er instinktiv, daß in diesem Wesen zwei Welten aufeinander treffen, die letzten Endes unvereinbar sind.

Daß die Mädchen für diese Aufgabe nicht prädestiniert sind, zeigt unter anderem auch ein Blick auf ihr Aussehen im Erwachsenenalter: Emma gleicht einem altdeutschen Bild und hat nicht nur die blonden Locken des Vaters, sondern wohl auch dessen rationales Denken geerbt. Schon als Kind beschreibt sie das Gewitter als „schauerlich [...] und beinahe prächtig" (S. 1248), völlig unsenti-

---

[24]   Anspielungen auf Glas durchziehen von der Vorrede zu den *Bunten Steinen* an die ganze Erzählung mannigfach, etwa die aufwendige Reinigung der Glashäuser nach dem Hagel (S.1254), die Hagelkörner, die wie Glastäfelchen glänzen, auch in der Stadt funkeln die Kleinodien vor den Verkaufsladen unter Glastafeln (S. 1259). – Der Versuch, die beiden Sphären der Zivilisation und der Natur zu vereinen, scheint dem Bild „[b]ei den Glashäusern liebkosten sie [die Kinder] sich" (S. 1258) zugrunde zu liegen. Auch daß die Kinder nach dem Brand im Glashaus untergebracht werden (S. 1281), scheint in diese Richtung zu weisen.

mental. Sie ist es auch, die erkennt, „es rieche etwas unangenehm, als würden widrige Gegenstände verbrannt" (S. 1270) und damit auch exakt den Brandgeruch definiert. Anders dagegen die dunkle Clementia mit der „Tiefe der Seele" und dem „süße[n] Feuer der schwarzen Augen" (S. 1286); sie scheint für andere Aufgaben vorgesehen zu sein.

Die oben angesprochene Rationalität des Vaters ist zwiespältig und nicht durchgängig. Er erkennt zwar scharfsinnig, was es mit dem fremden Kind auf sich habe, daß es sich um „ein Waldgeschöpf" [handle], dem Berge und Hügel nichts anhaben, und daß ihm, wenn man es suchen oder beobachten ließe, ein größeres Ungemach zustieße, als ihm so bevorstehen könne" (S. 1250). Trotzdem aber versucht er mit allen Mitteln seine Herkunft ausfindig zu machen.

Stifter gibt den Aufräumungsarbeiten sowohl nach dem Feuer als auch nach dem Gewitter breiten Raum. Geht es nach dem Brand vor allem um Reparaturen am Haus, so liegen die Schäden nach dem Hagel in erster Linie an den Glashäusern und den Obstkulturen. Die Glastäfelchen der zerborstenen Scheiben werden entfernt und durch neue ersetzt und die „verwundeten Bäume" (S. 1256) verbunden und überstrichen. Der Erfolg all dieser Maßnahmen zeigt sich im nächsten Frühjahr: „An den verstümmelten Bäumen wuchsen zahlreiche kleine Zweige hervor, die so schön waren, und so lebhaft wuchsen, als wäre das Abschlagen der Zweige kein Unglük gewesen, sondern als hätte ein weiser Gärtner dieselben beschnitten, daß sie nur desto besser empor trieben" (S. 1261). Es ist sicherlich nicht abwegig im „weisen Gärtner" den Hinweis auf Christus als hortulanus zu sehen, zumal von diesem Punkt der Erzählung an christliche Bezüge vermehrt zu finden sind.

Die Wiederherstellung von Haus, Hof und Garten gelingt deshalb so gut, weil nicht alles Alte durch Neues, sondern das Alte mit Hilfe des Vorhandenen am Leben erhalten und neu gestärkt wird – eindrucksvoll durch das Bild des Aufpfropfens symbolisiert.

In dem Fall, in dem dieses Verfahren keine Anwendung findet, mißlingt das Vorhaben: es ist der Bau des Häuschens auf dem Nußberg, das zum weiteren Schutz vor Hagel und Wetter errichtet werden soll. Doch diesem Häuschen fehlt im übertragenen Sinn ein gewachsenes Fundament.[25] Es ist in mehrerer Hinsicht nur Imitation und als solche von wenig bleibendem Wert. Äußerlich unterscheidet es sich kaum von der umgebenden Natur: „Es war von außen nicht angestrichen oder angeworfen worden, sondern sah so aus, wie die Steine oder Steinhaufen aussehen, die auf dem Nußberge liegen. Das Dach war mit dunkelbrauner Farbe bemalt. Im Innern hatte es der Vater sehr schön grün machen [lassen]", womit wohl die Farbe der Natur innerhalb des Häuschens nachgeahmt werden sollte. Die Inneneinrichtung entspricht mit Tischlein und Bänklein dem Schneewittchen-Zwergenhaus. Es wäre auch durchaus lohnend, den genauen Hausplan

---

[25]   Wenn P. Requad (wie Anm. 2) in diesem Bau eine Grenzüberschreitung zwischen Natur und Kultur sieht und darin „fast ein Sakrileg" zu erkennen meint (S. 158), so kann man dem nur schwer folgen.

im Hinblick auf die Einbeziehung der vier Himmelsrichtungen genauer zu untersuchen. Aus Platzgründen beschränke ich mich auf die Malerei im Raum: der
Vater „hatte in jeder Eke ein Sträußlein von wilden Rosen, von Kamillen und
Cyanen malen lassen" (S. 1264). Jedem Kenner von Bauernmalerei – und um
eine solche handelt es sich hier offensichtlich – wird die merkwürdige Zusam-
menstellung der Pflanzen auffallen.[26] Untersucht man sie allerdings auf ihre
Aussage im Bereich des volkstümlichen Aberglaubens, so haben wir es hier
durchaus mit einem Programm zu tun: danach stehen wilde Rosen durch ihre
Dornen mit der Unterwelt und ihren Bewohnern in Verbindung; dieser wird im
Sträußchen auf zweierlei Weise der Schrecken genommen. Einerseits durch die
gelb blühende Heilpflanze Kamille (wobei an die Farbe Gelb als Schutz vor dem
Blitz erinnert sei), andererseits durch die Kornblume (Cyane), auch unter dem
Namen Kreuzblume bekannt. In der Volksmedizin gilt sie als Stärkungsmittel;
darüber hinaus ist sie häufiger Bestandteil der Stabsträuße bei christlichen Pro-
zessionen, vor allem beim Fronleichnamsumgang – wobei sie sich an die Sym-
bolfunktion der geschälten Haselgerte anschließt.

Neben der rational-nüchternen Umsichtigkeit des Vaters, die ihn das
Schutzhäuschen errichten läßt, steht die schöne, dunkle Mutter, einer der ‚schönen Menschen' bei Stifter. Sie handelt bei dem Brand zwar ebenfalls umsichtig,
verliert gleichzeitig aber dabei die Übersicht in einem solchen Ausmaß, daß sie
das Fehlen ihres Sohnes gar nicht registriert. Das ist bemerkenswert bei einer
durchaus überschaubaren Kinderzahl. Ihr erster Gedanke gilt einem „Kästchen"
(S. 1271) – davon ist noch zwei weitere Male die Rede (S. 1272, 1274), dessen
Inhalt bleibt ein Geheimnis. Dieses Fehlverhalten hat eine Parallele in der Reaktion der Großmutter, die die Türe absperrt „[d]er Diebe wegen" (S. 1277). Abgesehen davon, daß es schwer fällt, sich in diesem heilen Erdenwinkel „Diebe"
vorzustellen, reicht es auch nicht, dieses Handeln nur mit der Hektik der Situation zu erklären. Beiden Frauen mangelt es in diesem entscheidenden Augenblick
an der Erkenntnis dessen, was wahrhaft wert ist, gerettet zu werden. Erst das
Schockerlebnis durch das unvermeidlich scheinende Ende Sigismunds ändert die
Situation grundlegend.

Interessanter als die Figur der Mutter ist dabei die der Großmutter.[27] Ist sie
es doch, die schuldig-unschuldig in das Zustandekommen beider Katastrophen

---

[26] Daß Stifter Pflanzen als Symbole einsetzt ist bekannt. Im *Katzensilber* geschieht dies an
unterschiedlichen Stellen, so auch in dem Zitat, dem der Titel dieser Arbeit entnommen
ist: „Der Mensch ist eine Blume, [...] zuerst ist er ein Veilchen dann eine Rose dann eine
Nelke, bis er eine Zeitlose wird. Und wer eine Zeitlose werden soll, der kann nicht als
Veilchen zu Grunde gehen, darum war die dunkle Blume da, daß die lichten leben" (S.
1252). Zunächst stehen diese Blumen wohl für die Lebensalter, viel interessanter für unseren Zusammenhang ist der Hinweis auf Psalm 103/15: „Die Tage des Menschen sind
wie Gras, wie die Blumen des Feldes, so blüht er."

[27] Innerhalb der Stifterschen Erzählungen ist die Großmutter in mancher Hinsicht bemerkenswert. Sie steht hier an der Stelle, die im *Granit* oder im *Waldbrunnen* pädagogisch
äußerst versierte Großväter einnehmen. – Diese Großmutter ist auch nicht nur den Mär-
chenerzählerinnen zuzuordnen wie dies Wildbolz sieht: „Diese Großmutter ihrerseits lebt

ganz wesentlich involviert ist. In den Gewitterwolken erkennt sie nicht den auf-
ziehenden Hagel, obwohl sie sich selbst als „ein Weib aus den alten Bergen uns-
res Landes" (S. 1246) bezeichnet, also aufs Engste mit den Wetterbedingungen
der Gegend vertraut sein muß. Im Gegensatz dazu schätzt der von Heidnischem
unberührte Pfarrer im *Kalkstein* (= *Der arme Wohltäter*, S. 1118) eine vergleichbare Wettersituation völlig richtig ein. Paul Requad (P. Requad, S.160) zählt sie
zu den Alten, die „wohl eine Fühlung zur Natur gewinnen, aber nicht in sie hin-
einschlüpfen können". Die „Fühlung" allein ist es aber keineswegs, die die
Großmutter irre führt, ihre Fehlentscheidung hat einen anderen Grund. Sie stellt
über ihre beunruhigenden Beobachtungen die alte Bauern-Wetterregel: „Um das
Fest der Geburt der heiligen Jungfrau ziehen die Wetter heim, und heute ist es
sechs Wochen nach jenem Feste. Dein alter Vater wird sich in der Ewigkeit
wundern, [...] daß nach Gallus ein so großes außerordentliches Gewitter gewesen sei" (S. 1252). Das Fest der Geburt Mariens fällt auf den 8. September, der
Jahrtag des heiligen Gallus auf den 16. Oktober. Das Gewitter, das nach dem
Volksglauben den Kampf zwischen Gut und Bös darstellt, muß schon deshalb
nach der Geburt Mariens seine Macht verloren haben. Aus diesen beiden Ge-
denktagen läßt sich das Gewitter um den 16. Oktober festlegen. Damit ist eine
Zeitangabe gegeben, aber auch der Hinweis auf die Legende des Heiligen Gallus, deren Anfang auf der Zerstörung eines heidnischen Kultes durch Gallus und
Korbinian beruht. Aus dieser Sicht siegen hier im überraschend einsetzenden
Hagel noch einmal die heidnischen Wetterdämonen über die christliche Wetter-
regel.

Trotz dieses Sieges bleibt das „braune Mädchen" in der Auseinandersetzung
zwischen den heidnischen und den christlichen Mächten nicht mehr ganz unver-
sehrt: es „blutete an dem nakten rechten Arme" (S. 1242). Damit beginnen sich
auch die Gewichte zugunsten christlicher Elemente zu verschieben.[28] Eingeleitet
wird das durch den Ruf der Großmutter: „Heiliger Himmel, Hagel!" (S. 1240).
Für die rettende Fürsorge des „braunen Mädchens" zieht sie zur Erklärung die
Heilige Schrift heran: „Ich sage dir ja [...], daß die Hand schon bestimmt war,
die Bündel zu tragen, so wie einmal der Fuß schon bestimmt war, daß er durch
den Wald zwischen Jericho und Jerusalem gehe, damit der verwundete und ge-
schlagene Mann, der dort lag, gepflegt und geheilt werde" (S. 1253 – vgl. Lukas
17, 11-19). Von hier ist auch der Schritt zum Wunder nicht mehr weit: „Es ist
ein Wunder, wie Gott in dem Haupte des braunen wilden Kindes die Gedanken

---

in der verlorenen Atmosphäre einer irrationalen Märchen- und Sagenwelt, in der eine
Sture Mure, wie in der Welt des Märchens Raum hat". Rudolf Wildbolz. Adalbert Stifter.
Langeweile und Faszination. Sprache und Literatur 97. Stuttgart/Berlin/Köln 1976, S. 82.
Schon der Aussage „die Großmutter war ihre Gespielin, sie lockte [!] sie in ihr Gemach"
(S. 1224) gibt ihr eine andere Dimension.

[28]   Mit dem Gewitterbeginn mehren sich die Aussagen über Gebete. So betet die Großmutter
während des Hagels (S. 1241), nach der Rettung der Kinder beten beide Eltern „vor dem
Gekreuzigten" (S. 1253). Die Gebete wiederholen sich nach der Feuerkatastrophe, man
sah „die alte Frau an dem Stamme eines Obstbaumes knieen und mit gefalteten Händen
beten" (S. 1279), ebenso beten die Kinder (S. 1282).

wekte",[29] oder „wenn Gott zur Rettung kleiner Engel ein sichtbares Wunder thun will, [...], so hilft alle menschliche Vorsicht nichts" (S. 1252). Mit dieser Glaubensfestigkeit vermag sie auch in der Mutter, die bisher sich mehr didaktisch – als wahre Rousseau-Schülerin – mit der Religion auseinandergesetzt hat, die Überzeugung zu wecken, daß der Glaube „ein trostreicher herzlindernder Glaube" (S. 1253) sei. Die Großmutter bestärkt sie noch darin „Gib dich ihm [dem Glauben] hin, und du wirst dein Leben lang gut fahren" (S. 1253).[30] Wie wichtig diese Aussage ist, läßt sich auch daraus ablesen, daß der Dialog der beiden Frauen genau in der Mitte der ganzen Erzählung steht.

Erst nach der eingehenden Schilderung der rettenden Tat tritt das „braune Mädchen" in das Bewußtsein der Eltern, und „Vater und Mutter achteten auf das, was sie [die Großmutter] sagte, und merkten es sich in ihrem Sinne gar wohl" (S. 1258). Auch hier ist die christliche Diktion unüberhörbar.[31] Die an herausgehobener Stelle stehende Aufforderung „sich dem Glauben hinzugeben" (S. 1253), erfährt ihre Bewährungsprobe bei der Brandkatastrophe. Als der Mutter die Gefahr für ihr Kind bewußt wird, ruft sie nun den Himmel an: „O du heilige himmlische Barmherzigkeit" (S. 1275), und als alles verloren scheint, „stürzte sie auf die Knie, breitete die Arme auseinander und schrie:' So rette du ihn, der die Macht und das Vollbringen hat, und der ein unschuldvolles Leben nicht vernichten kann!'" (S. 1277). Paradox gesprochen, tritt das „braune Mädchen" in allerletzter Sekunde als rettender Engel auf. Doch ist es bei seinen Hilfestellungen nicht mehr autark wie bei dem Hagelwetter; hier bedarf es der Hilfe der Menschen, der Leitern und Leintücher. In dem Maß aber, in dem es seine Fähigkeiten mit denen der Menschen verbindet, tritt es immer weiter aus dem Kreis seiner ursprünglichen Herkunft und Bestimmtheit heraus. Die Annäherung an die Menschen hat sich zunächst langsam, dann aber immer vehementer vollzogen. An diesem Punkt der Erzählung ist nahezu eine Ausgewogenheit zwischen der Sphäre der Menschen und der des „Waldgeschöpfes" erreicht, womit auch das Ende des „braunen Mädchens" in greifbare Nähe rückt. Wenn auch seine Fanggennatur kaum mehr wahrnehmbar ist, so bleibt doch eine Grenze unverrückbar bestehen: „In die Stadt mit zu gehen, konnte es nicht bewogen werden. Es blieb im Winter immer bei der Großmutter" (S. 1285).

---

[29] Eine analoge Stelle findet sich im *Granit* (=*Die Pechbrenner*), wenn durch den Gesang eines Vögleins das Rezept zur Beendigung der Pest bekannt wird: „'Ich weiß es nicht', sagte der Großvater, hatte das Vöglein die Worte gesungen, oder hat sie Gott dem Manne in das Herz gegeben'" Diese Stelle ist eine Textvariante H3, die nur selten in einer Ausgabe aufscheint (Hist.-Kritische Ausgabe, Bd.2,3. 1995, Apparat zu *Granit*, S. 177).

[30] Fast gleich lautend der Brief Stifters an Heckenast vom 12. Juni 1856 anläßlich des Todes der Verlegergattin: „Lassen Sie den oben ausgesprochenen Gedanken, den die Christen Gottergebung nennen [...] Platz in ihrem Herzen fassen [...]. Dann haben Sie eine Stütze für das ganze Leben, ja für die Ewigkeit" (Briefe, S. 180).

[31] „Und seine Mutter behielt alle diese Worte in ihrem Herzen" (Lukas 2, 41-52) bei der Auffindung des zwölfjährigen Jesus im Tempel. Weiters nach der Geburt Christi: „Maria aber behielt alle diese Worte und bewegte sie in ihrem Herzen" (Lukas 2, 11-24).

Daß es gerade die Großmutter ist, die ihm das Bleiben ermöglicht, verwundert nicht, wenn man sich erinnert, daß auch sie eigentlich zwischen zwei Welten steht, allerdings deutlich mehr zum Christentum neigend. Die Grenze der Glashäuser war für das „braune Mädchen" noch überwindbar, die Grenze zur Stadt ist es nicht mehr. Das intuitive Wissen darum bemächtigt sich auch der gesamten Familie: „Sie gingen heuer früher als gewöhnlich in die Stadt, [...] und gingen unruhiger dahin als zu anderen Zeiten" (S. 1284). Doch der Einfluß städtischen Lebens macht mit dem Älterwerden der Kinder auch vor dem Landgut nicht halt und bricht damit zerstörend in die Sphäre des Naturgeschöpfes ein: „Alle waren fröhlich, nur das braune Mädchen nicht. [...] Wenn alle freudig waren, saß es im Garten, und schaute mit den einsamen Augen um sich" (S. 1286).[32] Diese „einsamen Augen" sehen sein Schicksal, das in der Erkenntnis liegt: „Sture Mure ist todt, und der hohe Felsen ist todt" (S. 1287)[33]; es ist das Wissen um das Ende der alten Welt, es ist der nur für das „braune Mädchen" hörbare Ruf : „Der große Pan ist tot, das Heidentum ist tot".

Diese Auslegung der Kirchenväter relativiert Stifter in vielen seiner Erzählungen. *Das alte Siegel* bietet sich besonders zum Vergleich an. Stehen hier „Christentum und Antike ausgewogen neben einander"[34], so ist es im *Katzensilber* das Heidentum in seinem ursprünglich naturgebundenen Mythos, das hier als notwendiges Fundament der neuen Religion gesehen wird. Wenn Stifter von seinem „religiösen Gefühl spricht, das sich durch Umgang mit der Natur und durch Erfahrung im Menschenleben zu einer bedeutenden Höhe ausgebildet habe"[35], und Heckenast über Stifter schreibt: „Das religiöse Gefühl ehrte er in allen Menschen, in welcher Form immer sie es auszuprägen und zu bewahren such-

---

[32]   Hier wird häufig die gesellschaftskritische Komponente der Erzählung betont; sie allerdings würde ein menschliches „braunes Mädchen" voraussetzen. Die Deutung Lorenz' entspricht eindeutig modernistischen Klischees: „Durch den Kontakt mit der in Normen denkenden und Normen auferlegenden Gesellschaft erleidet das Kind physische und psychische Schäden und verliert sein wahres Selbst" (Lorenz, wie Anmerkung 22, S. 100) – Eve Mason spricht ebenfalls von einem „selbstgefällige[n] Wohlleben der Gutsbesitzer [...], die sich selbst als oberste Norm betrachten und den Urphänomenen gegenüber keinen Dank kennen" (Mason, wie Anmerkung 8, S. 77). – Nur einige entkräftende Textstellen: „ich danke euch, und werde es euch gewiß vergelten" (sagt die Mutter nach dem Gewitter zu den Hausleuten, S. 1248), der Vater fordert sie hier ebenfalls auf „alle Arbeit ruhen [zu] lassen, und er werde ihnen ein Glas Wein zu ihrem Abendessen senden" (S. 1248). Nach dem Brand heißt es von ihm: „dem Gesinde ersetzte er seinen Verlust reichlich, weil es sich so sehr zur Rettung seiner Wohnung hatte verwenden lassen" (S. 1283).

[33]   Warum „[b]esonders die Angabe des hohen Felsens als ihres Vater [...] das Mädchen als eine Wahnsinnige erscheinen" läßt, erläutert die Österreichische Zeitschrift für Volkskunde. Neue Serie Band XV, Gesamtserie Band 64, Wien 1961, leider nicht.

[34]   Karl Konrad Polheim: Konfiguration und Symbolik in A. Stifters *Das alte Siegel* in: Geschichtlichkeit und Gegenwart. Festschrift für H.D. Irmscher. Köln /Weimar/Wien 1994. S. 313.

[35]   Brief Stifters nach dem Tod seiner Mutter an Heckenast vom 12. Mai 1858. (K. Privat, S.355).

ten"[36], so wird seine Grundeinstellung deutlich sichtbar. Das gegenseitige Geben und Nehmen ist ihm Voraussetzung für ein sinnvolles Neben- und Ineinander im Wechsel der Zeiten und Generationen. Dieser Wechsel muß sich langsam und behutsam vollziehen, daß trotzdem sich an den Schnittstellen Schmerzliches ereignet, ist unvermeidlich und unabdingbare Voraussetzung für fruchtbaren Wandel und Kontinuität. In diesem Sinn finden sich auch Aussagen in Stifters gewichtigstem Werk *Witiko*, da heißt es über die Waldleute: "Sie haben eine Tryzne gefeiert [...], das geschieht noch immer, und wird vielleicht noch lange dauern. Das Volk liebt die alten Bräuche, und das ist gut; es würde Land und Leute umkehren, wenn es sich in jedem Augenblicke änderte [...].[37] "Und einmal wird eine Zeit kommen, wo sich alles vermischt und die Leute nicht mehr wissen, ob ein Brauch ein heidnischer oder christlicher ist".[38] Und eben „darum war die dunkle Blume da, daß die lichten leben" (S. 1252 – dazu auch Anm. 26).

---

[36] Briefe, S. 201.

[37] Stifter, Insel-Ausgabe, 4. Bd., S. 176 – „Tryznen" = „Opfer, Tänze und Spiele zu Ehren der unterirdischen Götter, um von ihnen Ruhe für die Seelen der Verstorbenen zu erflehen" (Stellenkommentar der Historisch-Kritischen Stifter-Ausgabe).

[38] Stifter, Insel-Ausgabe, 4. Bd., S. 195.

Günter Karrasch

Mörike auf der Reise zu sich selbst

Halbheit, Übermaß und Vollendung als kunstpsychologische Motive
in der Erzählung *Mozart auf der Reise nach Prag*[1]

I.

Mörikes Erzählung ist unerschöpflich[2]. Sie stellt im besten Sinne des Schlegel-
schen Begriffs ein Reflexionskontinuum dar. Die Interpreten, die sich der Deutung des Textes gewidmet haben, sind zahlreich und erlaucht, so dass es fast
vermessen erscheint, noch einen Beitrag zum künstlerischen Verständnis des
Werkes liefern zu wollen. Indessen scheint der Reflexionsstrom insgesamt ab-
zunehmen. Bisher sind neben den Problemen der formalen Einheit der Erzählung vor allem die Gestaltung des Künstlertums und – in der jüngeren Forschung
– des künstlerischen Schaffensprozesses untersucht worden.

Der vorliegende Aufsatz erhebt keinen Anspruch auf eine Gesamtdeutung,
aber Mörikes Text enthält Zeichen, die vor dem Hintergrund der bereits geleiste-
ten Analysen zu neuer Kombination und Interpretation anregen. Dabei soll eine
ästhetische Begrifflichkeit zur Diskussion gestellt werden, die auf den ersten
Blick abstrakt erscheint, ihren konkreten Sinn jedoch in der Erhellung eines
gleichermaßen individuellen wie universalen schöpferischen Prozesses findet,
den Mörike gestaltet. Seine Erzählung erweist sich dadurch als selbstreflexives
Kunstwerk.

Im Fokus der ästhetischen Wahrnehmung vieler Interpreten steht zu Recht
der so genannte „Orangenfrevel", der vielfach als symbolischer Vorgang gedeutet worden ist. Günter Blamberger hat überzeugend herausgearbeitet, wie Mörike an dieser Stelle das künstlerische Inspirationsgeschehen darstellt[3]. Mozarts
Behandlung der Frucht zeigt nach Blamberger „halbbewußt, `instinktmäßig´,

---

[1]   Die Entstehung des Aufsatzes hat Karl Konrad Polheim noch selbst betreut. Von ihm
      stammt die (typisch pointierte) Titelvariante, die der Verfasser gerne übernimmt. Das
      Thema knüpft im Übrigen an eine der ersten Publikationen Polheims an, die vor über 50
      Jahren erschien und bis heute eine für die Interpretationskunst beispielhafte Wirkung hat
      (vgl. K.K. Polheim: *Der künstlerische Aufbau von Mörikes Mozartnovelle*. In: Euphorion
      48 (1954), S. 41-70).

[2]   Mit der Bezeichnung „Erzählung" soll das Problem der Gattungszuordnung für den vor-
      liegenden Untersuchungszusammenhang ausgeblendet werden. Gleichwohl neigt der
      Verfasser zu der von Polheim eingeführten Bezeichnung „Figurennovelle" (im Gegen-
      satz zu „Handlungsnovelle"), weil sie der zentralen Künstlerproblematik entspricht.

[3]   Günter Blamberger: „*Wer hat den bunten Schwarm von Bildern und Gedanken / Zur
      Pforte meines Herzens hergeladen...?" Eduard Mörikes Darstellung des Inspirationsge-
      schehens in der Novelle `Mozart auf der Reise nach Prag´*. In: G. Blamberger, M. Engel,
      M. Ritzer (Hg.): *Studien zur Literatur des Frührealismus*. Frankfurt/M. 1991, S. 289 –
      305.

analytische und synthetische Leistungen: das Durchschneiden und Wiederzu-
sammensetzen der Pomeranze. [...] Es liegt nahe, in diesem Vorgang der Seg-
mentierung und Integrierung der Versatzstücke zu einem geschlossenen runden
Ganzen den Prozeß des Komponierens gespiegelt zu sehen, in dem die einzelnen
musikalischen Elemente so zusammengefügt werden, daß ihre Ordnung den
Schein einer organischen Totalität gewinnt."[4]

Tatsächlich findet der Inspirationsprozess des Komponisten in der Sichtweise Mörikes unter komplexen Bedingungen statt. Einerseits hat er, angeregt durch
die „Anschauung des Südens" im gräflichen Schlosspark, „eine liebliche Erinnerung aus seiner Knabenzeit". „Ganz im Zusammenhang" mit dieser steht „eine
längst verwischte musikalische Reminiszenz, auf deren unbestimmter Spur er
sich ein Weilchen träumerisch erging" (239,17-24)[5]. Andererseits hat Mozart,
wie der Leser erst später aus seinem Munde erfährt, zur gleichen Zeit an eine
Nummer aus dem ersten Akt des *Don Giovanni* gedacht, die „unerledigt" geblieben ist (253,17) und deren Text der Künstler nun, „in der Laube beim Brunnen" mit dem neuen Motiv, „wie ich es glücklicher und besser zu keiner andern
Zeit, auf keinem andern Weg erfunden haben würde" (253,29ff.), zusammen-
fügt. „Mittlerweile", so fährt der Komponist fort, „hatten meine Hände das große Unheil angerichtet" (254,12f.).

Lässt man sich auf diese charmant-ironische Darstellung ein, so ist man geneigt, im Schöpfungsakt den Geniestreich zu erkennen, eine Inspiration, die
schnell und kraftvoll zur Vollendung führt. Erst auf den zweiten Blick ist die
Komplexität dieses Vorgangs zu erkennen, die Mörike in einer unterbrochenen
Handlungs- und Erzählstruktur verbirgt. Während die Bedingungen des künstlerischen Prozesses zunächst nur angedeutet werden, ist die Halbierung der Pomeranze deutlich sichtbar und bindet die Aufmerksamkeit der Figuren und des
Lesers. Die dabei wirksamen Einflüsse werden zwar später berichtet, aber in der
von Mozart ausführlich erzählten „Jugenderinnerung" (248,32) liegt der Akzent
auf dem Motiv der als Spielobjekte erlebten Orangen, und das unvollendete
Stück aus dem *Don Giovanni* nennt er „eine kleine leichte Nummer" (253,17).
Die Bagatellisierung fungiert gleichzeitig als Stilisierung der genialen Künstlerpersönlichkeit und als Ablenkung vom tatsächlichen schöpferischen Prozess.

Ganz nebenbei erfährt der Leser, dass die Ereignisse in Neapel bereits „sieb-
zehn Jahre her" sind (252,35), dass die Unterbrechung der Arbeit an Duett und
Chor „vor zwei Monaten" (253,18) stattfand und dass sich auch der aktuelle In-
spirationsvorgang verzögert hat:

---

[4]   Ebd., S. 300.
[5]   Textnachweise beziehen sich auf die Historisch-kritische Gesamtausgabe der Werke und
      Briefe Eduard Mörikes (hier und im Folgenden zitiert als MWB), Bd. 6/I, hg. v. Mathias
      Mayer, Stuttgart 2005. Die Erzählung findet sich auf den Seiten 221-285. Blamberger
      unterscheidet vier Phasen des Inspirationsgeschehens, wobei er die Prädisposition und
      Einstimmung des Komponisten durch den Spaziergang und die „südliche Atmosphäre
      des Schlosses" mit einbezieht (ebd. S. 297 ff.).

Ganz flüchtig kam mir heut im Wagen, kurz eh' wir ins Dorf hereinfuhren, der Text in den Sinn; da spann sich denn weiter nichts an, zum wenigsten nicht daß ich's wüßte. Genug, ein Stündchen später, in der Laube am Brunnen, erwisch ich ein Motiv [...]. Man macht bisweilen in der Kunst besondere Erfahrungen, ein ähnlicher Streich ist mir nie vorgekommen. Denn eine Melodie, dem Vers wie auf den Leib gegossen – doch, um nicht vorzugreifen, so weit sind wir noch nicht, der Vogel hatte den Kopf nur erst aus dem Ei, und auf der Stelle fing ich an, ihn vollends rein herauszuschälen (253,26-36).

Selbst die Diktion Mozarts verrät – entgegen anders lautenden Beteuerungen – eine Neigung zur Sprunghaftigkeit. Er beschreibt zunächst nur eine Vision des Produkts, die durch die Kompatibilität des thematischen Materials, hier die neapolitanischen Liebeshändel, dort die ländliche Hochzeit von Zerlina und Masetto, entstanden ist.[6] Aber die unterschiedlichen Kategorien Musik und Text finden erst unter dem ästhetischen Eindruck des Halbierens und Zusammenfügens der Pomeranze zueinander. Die zeitlichen Dispositionen, die damit im Akt des ʽOrangenfrevelsʼ zusammengeführt werden, deuten also eher einen langwierigen und heterogenen schöpferischen Vorgang an als einen homogenen Schöpfungsmoment.

Doch damit ist noch kein reales Kunstprodukt entstanden. Mozart führt die Komposition erst aus, nachdem er eine Verwendung dafür gefunden hat, die ihm Erfüllung verheißt:

ich hörte so entfernt etwas von einer lieben Pflegetochter, welche Braut, sehr schön, dazu die Güte selber sei und singe wie ein Engel. Per Dio! fiel mir jetzt ein, das hilft dir aus der Lauge! Du setzt dich auf der Stelle hin, schreibst's Liedchen auf, so weit es geht, erklärst die Sottise der Wahrheit gemäß, und es gibt einen trefflichen Spaß. Gesagt, getan. [...] Und hier ist das Produkt (255,5-12).

Mozart erscheint als ein dem Leben zugewandter, jedoch gleichzeitig irrationaler Künstlertypus, dessen Werk sich in der lebensnahen Anwendung realisiert. Zur mühevollen Vorarbeit treten der Zufall der Eingebung und die Gelegenheit der Ausführung. Tatsächlich beschreibt die moderne Kunstpsychologie eine Vielfalt kreativer Prozesse, die sich auf zwei Grundmuster reduzieren lassen, und zwar auf den organisierten und auf den inspirierten Zugang. Demnach entspricht die Darstellung in der Erzählung dem künstlerischen „Prozessverlauf bei inspiriertem Zugang", der sich in die Phasen „Präparation – Inkubation – Inspiration – Evaluation – Verifikation" gliedert. Interessant ist die Annahme, dass sich in der Inkubationsphase zwar „äußerlich kein Lösungsfortschritt" erkennen lässt, aber „im Vorbewussten weitläufige Strukturierungs- und Verknüpfungsprozesse" vollziehen. „In der Evaluation und Verifikation wird der Einfall auf seine Tauglichkeit und Realisationsmöglichkeit geprüft, wobei sich u. U.

---

[6]   Beide Szenen werden auf ähnliche Weise gestört, die Lustfahrt in Neapel durch die ʽSeegrünenʼ, die Hochzeitsszene in der Oper durch Don Giovanni.

Scheinevidenzen entlarven oder Realitätswiderstände herausstellen, die erneut in eine Präparations- oder Inkubationsphase hineinführen." [7]
Damit ist der dargestellte Prozess auch in seiner Brüchigkeit beschrieben. Offenbar gehen aber Mörikes Ambitionen darüber hinaus, ein Bild des Schaffensprozesses zu zeichnen. In der Vielfalt seiner Mozart-Geschichte strebt er ein künstlerisches Gesamtbild an, dessen qualitativer Wert letztlich – bei aller Unsicherheit – wohl unumstritten sein sollte.

II.

In historischer Sicht stellt sich zunächst die Frage, inwiefern Mörike bei der Gestaltung des künstlerischen Prozesses eigene Vorstellungen von Künstlertum mit mehr oder weniger gängigen Klischees vom „Genie" Mozart verband. Ulrich Konrad hat in seiner Untersuchung über Mozarts Schaffensweise drei Kernaussagen zum Mozart-Bild des 19. und 20. Jahrhunderts herausgearbeitet:

> Erstens, Mozart komponiert ohne Hilfsmittel allein im Kopf, also ohne Klavier und schriftliche Notizen; zweitens, auf diesem Weg gedeiht ein Werk, unabhängig vom Umfang, schnell bis fast zur Endgestalt und wird in der gewonnenen Form nahezu unverlierbar im Gedächtnis gespeichert; drittens, das Niederschreiben geschieht danach weitgehend mechanisch, es ist ein untergeordneter, sehr zügig ablaufender Vorgang, unbeeinflussbar von den Umständen, unter denen er stattfindet. [8]

Es gilt als gesichert, dass Mörike aus den ihm zugänglichen Biographien von Franz Niemtschek und Alexander Oulibicheff geschöpft hat, die solche klischeehaften Vorstellungen kolportierten. Offenbar entspricht aber Mörikes Darstellung diesen Vorstellungen nur an der Oberfläche, denn obwohl die äußeren Umstände der „Komposition" in der Erzählung an das Klischee erinnern, ist doch der entsprechende künstlerische Prozess, wie gezeigt, erheblich langwieriger und komplexer. Es ist daher wahrscheinlich, dass sich Mörikes Mozart-Bild vor

---

[7]   Max J. Kobbert: Kunstpsychologie. Kunstwerk, Künstler und Betrachter. Darmstadt 1986, S. 44f.

[8]   Ulrich Konrad: Mozarts Schaffensweise. Göttingen 1992, S. 51. Konrad zeigt, dass die Entstehung solcher Klischeevorstellungen maßgeblich auf die Verbreitung einer Fälschung zurück zu führen ist, nämlich auf das so genannte „Schreiben Mozarts an den Baron von...", das ursprünglich von Rochlitz veröffentlicht worden ist und sich in der Allgemeinen musikalischen Zeitung Leipzig im Jahr 1815 wieder fand (AmZ 17, Nr. 34 v. 23. August 1815, Sp. 561-566). Mozart berichtet darin über seine Inspirationen unter anderem: „Wenn ich recht für mich bin und guter Dinge, etwa auf Reisen im Wagen, oder nach guter Mahlzeit beym Spazieren und in der Nacht, wenn ich nicht schlafen kann: da kommen mir die Gedanken stromweis und am besten." (zitiert nach U. Konrad, S.50). Die Übereinstimmung mit den von Mörike gewählten Inspirationssituationen ist offensichtlich.

allem aus den persönlichen Zugängen zum Komponisten, insbesondere zu dessen Oper *Don Giovanni* konstituierte.

Diese sympathetische Neigung zeigt sich in dem „ziemlich langwierigen Entstehungs- oder besser Reifungsprozess"[9], der zur Novelle führte. Ihr Werdegang reicht von dem mystifizierten Zusammenhang zwischen einem Besuch der Oper im August 1824 und dem Tod des Bruders August wenige Tage danach bis zur Veröffentlichung im Jahr 1855.[10] Die unterschiedlichen *Don Juan*-Reminiszenzen in Mörikes Briefen, insbesondere das Wort von den „silbernen Posaunen" (1852), tragen letztlich alle das „Signum des Todes" und ziehen sich bis zur konkreten Konzeption der Novelle hin. „Eine so hohe motivische Konstanz ist kein Zufall oder bloße Gewohnheit."[11]

Mörike hat, nachdem er schon den Wunsch nach einem beizufügenden Porträt des Ehepaars Mozart geäußert hatte, noch kurz vor der Druckausgabe versucht, den Komponisten Hetsch zu einer fiktiven Mozart-Komposition anzuregen, die sogar als „Handschriftenfacsimile"[12] mit der Erzählung veröffentlicht werden sollte. Die Akribie, mit der Mörike auf diese Weise einen fiktiven Realismus in das poetisch verklärte Lebensbild des Komponisten hinein zu tragen suchte, scheint auch einen Hinweis auf eine gewisse Selbstverklärung des Dichters und seiner Möglichkeiten zu geben. In einem Brief an Hartlaub schreibt Mörike am 18. Juni 1855:

> Es schadet gar nichts, wenn der feinere Leser die unschuldige Mystifikation durchschaut, andere mögen dadurch angeführt werden. Eigentlich ist es nur eine Ausdehnung der novellistischen Erfindung bis auf die Musik hinaus.[13]

Eine „unschuldige Mystifikation", die der „feinere" Leser ruhig durchschauen mag, diese selbstironische Einschätzung zeigt deutlich, dass Mörike keineswegs eine reine 'Verklärung' des Künstlertums beabsichtigte, sondern im Gegenteil die Kunst selbst, und zwar ganz bewusst, zum Gegenstand der novellistischen Erfindung macht.

Für die Vorstellung, die der Autor seiner Leserschaft von der verehrten Künstlerpersönlichkeit vermitteln wollte, sind auch die beiden Zitate aus der Biographie von Oulibicheff charakteristisch, die der ersten und letzten Nummer der Erstveröffentlichung im *Morgenblatt für gebildete Stände* vorangestellt wurden:

---

9   Georg Günther: Mörike auf der Reise zu Mozart. Über eine beinahe geschriebene Komposition zu Mörikes „Mozart-Novelle". In: Acta Mozartiana, 49.Jg. (2002), S. 76f.
10   Vgl. Mörikes Brief an Johannes Mährlein v. 19.-21.März 1825 (MWB Bd. 10, S.82-90).
11   Hans Joachim Kreutzer: Die Zeit und der Tod. Über Eduard Mörikes Mozart-Novelle. In: Obertöne: Literatur und Musik. Neun Abhandlungen über das Zusammenspiel der Künste. Würzburg 1994, S. 198f.
12   Brief Mörikes an Cotta vom 06. Mai 1855 (MWB Bd. 16, S.205ff.).
13   MWB Bd. 16, S.216.

Vor Teil I:
Wenn Mozart, statt stets für seine Freunde offne Tafel und Börse zu haben, sich eine wohlverschlossene Sparbüchse gehalten hätte, wenn er mit seinen Vertrauten im Tone eines Predigers auf der Kanzlei gesprochen, wenn er nur Wasser getrunken und keiner Frau außer der seinigen den Hof gemacht hätte, so würde er sich besser befunden haben und die Seinigen ebenfalls. Wer zweifelt daran? Allein von diesem Philister hätte man wohl keinen 'Don Juan' erwarten dürfen, ein so vortrefflicher Familienvater er auch gewesen wäre.

Vor Teil IV:
Leicht entzündbare Sinne und ein philosophischer Geist, ein von Zärtlichkeit überfließendes Herz und ein für den Calcul wunderbar organisirter; auf einer Seite Hang zum Vergnügen, eine Mannigfaltigkeit von Liebhabereien und Neigungen, welche ein sanguinisches Temperament charakterisiren, auf der anderen Seite diese Tyrannei einer ausschließlichen Leidenschaft, diese todbringende Übertreibung der geistigen Arbeit, welches die Attribute der melancholischen Temperamente sind – diese Art ungefähr war Mozart, der unerklärliche Mensch, weil er der Universalmusiker war, der in allem andern als in seiner Kunst sich als der lebendige Widerspruch und die personificirte Schwäche zeigt.[14]

Ganz offensichtlich hat Mörike also auch ein Kunstbild des Komponisten angestrebt, das dem Publikum durch die Verstärkung der Ambivalenzen zu einer Mystifikation im Rahmen realer psychologischer Dispositionen dienen sollte. Es ist nicht unwahrscheinlich, dass er dabei bewusst oder unbewusst seinen eigenen Schöpfungsprozess mit dem Schöpfertum Mozarts verglich. Am 23. Juni 1855 schrieb er an Hartlaub:

Du und andere haben bedauert, dass ich aus der Novelle so vieles weggeworfen habe, und doch sehe ich voraus, Du wirst sie, wie sie nun ist, nicht anders und nicht größer haben wollen. Übrigens ist es ein Glück und nur der starken Anziehungskraft des Gegenstandes zuzuschreiben, dass man dieser kleinen Arbeit die öfteren und längeren Unterbrechungen, während welcher sie mehrmals schon aufgegeben war, nicht anspürt.[15]

Mörike präsentiert Mozart als Künstler, der, ähnlich wie er selbst, aus Fragmenten seiner Erinnerung eine ästhetische Vorstellung schöpft, diese in einem unterbrochenen Kompositionsprozess verknüpft und in einer sinnlich orientierten Anwendung verwirklicht. Das Kunstwerk entsteht also nicht „aus dem Stegreif" (255,13), sondern auf verschiedenen zeitlichen und ästhetischen, von Mörike erzähltechnisch differenzierten Ebenen. Dem Fragmentarischen dieser Vorgänge entspricht das Symbol der zerschnittenen Orange, „neben welche der Oheim mit listigem Blick des Meisters Autographon steckte". Der Erzähler identifiziert das Kunstwerk mit der halbierten Frucht vor den Augen der Schlossgesellschaft und „allgemeiner und unendlicher Jubel erhob sich darüber" (255,27-29). Tatsächlich wird aber auf diese Weise der Zustand der Vollendung auf den Vorgang der

---

[14]   Zitiert nach G. Günther (wie Anm. 9), S.87.
[15]   MWB Bd. 16, S.219.

Halbierung zurückgeführt und wird dadurch bereits wieder symbolisch überhöht. Es scheint, als könne der Künstler nicht als „normaler" Vollender wahrgenommen werden, weil seine Normalität zwischen den einerseits fragmentarischen und andererseits überstrukturierten Erscheinungsformen seiner Werke und seines Lebens verloren geht.

Dem entsprechen die beiden extremen Wirkungen, die Mozarts Verhalten und Charakter bei den Schlossbewohnern am Anfang und am Ende der dortigen Handlung hervorrufen, und die auf bemerkenswerte Art miteinander korrespondieren: Vermutet der Graf nach dem gemeldeten Orangenfrevel, der Unbekannte sei „irgend solch ein Lump, der um ein Viatikum läuft und mitnimmt, was er findet" (242,15f.), so wird es Eugenie am Schluss „so ganz gewiß, dass dieser Mann sich schnell und unaufhaltsam in seiner eigenen Glut verzehre, dass er nur eine flüchtige Erscheinung auf der Erde sein könne, weil sie den Überfluß, den er verströmen würde, in Wahrheit nicht ertrüge." (283,33-284,3).

Damit ist Mozart für Mörike, wie Benno von Wiese es gültig formulierte, „der Spiegel seiner schönsten Möglichkeiten und verborgensten Gefahren, aber auch ein erhöhtes Wunschbild seiner selbst."[16] Es wird im Folgenden zu zeigen sein, wie der Dichter diese Gegensätze in der kontrastierenden Darstellung lebenspraktischer Halbheit und sinnlich-kreativen Übermaßes motivisch ausgebreitet hat, um dahinter letztlich doch das Bild eines Künstlers der Vollendung entstehen zu lassen.

III.

Mörikes Annäherung an den Stoff ist keine historische, obwohl er reichliches Zeitkolorit verwendet. Welche Quellen er dazu genutzt hat, ist vielfach untersucht worden. Er selbst beschreibt sein Werk bescheiden als „ein kleines Charaktergemälde Mozarts (das erste seiner Art, soviel ich weiß)"[17]. Tatsächlich ist es „das erste voll ausgeführte, repräsentative Portrait Mozarts", und „die Erzählkunst erweist sich [darin] als die Lehrmeisterin der Geschichtsschreibung."[18]

Allerdings lässt schon der viel zitierte Brief Hartlaubs vom 8. Juni 1847 den Schluss zu, dass der Dichter nicht vorgehabt hat, ein umfassendes Bild des ihm so seelenverwandt scheinenden Musikers zu zeichnen:

> Ich glaube auch gar nicht, dass man eine wahrhaft genußreiche Biographie von Mozart machen kann, ja ein Fragment Dichtung aus seinem Leben, wie du einmal im Sinn hattest, würde tausendmal befriedigender sein. Die Lebensereignisse, Verhinderungen, Rei-

---

[16] Benno v. Wiese: Eduard Mörike. Tübingen und Stuttgart 1950, S.272.
[17] Brief an Cotta vom 6. Mai 1855 (MWB Bd.16, S.205).
[18] H. J. Kreutzer (wie Anm. 11), S. 201.

sen, die Zeitnachrichten, sodann die Züge seines Charakters – in welchem Missverhältnis steht das alles zu der unendlichen Größe des Künstlers![19]

Der Freund des Dichters nimmt vorweg, was Mörike in seiner komplexen Erzählkunst ausführt: das fragmentarische Bild eines Künstlers, dessen Leben von Unsicherheit und Verhinderung geprägt ist und der dennoch eine geradezu übernatürliche Geltung erlangt hat. Dabei hat Hartlaub das „Missverhältnis", in welchem die Charakterzüge und die künstlerische Größe Mozarts erscheinen würden, offenbar als Quelle einer produktiven Spannung aufgefasst. Und so ist es konsequent, wenn Mörike den Leser in einer Lebenssituation auf Mozart treffen lässt, die alle diese spannungsreichen Elemente vereinigt: auf der Reise nach Prag – zunächst in einem ganz unscheinbaren Moment, und zwar „noch nicht viel über dreißig Stunden Wegs von Wien entfernt, in nordwestlicher Richtung jenseits vom Mannhardsberg und der deutschen Thaya bei Schrems, wo man das schöne Mährische Gebirg' bald vollends überstiegen hat" (225,5-9).

Was interessiert Mörike an dieser Situation? Der bezeichnete Ort liegt tatsächlich etwa auf der Hälfte der Wegstrecke zwischen Wien und Prag, und er liegt zudem an der Grenze der ehemaligen Kronländer, die an dieser Stelle mit der Nationalitätengrenze nahezu übereinstimmt. Es ist also ein Ort des Übergangs vom deutschen zum böhmischen Kulturraum und damit für die künstlerischen Pläne Mozarts von besonderer Bedeutung, denn es geht bei dieser Reise um den „Erfolg der neuen Oper" (234,10), die von Bondini für die Prager Bühne bestellt worden ist. Aber schon hier, in der Einleitung, deutet Mörike die ganze Unsicherheit der Situation an: man ist eben „noch nicht viel über dreißig Stunden" unterwegs, und das Gebirge ist „bald vollends", also noch nicht ganz überstiegen. Wenig später erfährt der Leser, dass Konstanze sogar davon träumt, nach Prag überzusiedeln, aber Mozart hat keineswegs solch weit tragende Pläne und reagiert mit Spott. Der Ort des Geschehens gibt damit einen ersten Hinweis darauf, mit welcher Intention Mörike den situativen Rahmen für die Handlung entstehen lässt: als Station eines gerade zur Hälfte bewältigten Weges.

Interessant ist, wie die Zeitangaben in der Erzählung damit korrespondieren. Die von Mörike verwendeten Daten sind unhistorisch, Mozart reiste nicht im September, sondern im Oktober nach Prag. Aber dadurch gewinnen die Angaben zur Tageszeit einen eigenen Deutungsspielraum, weil sie außerhalb der Historie für den fiktiven Handlungsrahmen uneingeschränkte Gültigkeit besitzen. Der Erzähler lässt die Begegnung mit dem reisenden Ehepaar „gegen eilf Uhr Morgens" (255,4f.) beginnen. Mörike hat diese Angabe, die noch in der Fassung für das Morgenblatt „nach neun Uhr morgens" lautete, für die Buchausgabe offenbar nicht nur geändert, weil es seiner „Vorliebe für gesuchte Wendungen, Wörter und Begriffe entsprach".[20] Der Autor scheint doch eher verdeutlicht zu

[19]   Zitiert nach Karl Pörnbacher: Erläuterungen und Dokumente zu Eduard Mörike Mozart auf der Reise nach Prag. Stuttgart 1976, bibliographisch ergänzte Ausgabe 1995, S.61.
[20]   Birgit Mayer: Eduard Mörikes Prosaerzählungen (= Europäische Hochschulschriften, Reihe 1, Bd. 887), Frankfurt/M. 1985, S. 264.

haben, dass es kurz vor Mittag ist, als die Handlung beginnt. Daraus kann erschlossen werden, dass der Orangenfrevel tatsächlich etwa zur Mittagszeit stattfindet. Die Hälfte des Tages ist um und am Ende der Erzählung wird die Mitternacht überschritten sein.

Die Situation im Wagen leitet Mörike mit einer Beschreibung der äußeren Erscheinung des Ehepaars Mozart ein, die in ganz ähnlicher Weise einen ambivalenten Zustand erkennbar macht: Zwar werden die „im Koffer eingepackten Staatsgewänder" Mozarts erwähnt, aber Frau Constanze hat zur Schonung derselben den „Anzug des Gemahls bescheidentlich [...] ausgewählt" (225,26ff.). Constanze selbst trägt ein „bequemes Reisehabit", und: „halb aufgebunden fällt der Überfluß ihrer schönen, lichtbraunen Locken auf Schulter und Nacken herunter" (226,8ff.).

Diese Erscheinung in einem zwischen Zweckgebundenheit und tatsächlich gelöster Stimmung changierenden Zustand wird im nun eintretenden Ereignis symbolisch überhöht. Nachdem sie angehalten haben und sich zum Waldspaziergang anschicken, beklagt Constanze das durch Achtlosigkeit verschüttete Riechwasser: „O weh, ein volles Fläschchen echte Rosée d´Aurore rein ausgeleert! Ich sparte sie wie Gold." Aber Mozart tröstet sie: „Ei, Närrchen, [...] begreife doch, auf solche Weise ganz allein war uns dein Götter-Riechschnaps etwas nütze." (226,28-31). Überfluss und Verschwendung treten als konstitutive Eigenschaften des Charakters hervor und kontrastieren den Zustand des halben Beginnens. Mozart wird dies wenig später selbst benennen: „Ward ich denn je nur meiner Kinder ein volles Stündchen froh? Wie halb ist das bei mir und immer en passant!" (229,14ff.).

Genau in diesem Moment greift der Erzähler ein und leitet von der „so eben ausgesprochenen Selbstanklage" zu einem „allgemeinen Blick auf die Verhältnisse" (229,25-28) über, in welchem er Mozarts ambivalenten Charakter systematisch ausbreitet. Dieser kenne „gleich wenig Maß und Ziel" (231,4f.), und der „Vorwurf törichter, leichtsinniger Verschwendung lag sehr nahe [...], besonders wenn er meinte, gerade Überfluß zu haben" (231,36-232,8). Im weiteren Verlauf der Erzählung finden sich zahlreiche Belege für das Motivpaar Halbheit und Übermaß. Auf Konstanzes Erzählung reagiert Mozart „überlaut" (237,32), den Schlossgärtner schaut er „halb lachend, [...] doch gewissermaßen keck und groß" an (240,10f.), als er das Paket des Fürsten Esterhazy erhält, reißt er die Siegel auf, und „halb gehend, halb stehend, verschlingt er den Brief" (272,2f.).

Existenzielle Bedeutung gewinnen die Motive der Halbheit und des Übermaßes für das Künstlertum Mozarts. Konstanze wünscht sich, dass er, „anstatt die Hälfte seiner Kraft und Zeit dem bloßen Gelderwerb zu opfern, ungeteilt seiner Bestimmung nachleben dürfe" (233,35f.). In seinem Konzertvortrag ist zwar „die reine Schönheit [...] nur verhüllt in diese mehr willkürlich spielenden Formen und hinter eine Menge blendender Lichter versteckt", aber doch so beschaffen, dass sie „ein herrliches Pathos verschwenderisch ausgießt" (246,20-25). Ambivalent wird selbst noch die äußerliche Wirkung des Vortrags auf die

Zuhörer beschrieben, die „doch zwischen Auge und Ohr gar sehr geteilt waren" (246,29f.).

Aber es ist vor allem der Zustand und die Vorführung des *Don Juan*, die vom Erzähler ganz bewusst im Hinblick auf die Motive der Halbheit und des Übermaßes gestaltet werden. Zum Zeitpunkt der Erzählung ist die Komposition „weit über die Hälfte vorgeschritten", aber die Hoffnung, das Werk werde, „bevor ein halbes Jahr verginge, die gesamte musikalische Welt [...] erschüttert" haben, wird seitens kritischer Stimmen, „von dem heutigen Standpunkt der Musik ausgehend", relativiert, und sogar „der Meister selber teilte im stillen ihre nur zu wohl begründeten Zweifel" (234,11-23).

Schon im Vorfeld der Vorführung im Schloss wird also der unfertige Zustand der Oper so beschrieben, dass gleichzeitig der Drang zur Vollendung und die Zweifel daran deutlich werden. Da es sich bei dem künstlerischen Prozess um ein konkretes zeitliches Problem handelt, ist es konsequent, dass auch das Phänomen der erzählten Zeit bei der Gestaltung der Vorgänge eine wichtige Rolle spielt. Wie oben bereits ausgeführt, beginnt die Handlung gegen elf Uhr vormittags, die Inspirationshandlung des Orangenfrevels lässt sich also etwa am Mittag annehmen. Mozart sagt der Schlossgesellschaft trotz seiner dringenden Geschäfte „diesen einen halben Tag mit Freuden zu, dagegen sollte morgen mit dem frühesten die Reise fortgesetzt werden" (244,11ff.).

Unter dieser typisch ambivalenten Voraussetzung findet nun der abendliche Vortrag statt. Zunächst quantifiziert der Erzähler die Präsentation, in welcher Mozart „von achtzehn fertig ausgearbeiteten Nummern [...] vermutlich nicht die Hälfte" (276,24f.) gibt. In der Formulierung wird also wiederum sowohl die Unfertigkeit des gesamten Werkes als auch der Aspekt der Halbheit in Mozarts künstlerischer Praxis hervorgehoben. Aber gleich darauf folgt ein qualitativ entgegengesetztes Urteil, das in der Folge auch eine Überschreitung der zeitlichen Vorgaben mit sich bringt. Kurz nachdem nämlich Mozart „mit dem über überschwenglich schönen Sextett geschlossen hatte" (277,12f.), bemerkt Konstanze, er habe „noch was in petto, womit er geheim tut" (277,20), und obwohl sie, „mit einem Blick auf die Uhr", einwendet, „gleich ist es elfe, und morgen früh soll's fort – wie wird das gehen?" (277,31f.), ist Mozart bereits von der Koinzidenz der schöpferischen „Stunde in der Nacht" (277,36-278,1) entflammt und beginnt mit der Erzählung von der Entstehung und parallel mit dem Vortrag des Finales.

Es ist symptomatisch, dass auch dieser nachempfundene Schöpfungsprozess Brüche und Sprünge aufweist, wie sie schon am Beispiel des Hochzeitsliedes vorgeführt wurden. Auch hier ist es der zufällig in Erscheinung tretende Text, den Mozart „vor Monatsfrist noch nicht zu sehen hoffte" (278,17f.) und der die weiteren Vorgänge auslöst. Obwohl Mozart zunächst erklärt, es sei sonst seine „Gewohnheit nicht, in der Komposition etwas vorauszunehmen" (278,25f.), so fährt er sogleich fort, es gebe „Ausnahmen, und kurz, der Auftritt bei der Reiterstatue [...] war mir bereits in die Krone gefahren" (278,27-31). Und wenig später heißt es: „Ich ergriff unwillkürlich denselben Faden weiter unten bei Don Juans Nachtmahl wieder" (279,16f.).

Die besondere Spannung der folgenden Schilderung ergibt sich aus der Doppelung von Mozarts Kommentar und der durch den Erzähler imaginierten Wirkung. Beide bedienen sich in der Ausdrucksweise eines ästhetischen Übermaßes, denn laut Mozart gab es nun für ihn „kein Aufhören mehr" (279,14), und dem Erzähler zufolge wird jeder der Zuhörer, „auch der Nüchternste bis an die Grenze menschlichen Vorstellens, ja über sie hinaus gerissen" (279,21f.). Am Höhepunkt des Vortrags fügen sich zum Motiv des Übermaßes sogleich wieder die Aspekte der Halbheit: Der Komtur wird als der „Halbverklärte" (279,28) bezeichnet, die Bewegung der Zuhörer wird, vom Erzähler jetzt schon auf ein allgemeines und zeitloses Publikum übertragen, als von „Lust und Angst zugleich" (280,2) geprägt bezeichnet. Mozart selbst schildert abschließend seine Stimmung zum Zeitpunkt der Komposition, „halb zu der Dame, halb zu seiner Frau: 'Nun ja, mir schwankte wohl zuletzt der Kopf" (280,13f.).

In der nachfolgenden Reflexion des Komponisten über sein Verhältnis zum Kunstwerk klingen nun noch einmal Aspekte des Schöpfungsprozesses, des fragmentarischen Zustandes und des Todesmotivs an. Es ist ein „überquerer Gedanke" (280,19), den Mozart angesichts des unfertigen Werkes aufgreift, die Vorstellung vom Tode vor der Vollendung. Obwohl die fertigen Nummern „lauter gesunde, reife Früchte" (280,30f.) sind, womit sowohl an die Orangen der neapolitanischen Jugenderinnerung als auch an die halbierte Orange der Haupthandlung angeknüpft wird, sind erinnerte Unfertigkeit und Todesvision mit der Situation des Künstlers in der Gegenwart der Schlosshandlung verbunden: damals wie jetzt hat er „in Einer Hitze fort" (280,15f.) gearbeitet, und beide Handlungen enden „erst lange nach Mitternacht" (282,15), also in einer deutlichen Überschreitung des gesetzten Zeitmaßes.

In der gesamten Passage wird, wie schon während der Wagenfahrt, „die erzählte Zeit [...] mit der Gegenwart des Erzählens parallelisiert."[21] Für den gleichermaßen unfertigen wie übermäßigen Künstler wird also die gemessene Lebenszeit zur existenziellen Frage, und in der ganzen Novellenhandlung wird „das Zeitproblem als Lebensproblem des schöpferischen Menschen gestaltet."[22] Interessant ist dabei, dass in der zweiten, nahezu in Echtzeit nachempfundenen Schöpfungssituation, auch ein dreifaches soziologisches Konfliktpotenzial erblickt werden kann, und zwar als „Grenzsituation zwischen Schöpfertum und Sozialordnung", als „Interrelation zwischen Produzierendem und Rezipierendem" und als „Frage nach der Legitimation und Begründbarkeit des Schöpfungsaktes selbst."[23] Dies entspricht ganz dem in seinen unterschiedlichen Aspekten disparaten Bild des Künstlers, der von den halbfertigen Teilen seines Werks sogleich zu einer Überschreitung der eigentlichen Zielsetzung gelangt, und dabei auch Gefahr läuft, gesellschaftliche Konventionen zu verletzen.

---

21 Christian Hart Nibbrig: Verlorene Unmittelbarkeit. Zeiterfahrung und Zeitgestaltung bei Eduard Mörike. Bonn 1973, S.358.

22 Ebd., S.404.

23 Gabriele Brandstetter / Gerhard Neumann: Biedermeier und Postmoderne. In: Günter Blamberger (Hg.): Studien zur Literatur des Frührealismus, Frankfurt/M. 1991, S.315.

Damit schließt sich der Kreis der unsicheren Dispositionen, die die Erzählung von Anfang an prägen. Halbheit und Übermaß sind darin konstitutive ästhetische Kategorien, die die Ambivalenz von Kunst und Künstler, aber auch deren Wirkungsmacht hervorrufen.

IV.

Kehren wir zurück zum Verhältnis von Dichter und Musiker. Es entspricht der oben dargelegten persönlichen Sichtweise Mörikes, wenn er in die Person des verehrten Künstlers eigene künstlerische Dispositionen projizierte, und zwar zunächst solche, die durchaus defizitär erscheinen mochten. Die oben dargelegten Ambitionen des Dichters deuten aber darauf hin, dass in der Vielzahl berichteter, erzählter, erinnerter oder visionärer Details schließlich doch ein allgemein gültiges Künstlertum erkennbar werden sollte. Nur an einer Stelle, am Ende von Mozarts Vorspiel im Schloss, wird dies in den Worten des Erzählers greifbar: „Der Componist war am Ziele" (280,7). Es scheint ein Moment des Innehaltens zu sein, der sich sonst in der ganzen bewegten Erzählung nicht findet, und der vor dem Hintergrund der halb vollendeten Reise, der halb vollendeten Oper und der nächtlichen Zeitüberschreitung eher paradox wirkt. Offenbar ergibt sich aber die Möglichkeit zum Abschluss, zur Vollendung, letztlich gerade aus den zuvor aufgebauten Ambivalenzen des Künstlers, der Kunstproduktion und des Kunstwerks.

Tatsächlich lassen sich die Motive der Halbheit und des Übermaßes, die auf den verschiedenen Ebenen der Erzählung wirksam werden, in der Kunstpsychologie als formdynamische Qualitäten beschreiben. Sie ergeben sich einerseits „aus der Tendenz der jeweils gesehenen Form *hin zu* einem Zustand größtmöglicher Ordnung", andererseits aus der Tendenz zu „Abweichungen von ihr *fort*".[24] Die Ästhetik einer solchen Verlaufsgestalt entsteht im Gegensatz zu der einer Simultangestalt also gerade dadurch, dass Übergangsphasen vor und nach dem Stillstand gezeigt werden. Die künstlerische Wirkung liegt damit in der resultierenden Wahrnehmung von Bewegung.

Es leuchtet ein, dass sich ein solches Gestaltungsprinzip nicht nur in der Wahl des Reisemotivs ausdrückt, sondern sich auch auf die Form der Erzählung auswirken musste. Sie hat früheren Interpreten vielfach Anlass zur Kritik gegeben, bis Karl Konrad Polheim mustergültig und im Detail darlegen konnte, wie sich die Teile der Erzählung symmetrisch aufeinander beziehen lassen und auch „die sogenannten Einschaltungen nicht lästiges Beiwerk sind, sondern ihre Aufgabe haben und ebenso schwer wiegen wie die Fabelbegebnisse."[25] Da Polheim das Gesamtziel der poetischen Gestaltung in einer harmonischen Fügung von

---

[24]   M. J. Kobbert (wie Anm. 7), S. 95f.
[25]   Karl Konrad Polheim: Der künstlerische Aufbau von Mörikes Mozartnovelle. In: Euphorion 48 (1954), S. 67.

Form und Inhalt erblickte, betrachtete er das Verhältnis der Episoden „Waldbesuch" und „Don Juan" kritisch, weil sie „keine stoffliche Gemeinschaft" haben und der *Don Juan*-Abschnitt „wie ein erratischer Block [...] aus dem ausgewogenen Aufbau" herausragt.[26]

Indessen ist dieses Erscheinungsbild, wie oben ausgeführt, relativ. Weder stellt der *Don Juan*-Abschnitt wirklich eine geschlossene Handlung dar, noch handelt es sich bei dem Waldbesuch um einen „an sich unwichtigen" Abschnitt.[27] Der Aufenthalt im Wald bildet einen Kontrast zum Reiseweg des Komponisten, er erscheint als ein ungeplantes Ziel, das Mozart spontan idealisiert: „Gott, welche Herrlichkeit! [...] man ist als wie in einer Kirche. Mir deucht, ich war niemals in einem Wald" (227,11-14). Aber der Erzähler hat diese Sehnsucht nach Ankunft bereits kurz zuvor in einen bedrohlichen Kontext gestellt: „Die erquickliche Frische, im plötzlichen Wechsel gegen die außerhalb herrschende Glut, hätte dem sorglosen Mann ohne die Vorsicht der Begleiterin gefährlich werden können" (227,7-10). Schon in dieser Hinsicht korrespondiert der Waldbesuch mit der Erzählung von der Entstehung des *Don Juan*, denn „Mozart ist in der Hingabe an die Natur ebenso leichtsinnig, wie in der Hingabe an die Kunst und gefährdet dadurch seine Gesundheit."[28] Doch das eigentliche Ereignis dieses Aufenthalts bleibt verborgen: Wenn dem Komponisten nach eigener Aussage wenig später, „im Wagen, kurz eh´ wir ins Dorf hereinfuhren, der Text" des Hochzeitsliedes in den Sinn gekommen ist, dann muss die Vorbereitung zu dem sich anbahnenden Schöpfungsprozess, also die „Präparation", bereits im Wald erfolgt sein. Beiläufig erfährt der Leser, dass der Komponist kurz nach dem Ende des Waldspaziergangs „eine Zeitlang still gewesen" ist (228,11). Da die folgende Handlung von Dialogen und Erzählungen ausgefüllt ist, bleibt dies der einzige Moment, in dem eine kreative Inkubation möglich erscheint. Aber schon im Vorgriff, während des Waldbesuchs, hat Mörike die schwebende Todesahnung mit dem Schöpfungsprozess in Verbindung gebracht.

So ergibt sich im formal-inhaltlichen Beziehungsspiel der Erzählabschnitte eine zweifache Darstellung kreativer Vorgänge: Während des Waldbesuchs erlebt Mozart die Natur und sinnt über eine unvollendete Nummer der Oper nach, während der Fahrt im Wagen fügt sich der Text zur Musik des Tanzliedes und während des Orangenfrevels entsteht im Geiste das Lied in Anlehnung an die Jugenderinnerung. Im Schloss führt er die noch unvollendete Oper vor, sodann wird die Geschichte des Finales erzählt und dieses zuletzt vorgespielt, obwohl es noch nicht realisiert ist.

Zwar wird das Lied zum konkreten „Produkt" (255,12) und tatsächlich als „reinlichst geschriebenes Notenblatt" (255,15) überreicht, seine Entstehung ge-

---

[26] Ebd., S.51 bzw. S.70.
[27] Ebd., S.51.
[28] Ebd., S.54. K. K. Polheim hat in der Diskussion über diesen Aufsatz großes Interesse daran gezeigt, die Korrespondenzen zwischen Waldbesuch und *Don Juan*-Abschnitt erneut zu überprüfen. Der Verfasser hofft, dass er die Ansprüche seines verehrten Lehrers annähernd erfüllen kann.

schieht aber gänzlich unbeobachtet und seine Präsentation auf dem Porzellan-
teller vollzieht sich in einer symbolisch überhöhten Form. Die tatsächliche Fer-
tigstellung der Oper wird entsprechend in einen Zeitraum außerhalb der Text-
sphäre projiziert. Erst im Nachhinein, wiederum außerhalb der erzählten Vorgänge, wird die Vollendung angedeutet und dabei mit der Todesahnung verknüpft. Das *wahre* Künstlertum Mozarts, das Mysterium der praktischen Vollendung, wird damit letztlich wieder der Beobachtung durch den Leser entzogen.
Das abschließende Gedicht wiederholt den Gesamtvorgang auf symbolischer
Ebene und verstärkt dabei das Todesmotiv: Tannenwald – Garten – Stadt –
Grab: „Todesaugenblick und Schöpfungsaugenblick treten in diesem Text und
seiner Situierung im Geschehen momentlang zusammen: Zwischen beiden entfaltet sich das argumentative Spiel der Novelle".[29]

Die Kunstpsychologie führt die Wahrnehmung tektonischer Qualitäten auf
einen autochthon ablaufenden Prozess zurück. Demnach geschieht „gestaltliche
Ordnungsbildung [...] aufgrund des Strebens psychischer Prozesse nach Zuständen maximalen Gleichgewichts, soweit es die reizmäßig jeweils gegebenen
Möglichkeiten zulassen."[30] Dabei werden u. a. die Faktoren der *Geschlossenheit*,
der *Gleichartigkeit*, der *Nähe*, der *Symmetrie* und der *„guten Gestalt"* wirksam,
deren Verletzung einerseits als Störung empfunden, andererseits zum Aufbau
von Spannungen genutzt werden können. Tatsächlich ist festzustellen, dass etwa
Symmetrie in der Kunst „oft vermieden oder gebrochen" wird, weil sie „in rei-
ner Form derart dominant und offensichtlich wirkt, dass andere, ‚leisere' Beziehungen sich kaum entwickeln können."[31]

Die von Polheim nachgewiesene verborgene Symmetrie kann also samt ihrer scheinbaren Unstimmigkeiten als ein Zeichen echter tektonischer Qualität
gesehen werden. Nicht nur ergeben sich Entsprechungen zwischen den Hand-
lungspassagen und Erzähleinschüben (z. B. Gespräch im Wagen / Erzählung
Konstanzes), sondern Mörike zeigt auch den schöpferischen Prozess bzw. seine
„Halbheiten" und „Überschwänge" in einem *doppelten Kursus* (Hugo Kuhn),
zum einen bezogen auf das Lied mit den Stationen Waldbesuch, Wagenfahrt und
Schloss, zum anderen bezogen auf die Oper mit den Stadien Vorspiel der un-
vollendeten Oper, Geschichte des Finales und Vorspiel des Finales. Dabei zeigen alle Erzählabschnitte nicht nur entweder fragmentarische oder bereits symbolisch überformte Zustände der Kunst, sondern vor allem den mit solchen
Halbheiten und Überschwängen ringenden Künstler.

Die Mitte der Novelle bildet Mozarts Erzählung seines Jugenderlebnisses in
Italien. Neapel ist tatsächlich der südlichste Punkt, den Leopold Mozart und sein
Sohn auf ihren Reisen erreicht haben, aber für den Erzähler Mörike „bot die
Reise nach Neapel den unerhörten Vorteil, dass sie in der künstlerischen Biogra-
phie Mozarts gleichsam eine Leerstelle war. Musikalisch, kompositorisch hat

---

[29]   G. Brandstetter / G. Neumann (wie Anm. 23), S. 313f.
[30]   M. J. Kobbert (wie Anm. 7), S.101.
[31]   Ebd., S.105.

sich dort nichts ereignet."[32] Doch Mörike gestaltet die Reminiszenzen Mozarts ganz bewusst positiv und detailreich. Er verbindet das Hochzeitsspiel in Neapel mit der exemplarischen Schöpfung des Chorliedes für die Oper durch die Symbolik der „Pomeranzen"-Bälle. Da ihre Zahl von 12 auf insgesamt 24 anwächst, liegt es nahe, darin auch eine Vorausdeutung auf Halbheit und Vollendung des *Don Juan* zu erblicken, der in der endgültigen Gestalt 24 Nummern umfasste. Diese Anlehnung wird später in Mozarts Erzählung von der Entstehung des Finales verstärkt, als er die Stücke der Oper „lauter gesunde, reife Früchte" (280,30f.) nennt. Doch auch in dem spielerischen Vorgang in Neapel werden die Unsicherheiten bzw. Risiken der künstlerischen Umsetzung deutlich, denn nachdem die Pomeranzen „bald dem Dutzend nach in immer schnellerem Tempo hin und wider" flogen, endlich „gegen vierundzwanzig Bälle unaufhörlich in der Luft" waren, glaubte man doch, so Mozart, „in der Verwirrung ihrer viel mehr zu sehen" (250,23-31). Zum halben Beginnen treten wiederum das Übermaß und damit das Risiko, die Grenzen der Wahrnehmung zu überschreiten. Aber noch aus der Erinnerung an diese Verwirrung entspringt Schöpferkraft: „Meer und Gestade, Berg und Stadt, die bunte Menschenmenge an dem Ufer hin und dann das wundersame Spiel der Bälle durcheinander! Ich glaubte wieder dieselbe Musik in den Ohren zu haben [...]. Von ungefähr springt ein Tanzliedchen hervor, Sechsachteltakt, mir völlig neu. – Halt, dacht' ich, was gibt's hier?" (252,5-12).

In der formal-inhaltlichen Gestaltung manifestieren sich gleichzeitig die nicht fassliche Schöpferkraft und die offenbare Schicksalhaftigkeit des Mozartschen Künstlertums. Deshalb bleiben alle schöpferischen Vorgänge im ersten Teil der Erzählung zunächst verborgen beziehungsweise fragmentarisch, während sie im zweiten Teil von Mozart selbst in einer einzigen Gefühlsaufwallung präsentiert werden. Deshalb erscheint die gesamte Erzählung einerseits als fragmentarische Handlung und andererseits als überschwängliche Sammlung scheinbar überflüssiger Anekdoten, aus denen endlich die Idee der sich vollendenden Schöpfung erwächst.

So gibt es, wie Steinmetz konstatiert hat, in der Tat „keine konkret-kausale Entwicklung der Handlung." Obwohl alles in Bewegung scheint, hat das Geschehen „sein Zentrum in einer sich in den einzelnen Vorgängen dokumentierenden Zuständlichkeit. Jeder Handlungsstrang, jeder Einschub bildet gewissermaßen die Ausbuchtung eines sich stets gleichbleibenden Kernes."[33] Dieser Kern enthält Mörikes Vorstellung vom Mysterium des Künstlers, der zwischen den Halbheiten seines Lebens und dem Überfluss seiner Kunst die Vollendung sucht. Das Kernthema der Erzählung ist die von Mörike so wahrgenommene Unfähigkeit oder Unmöglichkeit des Künstlers, in einem zeitlich und sozial begrenzten Raum zur Vollendung zu gelangen, gleichzeitig aber die gefühlte Bestimmung, sie außerhalb solcher Grenzen erreichen zu sollen. Es scheint so, als habe der Dichter dem Leser auferlegen wollen, diesen heiklen Zustand nachzu-

---

[32] H. J. Kreutzer (wie Anm. 11), S. 209.
[33] Horst Steinmetz: Eduard Mörikes Erzählungen. Stuttgart 1969, S.100.

vollziehen, um damit einen Teil seines eigenen künstlerischen Daseins verständlich zu machen.

Matthias Pape

Psychopathologie und Geschichte

Ferdinand von Saars Trauerspiel „Kaiser Heinrich IV." (1865/66)

I.

Ferdinand von Saar verdankt seine späte dichterische Anerkennung den *Wiener Elegien* (1893) und dem erzählerischen Werk, vor allem den *Novellen aus Österreich*, die seit 1877 in erweiterten Ausgaben erschienen sind. Die Dichter der Wiener Moderne, ob Hermann Bahr oder Hugo von Hofmannsthal, sahen in Saar ihren Wegbereiter[1]. Den Hintergrund der Novellen bildet die noch halbwegs geordnete, aristokratisch geprägte politisch-soziale Welt der Habsburgermonarchie in den zwei Jahrzehnten nach den revolutionären Erschütterungen von 1848/49. Saars dichterisches Werk besitzt als „spezifisch Österreichisches"[2] eine erhebliche kulturgeschichtliche Dimension, vergleichbar mit den Romanen Friedrich Spielhagens und Theodor Fontanes. Als genauer Beobachter und Kenner der Entwicklung in Gesellschaft und Politik der weiträumigen Monarchie wird Saar „zum bedeutendsten poetischen Historiker Österreichs"[3]. Mit dem um

---

[1] Vgl. Ferdinand von Saar: Kritische Texte und Deutungen. Hrsg. v. Karl Konrad Polheim. Bisher 9 Bde., Bd. 1 u. 2 Bonn 1981, Bd. 3-9 Tübingen 1987-1999; zu diesem Editionstyp K. K. Polheim: Textkritik und Interpretation. Marie von Ebner-Eschenbach und Ferdinand von Saar in wissenschaftlichen Einzelausgaben. In: Ders.: Kleine Schriften zur Textkritik und Interpretation. Bern [u.a.] 1992, S. 9-22; Ders. (Hg.): Ferdinand von Saar – ein Wegbereiter der literarischen Moderne. Festschrift zum 150. Geburtstag. Bonn 1985; Ferdinand von Saar: Mährische Novellen. Berlin 1989 (Deutsche Bibliothek des Ostens), hg. u. mit Nachwort von Burkhard Bittrich, S. 151-177; B. Bittrich: Biedermeier und Realismus in Österreich. In: K. K. Polheim (Hg.): Handbuch der deutschen Erzählung. Düsseldorf 1981, S. 356-381, 597-600, bes. S. 373-376.

Daneben auch Karl Wagner: Art. Ferdinand von Saar. In: Neue Deutsche Biographie [NDB], Bd. 22, Berlin 2005, S. 315f. (nennt nur Bd. 1-4 der historisch-kritischen Ausgabe); Michael Boehringer (Hg.): Ferdinand von Saar. Richtungen der Forschung. Gedenkschrift zum 100. Todestag. Wien 2006. Die Ergebnisse der historisch-kritischen Saar-Ausgabe sind noch nicht in die – teilweise älteren – Standardwerke zur österreichischen Literatur eingeflossen, so von Claudio Magris: Der habsburgische Mythos in der modernen österreichischen Literatur. Salzburg 1966 (ital. Ausg. Turin 1963). Neuausgabe Wien 2000, S. 228-241; Karlheinz Rossbacher: Literatur und Liberalismus. Zur Kultur der Ringstraßenzeit in Wien. Wien 1992; Ernst Kobau: Rastlos zieht die Flucht der Jahre... Josephine und Franziska von Wertheimstein – Ferdinand von Saar. Wien, Köln, Weimar 1997.

[2] Mit diesen Worten wollte Saar es Kaiser Franz Joseph zum fünfzigjährigen Regierungsjubiläum „auf die Stufen des Thrones niederlegen". So Saar an die Fürstin Hohenlohe, 16.12.1895. Vgl. Marie Fürstin zu Hohenlohe und Ferdinand von Saar.

[3] Wolfgang Nehring: Vergänglichkeit und Psychologie. Der Erzähler Ferdinand von Saar

eine volle Generation jüngeren Arthur Schnitzler, der seinen Blick auf den Zustand der Wiener Gesellschaft richtet, ohne längerfristige historische Prozesse zu
beobachten, teilt er das starke psychologische Interesse[4]. Kaum rezipiert wurde
Saars dramatisches Schaffen. Es hat auch die Forschung wenig beschäftigt[5].

Saars erstes und in seinem dramatischen Schaffen gewichtigstes Werk ist
das „deutsche Trauerspiel" *Kaiser Heinrich IV.*, 1862/64 verfaßt[6]. Der junge
Saar (1833-1906) schrieb sogleich eine Doppeltragödie. An zwei Abenden aufgeführt, hat sie die ideale Länge einer Bühnenfassung. Saar wollte sich damit die
Anerkennung als Dichter sichern. Ihn leitete dabei die Hoffnung, in den Genuß
eines existenzsichernden Stipendiums der zum Schiller-Jubiläum 1859 er-
richteten Deutschen Schillerstiftung bzw. ihres Wiener Zweiges zu gelangen. Er
übersandte den ersten Teil des Dramas mit der Bitte um Protektion unmittelbar
nach Erscheinen an Anton Alexander Graf Auersperg[7], den prominenten Dichter
des Vormärz, der sich zum Schutz vor Zensur und polizeilichen Nachstellungen
in der Ära Metternich den Dichternamen Anastasius Grün zugelegt hatte. Von
seiner Heimat, dem Kronland Krain, 1848 in die Frankfurter Nationalversamm-
lung entsandt, war Auersperg zum einflußreichen deutsch-liberalen Politiker
aufgestiegen, seit 1861 Mitglied des Herrenhauses und des Krainer Landtags,
seit 1867 des Steiermärkischen Landtags[8]. Der mit Geschäften überladene Auersperg antwortete Saar höflich, aber wegen des Stipendiums ausweichend[9].

Mit dem ersten Dramenteil und seiner in Canossa kulminierenden Auseinandersetzung Papst Gregors VII. mit dem Salier Heinrich IV. um die Überordnung
von Papsttum und Kirche über Kaiser und Welt[10] griff Saar in die brennendste,

---

als Vorläufer Schnitzlers. In: Saar – Wegbereiter der Moderne (wie Anm. 1), S. 100-116,
hier S. 116.

[4]   Ebd. S. 104, 110, 116.

[5]   Mit Ausnahme von Helmut Schanze: Das Fegefeuer der Bühne. Ferdinand von Saar und
       das Theater. In: Saar – Wegbereiter der Moderne (wie Anm. 1), S. 211-221, hier S. 216f.,
       221.

[6]   Im Folgenden zitiert (Seitenzahlen in Klammern) nach Ferdinand von Saar: *Kaiser Hein-
       rich IV. Ein deutsches Trauerspiel in zwei Abtheilungen.* In: Ferdinand von Saars sämtli-
       che Werke in zwölf Bänden. Hg. v. Jakob Minor. Leipzig [1908], Bd. V, S. 13-201.

[7]   Dankschreiben Auerspergs an Saar, Graz, 16.6.1865, ohne auf das Werk an sich einzu-
       gehen. Wiener Stadt- und Landesbibliothek [WSLB], I.N. 50742.

[8]   Vgl. Art. Anton Alexander Reichsgraf von Auersperg. In: Biographisches Wörterbuch
       zur deutschen Geschichte, bearb. v. Karl Bosl, Günther Franz, Hanns Hubert Hofmann,
       2. völlig neubearb. Aufl. München 1973, Bd. 1, Sp. 162f.; Adam Wandruszka: Parteien
       und Ideologien im Zeitalter der Massen. In: Otto Schulmeister (Hg.): Spectrum Austriae.
       Wien 1957, S. 287-314, hier S. 290-299.

[9]   Brief Auerspergs an Saar, Thurn am Hart (Krain), 29.8.1865. WSLB, I.N. 50743.

[10]   Zu dem viel bearbeiteten Thema hier nur Hinweise auf die jüngere Literatur: Rudolf
       Schieffer: Gregor VII. – Ein Versuch über die historische Größe. In: Historisches Jahr-
       buch 97/98 (1978) S. 87-107; Uta-Renate Blumenthal: Gregor VII. Papst zwischen Ca-
       nossa und Kirchenreform. Darmstadt 2001 (Gestalten des Mittelalters und der Renais-
       sance); Stefan Weinfurter: Canossa. Die Entzauberung der Welt. München 2006; Jörg
       Jarnut u. Matthias Wemhoff (Hg.): Vom Umbruch zur Erneuerung? Das 11. und begin-

wie er wußte, auch Auersperg bewegende innenpolitische Frage seiner Zeit ein. Er suchte mit dem Stoff den Bühnenerfolg in der erregten Stimmung der Kultur-kampfjahre[11] und stellte sich damit in die Wiener Theatertradition seit Nestroy und Raimund, aktuelle Themen auf die Bühne zu bringen. Dabei redeten jedoch Zensur und Hoftheaterordnung – nach der Revolution freilich nicht mehr so strikt wie im Vormärz – ein Wort mit.

Die Deutsch-Liberalen hatten es seit der Wende vom Neoabsolutismus zum Konstitutionalismus unter Ministerpräsident Anton von Schmerling (*Februar-patent* vom 26. Februar 1861) und mit der Dezemberverfassung von 1867[12] dar-auf angelegt, das Konkordat von 1855 zu durchbrechen[13]. Kaiser Franz Joseph und Papst Pius IX. hatten das Konkordat nach der Revolution zur gegenseitigen Stütze von Thron und Altar abgeschlossen. Der Kaiser hatte darin das josephi-nische Staatskirchentum mit der Aufsicht des Staates über die Kirche preisge-geben und dadurch den großen Unmut der im Geist der josephinischen Aufklä-rung verwurzelten Beamtenschaft erregt[14]. Diese faßte Religion und Kirche als notwendige „moralische Anstalt" auf, stand der Affinität der Romantik zum Ka-tholizismus und dem Ultramontanismus fremd gegenüber und provozierte ent-sprechende Reaktionen des romtreuen katholischen Lagers[15].

---

nende 12. Jahrhundert – Positionen der Forschung. München 2006 (Mittelalterstudien, Bd. 13).

[11] Vgl. Peter Leisching: Die römisch-katholische Kirche in Cisleithanien. In: Adam Wan-druszka u. Peter Urbanitsch (Hrsg.): Die Habsburgermonarchie 1848-1918, Bd. IV: Die Konfessionen, Wien 1985, S. 1-247, hier S. 34-46; Karl Vocelka: Der Kulturkampf in der Cisleithanischen Reichshälfte der Habsburgermonarchie. In: Rudolf Lill, Francesco Tra-niello (Hrsg): Der Kulturkampf in Italien und in den deutschsprachigen Ländern. Berlin 1993 (Schriften des Italienisch-Deutschen Historischen Instituts in Trient, Bd. 5) S. 355-366.

[12] Vgl. Wilhelm Brauneder: Österreichische Verfassungsgeschichte. 8. durchgesehene Aufl. Wien 2001 (Manzsche Studienbücher) S. 134-147.

[13] Vgl. ebd. S. 147, 157f.; als Epochendarstellung Helmut Rumpler: Österreichische Ge-schichte 1804-1914. Eine Chance für Mitteleuropa. Bürgerliche Emanzipation und Staatsverfall in der Habsburgermonarchie. Wien 1997, S. 344-347, 419-422; zum Hinter-grund des Ersten Vatikanischen Konzils Klaus Schatz: Vaticanum I 1869-1870. Bd. I: Vor der Eröffnung. Paderborn 1992, S. 64-68, 107.

[14] Zu ihrem wichtigsten Zusammenschluß Wilhelm Brauneder: Leseverein und Rechtskul-tur. Der Juridisch-politische Leseverein zu Wien 1840 bis 1990. Wien 1992, S. 360f., 363-368, 385; zum ideengeschichtlichen Wurzelgrund des Josephinismus und seiner Ausstrahlung tief ins 19. Jahrhundert hinein immer noch Fritz Valjavec: Der Josephinis-mus. Zur geistigen Entwicklung Österreichs im achtzehnten und neunzehnten Jahrhun-dert. 2. wesentlich erw. Aufl. München 1945.

[15] Vgl. Eichendorffs in Wien entstandene Polemik gegen Anastasius Grün, „der mit wah-rem Zerstörungsjubel den Fels der Kirche zu unterminiren, und durch die Dampfkraft der modernen Bildung in die leere pantheistische Luft zu sprengen trachtet." In: *Die neue Poesie Oesterreichs.* In: Historisch-politische Blätter für das katholische Deutschland 20 (1847) S. 385-401 (anonym). Neudruck in: Joseph von Eichendorff: Literarhistorische Schriften, Bd. I: Aufsätze zur Literatur. Hg. v. Wolfram Mauser. Regensburg 1962 (Ei-

Die Brisanz des von Saar gewählten Stoffs lag darin, daß sich einerseits das theresianische und josephinische Staatskirchentum der 1728 erfolgten Ausweitung der kultischen Verehrung Gregors VII. auf die gesamte katholische Kirche widersetzt und die Verbreitung des neuen, „die landesfürstliche Macht höchst beleidigenden" Offiziumstextes zum Fest Gregors in der Habsburgermonarchie untersagt hatte[16]. Andererseits agitierten ultramontane Kreise im Kulturkampf dagegen, daß man dieses Offizium „voll Zunder und Kohlen und Schwefel, voll Phosphor, Salpeter und Explosionskraft" angefüllt gesehen habe[17].

Die deutsch-liberale Honoratiorenpartei[18] leitete seit 1868 die Aufhebung des Konkordats ein[19]. Am Ende stand – anderes hätte Kaiser Franz Joseph nicht hingenommen – die „kirchenfreundliche Trennung von Staat und Kirch(en)"[20] in den konfessionellen Gesetzen vom Mai 1874. In einem ersten Schritt gelang es den Deutsch-Liberalen zwischen März und Mai 1868, wesentliche Konkordatsbestimmungen durch Einzelgesetze außer Kraft zu setzen: die kirchliche Gerichtsbarkeit in Ehefragen, die kirchliche Schulaufsicht und die Bevorzugung der katholischen Religion.

In der entscheidenden Herrenhaus-Debatte des Reichsrats am 20. März 1868 über das Ehe- und Schulgesetz, zu der sich der gebrechliche Grillparzer, als Josephiner von Anfang an ein Gegner des Konkordats, im Lehnstuhl tragen ließ, trat Graf Auersperg als Hauptredner seiner Partei auf. Er bezeichnete das Konkordat als „ein gedrucktes Canossa" und löste mit dieser Assoziation an ein Grunderlebnis der deutschen Nation enormes öffentliches Echo in Wien und in der norddeutschen Presse aus[21] – vor Bismarcks auf das Ereignis von Canossa

---

chendorff: Historisch-kritische Ausgabe, Bd. 8) S. 103-119, hier S. 111. – Marie von Ebner-Eschenbach notierte am 7.10.1867: „In Ischl soll die Camarilla um den Kaiser versammelt sein u. ihn bestürmen das Concordat aufrecht zu halten. Wenn er nachgibt gehen wir mit Extra-Post zu Grund. Im oester: Hof (wohin wir heut spät kamen weil wir viele Commissionen zu besorgen hatten) herrschte große Aufregung unter den dort speisenden Reichsräthen." Marie von Ebner-Eschenbach: Tagebücher, Bd. I: 1862-1869. Kritisch hg. u. kommentiert von Karl Konrad Polheim. Tübingen 1989 (Marie von Ebner-Eschenbach, Kritische Texte und Deutungen) S. 206.

[16] Dekret Josephs II. vom 20.6.1782; das Verbot galt bis 1848. Vgl. Matthias Pape: „Canossa" – eine Obsession? Mythos und Realität. In: Zeitschrift für Geschichtswissenschaft 54 (2006) S. 550-572, hier S. 560-565 (auch zum Verbot des Offiziumstextes im gallikanischen Frankreich).

[17] So der streitbare und einflußreiche Leiter der *Wiener Kirchenzeitung* Sebastian Brunner: Die Mysterien der Aufklärung in Oesterreich 1770-1800. Aus archivalischen und andern bisher unbeachteten Quellen. Mainz 1869, S. 165; vgl. Ernst Alker: Sebastian Brunner. In: NDB, Bd. 2, 1955, S. 683f.

[18] Vgl. Harm-Hinrich Brandt: Liberalismus in Österreich zwischen Revolution und Großer Depression. In: Dieter Langewiesche (Hg.): Liberalismus im 19. Jahrhundert. Göttingen 1988 (Kritische Studien zur Geschichtswissenschaft, Bd. 79) S. 136-160, bes. S. 152f.

[19] Zu den Motiven vgl. Valjavec (wie Anm. 14), S. 82-85, 98f., 102f.

[20] Vgl. Brauneder: Verfassungsgeschichte (wie Anm. 12), S. 158.

[21] Vgl. Matthias Pape: „Nach Kanossa gehen wir nicht". War Anastasius Grün (Graf Anton Auersperg) Bismarcks Stichwortgeber im Kulturkampf? In: Eloquentia copiosus. Fest-

anspielender Reichstagsrede am 14. Mai 1872 im anhebenden Kulturkampf in Preußen[22]. So spannt sich der zeitliche Bogen der Canossa-Beschwörung im Kulturkampf von Saar über Auersperg zu Bismarck, der eingehende Berichte der Wiener Gesandtschaft über die Kulturkampfdebatte im Herrenhaus erhielt[23]. Auerspergs und Bismarcks Reden zeigen, wie sehr politisches Denken und politische Sprache seit der Mitte des 19. Jahrhunderts von historischen Argumenten und Metaphern geprägt waren. Bismarcks berühmtes Dictum hat vergessen lassen, daß der Ursprung von „Canossa" als politisches Argument in Wien liegt und die dichterische Verarbeitung das erste Glied der Rezeptionskette bildet.

Die Burgtheaterdirektion unter Heinrich Laube durfte Saars Drama wegen der Konkordatsbestimmungen, die eine Herabsetzung von katholischer Religion und Kirche verboten[24], und wegen der darauf beruhenden Hoftheaterordnung[25] nicht zur Aufführung annehmen[26]. Das hätte Saar durchaus wissen können, es war ihm vermutlich sogar bekannt, er rechnete aber wohl mit dem Sieg des Liberalismus, der den Weg zur Aufführung frei machen sollte. Eine solche Einschätzung wäre nicht unbegründet gewesen. Denn der wirtschaftliche, verfassungspolitische und kulturelle Fortschritt schien auf Seiten der Deutsch-Liberalen zu liegen und zumindest bis zum Börsenkrach von 1873 unaufhaltsam, äußerlich sichtbar an der Wiener Ringstraßenarchitektur.

Wäre Saars Kalkül aufgegangen, so hätte dem jungen Dichter vom Stoff her ein fulminanter Beginn seiner Laufbahn beschieden sein können[27]. Saar hat aber

---

schrift für Max Kerner zum 65. Geburtstag. Aachen 2006, S. 245-264, Quellennachweise der Presseberichte S. 258-262.

22 Stenographische Berichte über die Verhandlungen des Deutschen Reichstages. I. Legislatur-Periode, III. Session 1872. Bd. 1, Berlin 1872, S. 135f.; auch in: Die politischen Reden des Fürsten Bismarck. Historisch-kritische Gesammtausgabe, besorgt v. Horst Kohl, Bd. V: 1871-1873. Stuttgart, Berlin 1922, S. 336-341; dazu Lothar Gall: Bismarck. Der weiße Revolutionär. Frankfurt a.M., Berlin, Wien 1980, S. 469-492, hier S. 491f.

23 Vgl. Pape: „Nach Kanossa gehen wir nicht" (wie Anm. 21), S. 255, 261f.

24 Art. 16: „Seine Majestät der Kaiser wird nicht dulden, daß die katholische Kirche und ihr Glaube, ihr Gottesdienst, ihre Einrichtungen, sei es durch Wort oder That und Schrift, der Verachtung preisgegeben" werden [...]. „Da es überdieß sein Wille ist, daß den Dienern des Heiligthums die ihnen nach göttlichem Gesetz gebührende Ehre bezeigt werde, so wird Er nicht zugeben, daß Etwas geschehe, was dieselben herabsetzen oder verächtlich machen könnte, vielmehr wird Er verordnen, daß alle Behörden des Reiches sowohl den Erzbischöfen oder Bischöfen selbst als auch der Geistlichkeit bei jeder Gelegenheit die ihrer Stellung gebührende Achtung und Ehrenbezeigung erweisen." Zit. n. Abdruck des Konkordats bei Erika Weinzierl-Fischer: Die österreichischen Konkordate von 1855 und 1933. München 1960 (Österreich-Archiv) S. 250-258, hier S. 254.

25 Vgl. Karl Glossy: Theaterzensur. In: Österreichische Rundschau 58 (1919) S. 228-232 (nach Ende der Monarchie publiziert).

26 Jakob Minors Begründung ist zu vage: „Die Bühne hat sich dem Saarschen Drama niemals geöffnet; in Österreich, wo kein Papst auf der Bühne erscheinen darf, waren wohl nur Zensurbedenken der Grund." Vorwort zum Drama in: Saars sämtliche Werke (wie Anm. 6), Bd. V, S. 11.

27 Im Klima des inzwischen voll ausgebrochenen Kulturkampfs suchte und fand der etwa

schließlich sein Vabanquespiel verloren. Eine Aufführung des Dramas scheiterte an den politischen Rahmenbedingungen[28]. Dies hat über Saars Dichterschicksal entschieden. Der Erfolg als Dramatiker, nicht als Erzähler, war damals maßgeblich für dichterischen Ruhm. Vom Bühnenerfolg hing die verlegerische Entscheidung zur Drucklegung ab. Aus dem selben Grund hat auch Marie von Ebner-Eschenbach, mit der Saar engen Austausch pflog, zunächst den Erfolg als Bühnenautorin gesucht[29]. Die Ablehnung von Saars Drama durch die Burgtheaterdirektion hat zu manchen Mißdeutungen hinsichtlich seiner ästhetischen Akzeptanz geführt[30]. Daher soll diese Frage näher beleuchtet werden, auch wenn dies hier noch nicht umfassend ausgeführt werden kann.

Der erste Teil (*Hildebrand*) erschien nach vielen Absagen und mühsamen Verhandlungen im Mai 1865 bei Georg Weiß in Heidelberg, einem Sortimenter mit angeschlossenem kleinen Verlag, der zweite Teil (*Heinrichs Tod*) Ende 1866[31]. Das Drama liegt in verschiedenen Fassungen vor. In der („verbesserten") Zweitfassung (Heidelberg 1872) hat Saar in der Exposition (I, 1) und in den Volksszenen der ersten Abteilung Striche vorgenommen (III 1,2,5; insgesamt gestrichen V 1-3), kleinere in der zweiten Abteilung (nur in I 1), um mögliche Hindernisse für eine Aufführung, sofern sie in der Länge des Doppeldramas begründet lagen, aus dem Weg zu räumen. Es „schmerzte" Saar am Ende, „daß die Tragödie niemals auf die Bühne gekommen ist"[32]. Als die Hoffnung

gleichaltrige Ludwig Anzengruber den Erfolg mit dem Volksstück *Der Pfarrer von Kirchfeld* (Uraufführung unter Pseudonym in Wien am 9. Dezember 1870). Vgl. Peter Sprengel: Geschichte der deutschsprachigen Literatur 1870-1900. Von der Reichsgründung bis zur Jahrhundertwende. München 1998 (Geschichte der deutschen Literatur von den Anfängen bis zur Gegenwart, Bd. IX 1), S. 460f.

28   Als Vergleich bietet sich die Reaktion der Zensurbehörde auf Anzengruber an. Hatte sich die Zensur beim *Pfarrer von Kirchfeld* noch auf die übliche Ausmerzung einzelner Wendungen beschränkt, so sah sie nach Ende der liberalen Ära beim Volksstück *Das vierte Gebot* (1878) Moral und katholische Religion verletzt und griff rigide ein. Wie viel mehr mußte dies für Saars Drama gelten, in dem mit dem Papsttum die neben der Dynastie wichtigste Institution der Kritik unterzogen wurde! Zu den Zensurvorschriften und –eingriffen vgl. in diesem Band Heinz-Peter Niewerth: Du sollst die Großmutter ehren! Ludwig Anzengrubers „Das vierte Gebot": Zensurprobleme und Dramenstruktur.

29   Vgl. Georg Reichard: Die Dramen Marie von Ebner-Eschenbachs auf den Bühnen des Wiener Burg- und Stadttheaters. In: Karl Konrad Polheim (Hg.): Marie von Ebner-Eschenbach. Ein Bonner Symposion zu ihrem 75. Todesjahr. Bern [u.a.] 1994, S. 97-121.

30   Gero von Wilpert: Deutsches Dichterlexikon. Biographisch-bibliographisches Handwörterbuch zur deutschen Literaturgeschichte. Stuttgart ²1976, S. 598, urteilt im Art. Saar knapp, „Als Dramatiker ohne Bedeutung"; Sprengel (wie Anm. 27), S. 459-484, erwähnt Saar unter den österreichischen Dramatikern nicht.

31   Anton Bettelheim: Ferdinand von Saars Leben und Schaffen. In: Saars sämtliche Werke (wie Anm. 6), Bd. I, S. 9-213, hier S. 37-47; Minor: Vorwort zum Drama (wie Anm. 6), S. 9-12.

32   An Altmann, 13.5.1898. In: Ferdinand von Saar: Briefwechsel mit Abraham Altmann. Kritisch hg. u. kommentiert v. Jean Charue. Bonn 1984 (Ferdinand von Saar. Kritische Texte und Dichtungen, Ergänzungsbd. 1) S. 204.

auf eine Aufführung zerstört schien, hat er die dritte Fassung 1904, zwei Jahre vor seinem Tod, gleichsam als Lesefassung wieder weitgehend der ersten angenähert.

Wir haben nur wenige durch Minor überlieferte Indizien, aber keine Quelle, aus der sich Saars letzte Intention mit annähernder Sicherheit erschließen ließe. Seine Briefe zeigen, daß er die Hoffnung auf das Urteil der Nachwelt gesetzt hat: Für seine Dramen werde „noch die Zeit kommen", wenn auch „post mortem meam"[33]: „Das historische Drama. Das war mein Feld. Der Zug der Zeit ist vernichtend darüber hinweggegangen."[34] Über Saars Verbitterung berichtet Christiane Gräfin Thun-Salm an Hugo von Hofmannsthal am 12. September 1902: „Heuer war der arme Alte einmal zum souper bei mir, und nachher ging er im Zimmer auf und ab, und haute mit der geballten Faust herum und rief: ‚Und die Leute sollen sagen was sie wollen! Ich bin *doch* ein Dramatiker! Ich *bin* kein Novellist. Ich bin ein Dramatiker!'"[35]. Das dürfte sich vor allem auf sein *Heinrich*-Drama bezogen haben. Dazu liegt, von zeitgenössischen Rezensionen[36] und Randbemerkungen in der Literatur[37] abgesehen, bisher keine Interpretation vor. Das Drama wurde in den Wiener Feuilletons besprochen, am Hofburgtheater kam es immerhin zu einer Leseprobe, also einer Rezitation mit verteilten Rollen, und es ist zu bedenken, daß Literatur und Kunst, die die damals beliebten historischen Stoffe verarbeiteten und nicht selten nationalpädagogische Zwecke verfolgten, breitere Kreise erreichten als gelehrte Geschichtswerke.

Das von Saar entworfene Geschichtsbild entsprach in Österreich der deutsch-liberalen bzw. im Reich der nationalliberalen Geschichtsschreibung und Öffentlichkeit nach dem politischen Umbruch in Italien (Schlacht von Solferino 1859, Saar hat den Italienfeldzug als Leutnant mitgemacht) vor dem großen Umbruch in Deutschland (Königgrätz 1866) und der gleichzeitigen Auseinandersetzung zwischen Papsttum bzw. Ultramontanismus und dem liberalen National-

---

[33] An Altmann, 29.1.1897, ebd. S. 104.

[34] An Altmann, 23.9.1897, ebd. S. 181 (Gesperrtes kursiv).

[35] Hugo von Hofmannsthal und Christiane Gräfin Thun-Salm: Briefwechsel. Hg. v. Renate Moering. Frankfurt a.M. 1999, S. 54 (Gesperrtes kursiv).

[36] Deren Einbeziehung muß einer größeren Arbeit vorbehalten bleiben.

[37] Die gründlichste Studie zur Wirkungsgeschichte von „Canossa", Harald Zimmermann: Der Canossagang von 1077. Wirkungen und Wirklichkeit. Mainz 1975 (Akademie der Wissenschaften und der Literatur, Abhandlungen der Geistes- und Sozialwissenschaftlichen Klasse, Jg. 1975, Nr. 5), erwähnt (S. 68) Saars Drama, liest es aber als antikaiserliches Drama und verkennt seine Tendenz; kursorische Behandlung bei Werner Goez: Matilde nella coscienza letteraria tedesca. In: Paolo Golinelli (Hg.): Matilde di Canossa nelle culture euopee del secondo millenio. Dalla storia al mito. Atti del convegno internazionale di studi (Reggio Emilia, Canossa, Quattro Castella 1997). Bologna 1999, S. 207-212, hier S. 211; der aphoristische Beitrag Otto Gerhard Oexles: Canossa. In: Etienne François u. Hagen Schulze (Hg.): Deutsche Erinnerungsorte, Bd. I, München 2001, S. 56-67, geht weder – der springende Punkt vor dem Kulturkampf – auf die Reaktion des Staatskirchentums nach Ausweitung des Gregorkults von 1728 noch auf die großen Canossa-Dramen ein.

und Verfassungsstaat. „Canossa" wurde im Kulturkampf zur Chiffre für den Sieg der geistlichen und die Demütigung der weltlichen Gewalt. Am Ende des mittelalterlichen Konflikts hatte ein Konkordat gestanden (Worms 1122), ein weiteres Reizwort für die österreichischen Deutschliberalen.

Der von Saar verarbeitete Stoff fand zur selben Zeit durch historiographische Darstellungen für Generationen von Lesern seine gleichsam kanonische Interpretation[38]. Saars Hauptquelle war jedoch die ein Jahrzehnt ältere Darstellung des Ranke-Schülers Hartwig Floto[39]. Dieser suchte den steten Rückgriff auf die mittelalterlichen Quellen und verzichtete, bei allen Vorbehalten gegenüber dem Geschichtsbild der katholischen Romantik, auf eine Schwarzweißfärbung des Konflikts. Flotos Darstellung mit ihrem an Ranke geschulten Streben nach Objektivität durch Quellenkritik bot Saar indessen nicht mehr als eine allgemeine Orientierung. Der Dichter sah die Thematik vielmehr mit den Augen seiner Zeit. Wie alle Geschichtsdramatiker „handelt" Saar „von der Vergangenheit und meint seine Gegenwart"[40].

Bei der Interpretation des Dramas sind zwei zeitliche Ebenen auseinanderzuhalten: die im Drama geschichtlich festgelegte Zeit[41] und das Bild des 19. Jahrhunderts samt den national- und kirchenpolitischen Implikationen, die in dieser ersten Annäherung an das Drama mit Ausnahme Flotos ausgeblendet bleiben sollen. Außer acht bleiben muß auch die intuitive dichterische Erfassung der innersten Motivierung der historischen Figuren, die sich mit Beobachtungen der modernen Mediävistik berührt[42]. Im Folgenden wird eine knappe Analyse beider Dramenteile versucht (Kap. II, IV), denen jeweils zusammenfassende (III) und übergreifende (V) Reflexionen folgen. Dabei steht die jüngst aufgestellte Behauptung auf dem Prüfstand, Saar sei „mit einer rein hermeneutischen Lesart", die ihn ästhetisch abwerte, „kaum beizukommen", die Analyse sei vielmehr auf eine „kulturhistorische Basis" zu stellen[43].

---

[38]   Ferdinand Gregorovius: Geschichte der Stadt Rom im Mittelalter. Vom fünften Jahrhundert bis zum sechzehnten Jahrhundert, Bd. 4 (auch zum Pontifikat Gregors VII.), Stuttgart 1862; Wilhelm v. Giesebrecht: Geschichte der deutschen Kaiserzeit. Bd. 3: Das Kaiserthum im Kampfe mit dem Papstthum. Braunschweig 1868.

[39]   Hartwig Floto: Kaiser Heinrich der Vierte und sein Zeitalter. 2 Bde., Stuttgart, Hamburg 1855-1856; vgl. Hinweis bei Bettelheim: Saars Leben (wie Anm. 31), S. 40f.; zu Floto Tilman Struve: Heinrich IV. in der historiographischen Tradition des 19. und 20. Jahrhunderts. In: Historisches Jahrbuch 119 (1999) S. 52-64.

[40]   Werner Keller: Drama und Geschichte. In: Ders. (Hg.): Beiträge zur Poetik des Dramas. Darmstadt 1976, S. 298-338, hier S. 303.

[41]   Zu den historischen Abläufen am zuverlässigsten Gerold Meyer von Knonau: Jahrbücher des Deutschen Reiches unter Heinrich IV. und Heinrich V., Bd. 2 (1070-1077). Leipzig 1894 (Jahrbücher der Deutschen Geschichte, Bd. 14, 2).

[42]   Vgl. Gerd Althoff: Heinrich IV. Darmstadt 2006 (Gestalten des Mittelalters und der Renaissance). Heinrichs literarische Gestaltung und damit seine späte Wirkungsgeschichte ist hier nicht berücksichtigt; vgl. auch Tilman Struve: Heinrich IV. – Herrscher im Konflikt. In: Vom Umbruch zur Erneuerung? (wie Anm. 10), S. 55-70.

[43]   So Giselheid Wagner: Harmoniezwang und Verstörung. Voyeurismus, Weiblichkeit und

II.

Saars Drama entspricht in Form und Gestaltungsmitteln dem klassischen Drama. Die Handlung wird durch große Dialoge vorangetrieben, während die langen Monologe Einblick in das Denken und Fühlen der Hauptfiguren, von Papst Gregor VII., Heinrich IV. und Heinrich V., geben. Beide Dramenteile folgen in gebundener Sprache dem klassischen, fünfaktigen Dramenbau mit der Peripetie im dritten, dem retardierenden, spannungssteigernden vierten und der Katastrophe im fünften Akt. Das formale Vorbild hat man in Schillers Dramen zu sehen, dem Vorbild des Neo-Klassizismus, insbesondere Saars und der Ebner-Eschenbach. Saar dürfte *Wallenstein* vor Augen gestanden haben.

Die Hauptfigur des ersten Teils heißt zwar im Dramentitel Hildebrand, wohl um Charakter und Prägung des Mönches Hildebrand vor seiner Wahl zum Papst umfassend zum Ausdruck zu bringen, wird aber im Drama selbst nur Gregor genannt. Dieser ist in der Mehrzahl der Szenen, mit Ausnahme von Akt II, direkt oder indirekt präsent. Gregor erscheint als machtgetriebener Mensch. Sein Suprematieanspruch wird mehrfach mit aller nur wünschbaren Deutlichkeit zum Ausdruck gebracht: Die Kirche solle „hoch überm Sumpf der Erdenwünsche thronen" (23). Gregor will die Kirche „als Herrscherin der Welt" sehen, wobei „Lieb' und Milde" „zum Herrschen schlecht" taugen (26). Gregor verlangt von König Heinrich, Deutschland solle ihn „als Oberherrn erkenne[n], / Als Richter, über Könige gesetzt" (80). Und noch prononcierter: „Auftaumeln sollen sie, die Könige, / Von ihren Thronen und aufs bleiche Haupt / Die Diademe fester drücken. Zittert! / Den Gipfel ihrer Macht ersteigt die Kirche / Und aus den Trümmern eurer einst'gen Größe / Baut sie die Stufen ihres Thrones auf!" (80f.).

Unterbelichtet bleibt bei Saar wie in der nationalen Geschichtsschreibung seiner Zeit Gregors innerkirchliches Reformanliegen: das Verbot von Priesterehe, Simonie (Kauf geistlicher Ämter) und Laieninvestitur (Einsetzung von Bischöfen und Äbten durch die zeremonielle Übergabe von Ring und Stab seitens des Königs)[44]. Die den eigentlichen Konfliktstoff der historischen Auseinandersetzung bergenden Reizwörter „Simonie", „Zölibat" (16, 23, 27) und der schwelende Konflikt zwischen Papst und König um die Bischofsinvestitur in Mailand (22) werden im Drama nur schlagwortartig erwähnt; ebenso Cluny, von dem die spirituelle Erneuerungsbewegung ausging (Gregor sei das „winz'ge Mönchlein aus dem Kloster Clugny", S. 20), das aber sofort abgewertet wird (Gregor habe man „die Kutt" „auf den Leib gehängt", ebd.).

Stadt bei Ferdinand von Saar. Tübingen 2005 (Studien und Texte zur Sozialgeschichte der Literatur, Bd. 109) S. 3.

[44] Hier nur der Hinweis auf Blumenthal (wie Anm. 10), S. 83f.; Rudolf Schieffer: Die Entstehung des päpstlichen Investiturverbots für den deutschen König. Stuttgart 1981 (Schriften der Monumenta Germaniae Historica, Bd. 28); Ders.: Gregor VII. und die Könige Europas. In: Studi Gregoriani 13 (1989) S. 189-211.

Der historisch-politische Dramenstrang kulminiert in den Canossaszenen (III, 9-11). Im Kontext des Investiturstreits hat sich kein Bild der nationalen Erinnerung so eingeprägt wie das des Mönches Lampert in den *Hersfelder Annalen* (1078/79)[45]. Dieser erzählt, wie Heinrich seine königlichen Gewänder ablegt und drei Tage und drei Nächte barfuß und nüchtern in der Winterkälte im Burghof von Canossa ausharrt, ehe Gregor den Büßer am vierten Tag einläßt. Aus diesem Stoff nährte sich der antirömische Affekt vom Humanismus bis ins 19. Jahrhundert[46]. Die Geschichtsschreibung folgte Lampert darin lange kritiklos. Floto indessen deutet den „eigenthümlichen Reiz" des Bildes von Canossa so, daß „die jugendliche, hohe, edle Gestalt des Königes von Deutschland, des Herrn des römischen Reiches, in so tiefer Erniedrigung vor dem nun schon alternden Pabst, dem winzig kleinen, häßlichen Manne, dem Plebejer", stand[47].

Die Canossa-Szene ist für den Dramatiker die eigentliche Herausforderung bei der Stoffgestaltung. Saar hätte sich aller Dramatik begeben, wäre er den differenzierenden Zwischentönen Flotos weiter gefolgt, der festhält: „Vornehmlich ist es ein großer Irrthum, wenn man sich Gregor als einen tückischen, kaltherzigen Tyrannen vorstellt, der mit triumphierenden Augen sich an den Leiden seines Opfers weidet. Er war in Wirklichkeit in großer Verlegenheit; die Buße des Königes war ihm unangenehm: er hatte die Reichsversammlung im Auge" (134f.).

Saars Gregor spricht indessen im Monolog von „List" und „verhaßtem Zwang" der Bannlösung. Einblick in sein Innenleben und in die Triebkräfte seines Handelns gibt die Bemerkung, der Freudenjubel von Heinrichs Partei werde ihm die Seele „zerfleischen" (80). Das zielt erkennbar auf eine andere Ebene als die politische. Heinrich kommt im anschließenden großen Monolog zu der Einsicht, die „Klugheit" rate ihm, „Demut" zu „heucheln", die er nicht empfinde; aber anders als durch „Lüge und Verstellung" könne er den Thron nicht wieder

---

[45]   Lampert von Hersfeld: Annalen. Neu übersetzt v. Adolf Schmidt, erläutert v. Wolfgang Dietrich Fritz. Darmstadt 1957 (Ausgewählte Quellen zur deutschen Geschichte des Mittelalters, Freiherr vom Stein-Gedächtnisausgabe, Bd. XIII). Lampert war Sprachrohr der fürstlichen Opposition. Dessen antikaiserlichen Standpunkt hat Ranke 1854 herausgestellt, worin Floto seinem Lehrer gefolgt ist; er hat sein Werk Ranke gewidmet. Vgl. Rudolf Schieffer: Art. Lampert von Hersfeld. In: Die deutsche Literatur des Mittelalters. Verfasserlexikon, Bd. 5, Berlin, New York 1985, Sp. 513-520.

[46]   Dazu als Überblick Pape: „Canossa" – eine Obsession? (wie Anm. 16).

[47]   Floto (wie Anm. 39), S. 134; diese Elemente auch bei Saar. Die neuere Forschung rückt dieses Ritual einerseits in die Tradition der Herrscherbuße – so Rudolf Schieffer: Von Mailand nach Canossa. Ein Beitrag zur Geschichte der christlichen Herrscherbuße von Theodosius d. Gr. bis zu Heinrich IV. In: Deutsches Archiv für Erforschung des Mittelalters 28 (1972) S. 333-370 – und ordnet es andererseits dem Verfahren der mittelalterlichen Konfliktbeilegung mittels Unterwerfung (deditio) zu, so Gerd Althoff: Die Macht der Rituale. Symbolik und Herrschaft im Mittelalter. Darmstadt 2003, S. 137-145; Ders.: Heinrich IV. (wie Anm. 42), S. 156-160; vgl. jedoch Hanna Vollrath: Haben Rituale Macht? Anmerkungen zu dem Buch von Gerd Althoff: Die Macht der Rituale. In: Historische Zeitschrift 284 (2007) S. 385-400.

erklimmen (82f.). So gestehen sich beide Gegenspieler ein, gegen ihren Willen zu handeln bzw. zu sprechen. Allerdings wird Heinrich mit mehr Sympathie gezeichnet, weil er seine eigene „Falschheit" erkennt, an seiner inneren Zerrissenheit leidet („empöre dich, mein Blut"), sich selbst verflucht („Pfui über mich! Ich hasse mich und alle, / Die ihr Geschick an meines töricht ketten") und sich gegen seine Lage auflehnt, indem er sich schreiend gegen das Burgtor wirft und daran rüttelt (83).

Den Höhepunkt bildet der anschließende Dialog zwischen Gregor auf dem Altan der Burg und Heinrich im Burggraben (84f.). Dessen Unterwerfung ist in die äußere Form des Taufgelübdes aus dem Taufritus gekleidet. Darin stellt der Priester dem Täufling bzw. den Taufpaten vor der Sakramentsspendung die dreifache Frage nach der Abschwörung an den Satan, die der Täufling mit der je gleichen Formel („ich widersage") beantwortet; dem folgt die dreifache Frage nach dem Glauben[48]. Analog dazu fordert im Drama der Papst vom König die Anerkennung der übergeordneten Autorität des Papstes, seiner Binde- und Lösungsgewalt, seines rechtmäßigen Vorgehens gegen Heinrich und Gehorsam gegenüber der Kirche. Heinrich beantwortet alle Fragen mit der Zustimmungsformel („Ja, ich erkenn' es!"), die beim vierten Mal in einem „Ja-Ja" endgültig erstirbt. Eingerahmt und durchbrochen sind Heinrichs Antworten von dem *à part* (im Flüsterton) gesprochenen Widerruf („Verdorr' nicht Zunge", „Ha, er durchschaut mich", „Vollende, Lüge, meine Schmach!", „Ha – Ich bereue!"). Zugleich gesteht sich der König erneut seine „Verstellung" und „Lüge" (85), nicht aber der Papst sich seinen „Rachedurst" ein (84), den er Heinrich vorwirft. Saar läßt Gregor nicht die abschließende Absolution sprechen, deren Vollzug er im Bildungswissen der Zeit als bekannt voraussetzen kann.

Die hier auf den dritten Akt reduzierte Analyse zeigt Saars für das historische Drama nicht untypischen freizügigen Umgang mit den Quellen. Doch verläuft neben dem historisch-politischen von Anfang an ein psychologischer Dramenstrang. Gregor ist von zwei Trieben geleitet: zum einen vom Machttrieb des Emporkömmlings. Der Normannenherzog Robert Guiscard weist ihn auf seine niedere Herkunft als „Plebejerkind" (20) und seinen langsamen Aufstieg vom „kleinen Subdiaconus" zum Papst (19) hin. Gregor warnt daraufhin Guiscard vor „Überschätzung" und mahnt ihn zur „Demut" (21), was wiederum auf ihn selbst zurückverweist, analog zu seinem Vorwurf des Rachedurstes gegenüber Heinrich (85).

Gregors gebieterischer Machtwille wird sodann in der Wirkung auf seine Umwelt gezeigt, die er in den Bann zu schlagen vermag. So ist Kardinal Damiani nichts anderes als ein „totes Werkzeug" in Gregors Händen. Damiani „unterwirft" sich „blindlings" aus „Dienstbarkeit der Schwäche" (25), weswegen ihn Gregor verachtet. Die Kaiserin-Mutter Agnes folgt nach Floto dem Papst,

---

[48] Vgl. Hermann Josef Spital: Der Taufritus in den deutschen Ritualien von den ersten Drucken bis zur Einführung des Rituale Romanum. Münster 1968 (Liturgiewissenschaftliche Quellen u. Forschungen, H. 47) S. 106-109.

weil diesem ihr Sohn „so Unerhörtes" bietet[49]. Saar akzentuiert Agnes' seelischen Konflikt. Sie fügt sich, gegen ihre natürliche Bindung an den Sohn („Sein
Herz ist gut", 16) nach quälend-langen Seelenkämpfen, Gregors Kampf gegen
Heinrich („Sein Herz ist schlecht", 16). So wendet sie sich schließlich von Heinrich ab und nennt ihn eine „Schlange", die aus ihrem „Schoß" „hervorgegangen"
ist und sich „züngelnd um der Kirche Baum" „windet" (89). Auch Mathilde von
Canossa gehorcht Gregor bedingungslos (79) und ist ihm fast bis zum Ende seines Lebens (und Schluß des Dramas) ergeben. Und doch bleibt Gregor stets
mißtrauisch gegenüber beiden Frauen, die ihn „verraten" könnten, weil beider
Herz, wie er spürt, „in scheuem Drange" für Heinrich schlägt (24). Um sie von
Heinrich fernzuhalten, mißbraucht er sein priesterliches Amt, indem er beiden
Bußübungen abverlangt, die sie gefügig machen sollen. Damiani soll Agnes
schwere Bußen auferlegen, wobei Gregor einen seelsorgerlichen Grund vor-
schiebt (24), Mathilde soll sich geißeln und kasteien (79).

Der zweite Trieb, der Gregors Kampf gegen Heinrich bestimmt, liegt, wenn
auch hinter den historisch-politischen Abläufen des Dramenverlaufs lange versteckt, im Sexualpathologischen: in Mathildes tiefer Neigung für Heinrich, in
dem Gregor seinen Nebenbuhler sieht[50]. Angedeutet, aber als Nebenmotiv zunächst mißdeutbar und leicht zu übersehen, wird dies schon zu Beginn des Dramas. Gregor kennt von einem lange zurückliegenden Aufenthalt in der Kaiserpfalz zu Goslar her die „Sehnsuchtsklagen" der Mathilde und ist sich sicher,
daß diese Heinrich immer noch liebt (24). Den nächsten Hinweis erhält der Leser, als Heinrich seiner Gemahlin Berta den Kuß beichtet, mit dem er Mathilde
einst in Goslar necken wollte, der aber ihre volle „Glut" entzündet hat (37). Den
dritten, nun schon deutlicheren Hinweis enthält der Dialog von Gregor und Mathilde in Canossa. Gregor ruft erneut die Tage von Goslar in Erinnerung und
stellt Mathilde, wiederum mit ihrem Verrat rechnend, auf die Probe. Dabei berührt er „grausam" „die Wunde" ihres „Herzens": Sie könne die Tore als Herrin
der Burg für den gebannten Heinrich öffnen, ihn wie Magdalena mit gelösten
Haaren empfangen, mit ihren Tränen netzen und „nur noch die Wonnen seine
Nähe" trinken (78).

Aber erst die psychologisch wenig vorbereitete, deswegen umso überra-
schendere Schlußszene des ersten Dramenteils enthüllt das tiefste Motiv für
Gregors Verhalten: Die Liebe des Diaconus Hildebrand zu Mathilde, die er ihr
zu deren Entsetzen auf dem Totenbett gesteht („Ich liebte dich!", 120), ferner
sein Wissen, daß Mathilde Heinrich „noch immer liebt" (122), schließlich seine
nach wie vor grenzenlose Eifersucht auf Heinrich, ungewollt gesteigert durch

---

[49]   Floto (wie Anm. 39), S. 90.
[50]   Zur historischen Mathilde vgl. Werner Goez: Markgräfin Mathilde von Canossa (1046-
      1115). In: Ders.: Gestalten des Hochmittelalters. Personengeschichtliche Essays im all-
      gemeinhistorischen Kontext. Darmstadt 1983, S. 175-201; Elke Goez: Mathilde von Ca-
      nossa – Herrschaft zwischen Tradition und Neubeginn. In: Vom Umbruch zur Erneue-
      rung? (wie Anm. 10), S. 321-339.

Mathildes Verhalten. Denn sie hat Gregor einst in Goslar mit Heinrich verwechselt, ihn umschlungen und geküßt, sich aber mit „scheuem Grausen" abgewandt, als sie ihren Irrtum erkannte (121). Von symbolischer Bedeutung ist – es wirft Licht auf die Darstellungskunst schon des jungen Saar –, daß Mathilde den Kuß beider im Kreuzgang der Kaiserpfalz empfängt: von Heinrich in der Dämmerung des hereinbrechenden Morgens (37), von Hildebrand dagegen „spät Abends", „beinah' schon" in der Nacht (121). Die eine Situation verweist auf eine hoffnungsfrohe Zukunft, die andere auf vergebliches Mühen. Gregors Handeln ist seitdem von dem Schwur geleitet, kein anderer dürfe Mathilde „besitzen". Auf dem Totenbett ist er tief befriedigt, dies erreicht und Mathilde in die „Fesseln seines Geistes" geschlagen zu haben: „So warst du mein! So hab ich dich besessen!" (121f.).

Saar nimmt mit dem Motiv der unzüchtigen Beziehung Gregors zu Mathilde, das direkt in drei Szenen, immer im Dialog mit Gregor (III 9, V 6/7), aufscheint, die zeitgenössische Propaganda der antipäpstlichen Partei auf[51]. Lampert von Hersfeld hat den Unzuchtsvorwurf als erster übernommen. Er findet sich später von der polemischen protestantischen Geschichtsschreibung, vor allem bei dem einflußreichen Gottfried Arnold[52], bis zu Voltaire[53]. Floto hält diese Fama „für ebenso grundlos wie thöricht" und die darauf abhebenden Äußerungen der deutschen Bischöfe für „unwürdig" (21, 127). Saar erhebt sie dagegen zum Hauptmotiv.

Im Spiegel der Dramenentwicklung wird Gregors Doppelmoral sichtbar. Er fordert vom Klerus die strikte Einhaltung des Zölibats und droht Bischof Altmann von Passau mit dem Bannfluch, sollte es ihm nicht bald gelingen, die Priester von ihren Frauen zu trennen; die Kirche habe in „Reinheit" über dem „Sumpf der Erdenwünsche [zu] thronen" (23). Das Volksempfinden erhebt indessen gegen die Priesterehe keine Einwände. Ein Mainzer Bürger (Volkes Stimme) ruft provokant in die Öffentlichkeit, die Priester hätten besser ihre eigenen Weiber, dann ließen sie die der Mainzer in Ruhe (64). Gregor verlangt die geschlechtliche Enthaltsamkeit jedoch nicht um der Sache willen, sondern aus gekränkter Liebe. Vor diesem Hintergrund wirkt es geradezu entlarvend, wenn Gregor am Lebensende Mathilde gesteht, sie sei „der Punkt gewesen", an dem er „mit dieser Welt zusammenhing" (121). Nicht, daß er gegen den Zölibat verstoßen hätte, aber ihm ist jedes Mittel recht gewesen, um Mathilde zu isolieren.

Damit nicht genug der psychologischen Hinweise im Drama: Heinrich ist der Typus, dem die Sympathien zufliegen, ohne daß er sich darum bemühen muß; er wird von seiner Mutter geliebt und gleich von zwei Frauen begehrt, von

---

[51]   Vgl. Carl Mirbt: Die Publizistik im Zeitalter Gregors VII. Leipzig 1894, S. 594f.
[52]   Gottfried Arnold: Unparteyische Kirchen- u. Ketzer-Historie vom Anfang des Neuen Testaments biß auff das Jahr Christi 1688. Frankfurt a.M. 1699, Tl. 1, Buch XI, Cap. I, Ziffer 6, S. 331 (in der verbesserten Neuaufl. Schaffhausen 1740, S. 345).
[53]   Dazu Paolo Golinelli: Mathilde und der Gang nach Canossa. Im Herzen des Mittelalters. Aus dem Ital. v. Antonio Avella. Düsseldorf, Zürich 1998, S. 234-236; zum Mathilden-Mythos S. 329-335.

Mathilde und Berta. Gregor dagegen wird von niemandem geliebt, wie er gleich zu Beginn des Dramas offen (24) und in seiner Sterbestunde noch einmal bekundet (122), ja, er muß viel Kraft darauf verwenden, sich die Menschen ergeben zu machen. Außerdem – Saar spart nicht an kräftigen Farbtönen – ist er sich seiner Häßlichkeit bewußt (121), eine Eigenschaft, die er mit Shakespeares Richard III. und Verdis Rigoletto teilt. Das Defizit an Zuneigung kompensiert er gleich doppelt: mit dem nach Außen gewendeten Machtanspruch des Amtes und einer in Gedanken ausgelebten Perversion von Sexualität.

Einer weiteren Selbstentlarvung Gregors gleicht seine Aufforderung an Mathilde, sich bis aufs Blut zu geißeln und aufs Härteste zu kasteien, bis das „sündige Rot" aus ihren „Wangen" gewichen sei (79). So soll sie sich innerlich von Heinrich lösen. Gregor fühlt indessen das Bedürfnis, Mathilde mit eigener Hand zu geißeln, bis ihr „holde[r] Leib" unter seinen „Hieben" „zusammenzuckt", sich ihre „weißen Schultern" „im Schmerz" „winden", ihr Blut ihm ins „glüh'nde Angesicht" „spritzt" und er ihre Wunden küßt (80). Nur noch auf diesem Weg scheint ihm die Annäherung an die geliebte Frau möglich. Die Tradition übersteigerten Bußeifers der spätmittelalterlichen Flagellanten, die sich selbst geißelten, um alle sinnlichen Genüsse abzutöten, wird durch die geißelnde Hand des Priesters pervertiert, der darin geschlechtliche Befriedigung sucht[54].

Kurzum: Gregors Verhalten ist Sadismus, Ausdruck eines psychisch kranken Menschen. Saar trifft sich mit der Beschreibung sexualpathologischer Aspekte und der Lust am Gepeinigtwerden mit dem Lemberger Leopold von Sacher-Masoch, der sie wenig später, seit 1866, zum Thema seiner Erzählungen und Novellen gemacht und die größte Wirkung mit der Novelle *Venus im Pelz* (1870) erzielt hat[55]. Darin schwingt die pelzbesetzte *femme fatale* die Peitsche, die Züchtigung des Mannes tritt an die Stelle der geschlechtlichen Vereinigung und wird vom Mann als Genuß empfunden[56]. Saar und Sacher-Masoch haben

---

[54]   Dazu Richard von Krafft-Ebing: Psychopathia sexualis. Mit besonderer Berücksichtigung der conträren Sexualempfindung. Eine klinisch-forensische Studie. Stuttgart 1886, 12. verb. u. verm. Aufl. 1903, S. 65ff., zum Flagellieren von Frauen, S. 85-87; Albert Eulenburg: Sadismus und Masochismus. Wiesbaden 1902, zweite zum Teil umgearb. Aufl. ebd. 1911, Neudruck in: Michael Farin (Hg.): Phantom Schmerz. Quellentexte zur Begriffsgeschichte des Masochismus. München 2003, S. 178-260, zur aktiven und passiven, auch rituellen Flagellation S. 234-246; zur literarischen Verarbeitung S. 254-260 (ohne Saar zu nennen).

[55]   Vgl. Max Kaiser: Art. Leopold von Sacher-Masoch, in: NDB 22, 2005, S. 325-327; der von Sacher-Masochs Romanen und Novellen abgeleitete Begriff „Masochismus" für geschlechtliche Befriedigung durch Selbstgeißelung bei Krafft-Ebing: Psychopathia sexualis, bes. S. 100-103; sorgfältige Dokumentation zur Wirkungsgeschichte bei Michael Farin (Hg.): Leopold von Sacher-Masoch. Materialien zu Leben und Werk. Bonn 1987 (Abhandlungen zur Kunst-, Musik- und Literaturwissenschaft, Bd. 359); auch bei Farin (Hg.): Phantom Schmerz (wie Anm. 54).

[56]   Vgl. Monika Treut: Die grausame Frau. Zum Frauenbild bei de Sade und Sacher-Masoch. Basel, Frankfurt a.M. 1984, Kap. 3.

sich 1868 in Wien kennengelernt[57], Saar hielt Sacher-Masoch für „das genialste und wirklichste Erzählertalent der Gegenwart (in Deutschland natürlich!); zu beklagen ist, daß er im innersten Mark nicht gesund ist und neben den herrlichsten Blüten und Früchten auch sehr wunderliche Auswüchse zutage fördert."[58] Es bleibt festzuhalten, daß Ferdinand von Saar die Perversion von Sexualität als einer der ersten in die deutsche Literatur eingeführt[59] und ausgerechnet mit der Gestalt eines Papstes verbunden hat.

In Saars Drama wird Gregor zur tragischen Gestalt, ja, dieser ist ein psychisch kranker Papst. Er ist ein von Rachsucht und vom Sexualtrieb Getriebener, ein latentes Thema in Saars Novellen, explizit in *Die Geigerin* (1875). Die Farben wirken mit Blick auf die Entstehungszeit des Dramas – vor dem Naturalismus – kräftig aufgetragen. Wann jemals hat man von einen Papst gelesen, der in seiner Phantasie die Peitsche schwingt? Anders als die Erzählkunst, in der Saar mit subtilen psychologischen Mitteln arbeitet, verlangt die Bühne Drastisches. Saar wird hier die Bühnenwirksamkeit im Auge gehabt haben. Er kam damit zwar Heinrich Laubes Linie im Hofburgtheater entgegen, der Stücke mit möglichst großer Publikumswirkung, Aktualitätsgehalt und als Spiegel des liberalen Zeitgeistes bevorzugte[60]. Saar geriet damit aber in Gegensatz zu Hoftheaterordnung und Konkordat. Dieses wäre gröblichst verletzt worden, ein Protest des Nuntius beim Kaiser wahrscheinlich ebenso erfolgt wie die Entlassung der Theaterdirektion. Doch wollte sich wohl der junge Dichter mit diesem Papstbild eine außerordentliche Wirkung sichern.

Wie wenig Saars Gregor mit dem historischen Vorbild am Schluß des Dramas verbindet, wird auch an seiner Selbsteinschätzung in der Todesstunde sicht-

---

[57] So Bettelheim: Saars Leben (wie Anm. 31), S. 107, wenn man Bettelheim glauben darf; vgl. Kurt Vancsa: Art. Anton Bettelheim, in: NDB 2, 1955, S. 194f.

[58] An die Fürstin zu Hohenlohe, 31.8.1885, vgl. Briefwechsel (wie Anm. 2), S. 134; vgl. auch 19.9.1876, ebd. S. 28f.; auf dieser Linie die Abhebung der „keuschen Muse" Saars von dem „völlig entartet[en]" „Gebiet der Urning-Literatur, deren Chorführer von Sacher-Masoch ist", bei Constant von Wurzbach: Art. Ferdinand von Saar. In: Biographisches Lexikon des Kaiserthums Oesterreich, Bd. 28, Wien 1874, S. 4-6, hier S. 5; Saar hat seine Novelle *Der Exzellenzherr* in Sacher-Masochs Zeitschrift *Auf der Höhe* (1882) publiziert. Nach Bettelheim: Saars Leben (wie Anm. 31), S. 107, hat Saar Sacher-Masoch und seiner Frau „Wanda" (eigentlich Angelika Aurora Rümelin) während deren beider Aufenthalt im steirischen Bruck an der Mur (1873-1877) sein Heinrich-Drama vorgelesen. Dabei sollen die der Geißel geltenden Worte Gregors beim Ehepaar Sacher-Masoch zu „sexualpathologischen Mißverständnissen" geführt haben. Bettelheim verweist auf Wanda von Sacher-Masoch: *Meine Lebensbeichte. Memoiren.* Berlin, Leipzig 1906. Hier ist zwar von Sacher-Masochs bei sich selbst gewünschten Auspeitschungen die Rede (S. 95-97, 138-141, 357), ohne daß jedoch ein Zusammenhang mit Saar hergestellt wird. Nach Wanda trafen Saar und das Ehepaar Sacher-Masoch 1879 in Wien zusammen (S. 285).

[59] Das Interesse der jüngeren Literaturwissenschaft am Werk Sacher-Masochs hat Saars *Heinrich*-Drama in diesen Zusammenhang noch nicht im Blick.

[60] Vgl. Reichard (wie Anm. 29), S. 98-103.

bar. Gregor sieht sein rein diesseitig orientiertes Werk, die „Macht der Kirche"
zu errichten, „zertrümmert" und ergibt sich seinem Schicksal mit den profanen
Worten „Zum Tode bin ich reif und sterbe gerne" (119). Sein Arzt dia-
gnostiziert, daß nur die Rückgewinnung seiner „früheren Macht im Lateran zu
Rom" das Mittel für seine Genesung sein könnte (113). Daran zeigt sich noch
einmal, daß Gregor ohne jede Demut sein Schicksal mit der Institution Kirche
ineins setzt.

III.

Faßt man diese Überlegungen zusammen, so zeigt sich, daß der historisch-politische Dramenstrang ohne den psychologischen nicht zu verstehen ist, beide sind
kontinuierlich ineinander verflochten. Saars Kunst liegt darin, den zweiten
Strang lange im Hintergrund zu halten bzw. an der Oberfläche zu verstecken,
ihn erst allmählich stärker hervortreten zu lassen und eine Symbiose von Geschichte und Psychologie herzustellen[61]. Die historischen Gestalten erscheinen
nicht nur im Kostüm, das den „ahistorischen Psychologismus" verdeckt[62]. Sie
bleiben als solche bis in den Schlußakt hinein auch glaubwürdig, denn die seelischen Konflikte drängen die historisch-politischen Ereignisse und Abläufe lange
nicht zurück, die nahezu bis zum Schluß ihr volles Gewicht behalten[63].

Die sich im Laufe des Stückes allmählich einstellenden und steigernden,
psychologisch motivierten Irritationen im Verhältnis Gregor-Mathilde-Heinrich
klären sich erst in der Schlußszene auf. Der fiktive Dramenschluß gibt dem
überraschten Zuschauer den Schlüssel zum Verständnis des ersten Dramenteils
an die Hand. Er sieht nun, daß der Investiturstreit für Gregor *auch* Anlaß war,
um den „Triumph" über den Nebenbuhler aus weit zurückliegenden Tagen zu
erringen, den er „vernichten" will (29). An diesem Schluß wird offensichtlich,
daß es Saar – wie dem späteren Novellisten – *auch* um zeitenthobene Grund-
konflikte menschlicher Existenz geht: um Liebe und Geschlechtstrieb, Schicksal
und Rache. In der Verwebung von historischem Stoff, Psychologie und Sexual-
pathologie liegt die bisher nicht erkannte Neuerung des Dramas, hier erweist
sich der junge Saar als stärkster Wegbereiter der literarischen Moderne.

---

[61]   Vergleichbare Beobachtung an den Novellen bei Nehring (wie Anm. 3), S. 106.

[62]   Helmut Schanze: Historisches Kostüm. Ferdinand von Saar und Ernst von Wildenbruch
       im Kontext der Theatermoderne um 1890. In: Kurt Bergel (Hg.): Ferdinand von Saar.
       Zehn Studien. Goins Court 1995 (Studies in Austrian Literature, Culture, and Thoughts),
       S. 153-169, hier S. 157.

[63]   Schanze, ebd., S. 158, urteilt dagegen, „das historische Geschehen von Canossa" werde
       „so unübersehbar psychologisiert, daß von ‚Geschichte' kaum noch etwas bleibt". Ähn-
       lich Karlheinz Rossbacher: Art. Ferdinand von Saar. In: Österreichisches Biographisches
       Lexikon 1815-1950, Bd. 9, Wien 1988, S. 358f.: Die Psychologisierung der großen Ges-
       talten behindere „die dramatisch wirksame Präsentation der von ihnen getragenen ge-
       schichtlichen Konstellationen".

Die Rückführung des politischen Konflikts auf menschlich-seelische Ursachen ist ein beliebtes Mittel im historischen Drama und vor allem bei Schiller zu greifen, ob im *Don Carlos* oder *Wallenstein*, wobei sich der Geschichtsschreiber Schiller in außerordentlich sorgfältiger Weise in den historischen Stoff vertieft und ausgedehnte Quellenstudien betrieben hat, um die tiefer liegenden Motive der Hauptakteure und die ,innere Wahrheit' der politischen Konflikte zu ergründen[64]. Die Fabel sollte nicht in offensichtlichem Gegensatz zu den Quellen stehen, beides vielmehr nahtlos miteinander verbunden werden[65].

Saar ist einen Schritt darüber hinausgegangen. Eine Erklärung dafür suchte drei Jahrzehnte später der junge angehende Jurist Abraham Altmann, Saars Verehrer und Korrespondenzpartner im weit entfernten Czernowitz. Er urteilte mit Blick auf Saars dramatisches Werk: „Das historische Drama bedarf aber des Anachronismus. Er bringt es uns nicht blos sprachlich, auch menschlich näher. Getreu gezeichnet, würden uns die Menschen der Vergangenheit nur abstossen, weil wir sie nicht verstehen könnten, weil ihr Empfinden uns fremd wäre."[66] Saar, der auf Urteile über sein Werk empfindlich reagierte, dürfte sich nicht mißverstanden gefühlt haben, denn er erwog immerhin, ob Altmann einen Aufsatz über sein Heinrichsdrama verfassen und der Wiener Wochenzeitschrift *Die Waage* anbieten solle[67].

Das Originelle der Canossa-Thematik von Saars Drama liegt denn auch auf der menschlich-psychologischen Ebene. Das unterscheidet es von den Heinrich- bzw. Canossa-Dramen anderer Dichter, wie Friedrich Rückert (1844) und Ernst von Wildenbruch (1896). Saar entspricht damit Laubes Idealvorstellung, daß im historischen Drama nicht, wie bei Shakespeare, der „historische Vorgang", sondern „die dramatische Komposition", „das Handeln, die eigentliche Macht des Dramas, die persönliche Entwickelung des Menschen durch folgerichtige Tätigkeit" im Vordergrund zu stehen habe und „der eigentliche dramatische Quell des Lebens" sei[68]. Saar hat zwar mit Floto eine damals neue geschichtliche Darstellung des Salierherrschers herangezogen, benutzt sie aber vor allem als Motiv-Steinbruch. Auf unbedingte historische Treue kommt es ihm als Dichter nicht an[69].

---

[64] Herausgestellt in Frithjof Stocks vortrefflichem Editionskommentar: Friedrich Schiller: Wallenstein. Frankfurt a.M. 2000 (Deutscher Klassiker Verlag).

[65] Hier nur der Hinweis auf Golo Mann: Schiller als Geschichtsschreiber (1959). Neudruck in: Ders.: Zeiten und Figuren. Schriften aus vier Jahrzehnten. Frankfurt a.M. 1979, S. 98-116, hier S. 102f.

[66] An Saar, 10.3.1897, vgl. Saar: Briefwechsel mit Altmann (wie Anm. 32), S. 118; vgl. auch Altmanns Beobachtungen zum Drama im Brief vom 10.5.1898, S. 202-204.

[67] Ebd., Kommentar S. 335, 339f.

[68] Heinrich Laube: *Das Burgtheater*. Zweiter Teil. Leipzig [o.J.] (Heinrich Laubes gesammelte Werke, Bd. 30) S. 273f.

[69] Dazu der greise Grillparzer gegenüber Joseph Weilen: „Es ist so eine Sache mit den historischen Dramen. Bei Saar ist's gerade so: wo er historisch sein soll, wird er poetisch und wo er poetisch sein soll, wird er historisch." Zit. in Ferdinand von Saar: Gesamtaus-

Daran nimmt Floto als ‚moderner', quellenorientierter Historiker der Ranke-
Schule Anstoß, dem offenbar die Poetisierung des historischen Stoffs im Histo-
riendrama ein Buch mit sieben Siegeln ist[70] und der schon gar nichts mit den von
Saar eingesetzten „psychologischen Streiflichtern"[71] anzufangen weiß. Saar will
weder die historische Gestalt Gregors erfassen noch als Dramatiker einen Papst-
typus entwerfen, in dem sich entweder Spiritualität oder der politische Machtwille der Institution ausdrücken könnte, hinter dem persönliches Denken und
Fühlen des Amtsinhabers zurücktreten. Saars Gregor verkörpert kein sittliches
Ideal, stellt vielmehr den Ordo-Gedanken, die Gültigkeit einer sinnerfüllten
Weltordnung, für die er *ex officio* wie kein anderer steht, in Frage. Insofern
weicht Saar vom Anspruch des klassisch-idealistischen Dramas ab, und damit
wird die bewußt einkalkulierte Spannung zu dessen Bauform und Gestaltungsmitteln fühlbar[72].

Saar entwirft in Gregor einen höchst untypischen, individuellen Charakter,
hinter dem überpersönliches Amt und tugendhafte Lebensführung am Ende verschwinden. Er wählt dafür einen neuen, den psychologischen, und mit dem
überraschenden Dramenende den rein fiktiven, sexualpathologischen Erklä-
rungsansatz, den kein Geschichtsdramatiker vor ihm gewagt hat. Hinter der
strengen Fassade des klassischen Dramas beschreitet Saar einen neuen Weg. Im
Gewand des Geschichtsdramas entwickelt er ein psychologisches Drama, vermag aber das Verhältnis beider Motivstränge lange in der Schwebe zu halten[73].

IV.

Saar überbrückt den zeitlichen Abstand zwischen dem Tod Gregors VII. (1085)
und der Ende 1104 einsetzenden Handlung des zweiten Teils durch einen historischen Rückblick, der im Dialog zwischen dem päpstlichen Legaten Gebhardt

---

gabe des erzählerischen Werkes, 3 Bde (hg. v. Josef Friedrich Fuchs), Bd. 3 [Anhang]:
A[nton] Bettelheim: Ungedruckte Briefe, Leben und Schaffen, Bibliographie, Bilder.
[Wien] 1959, S. 351-426, hier S. 377.

[70] So sah Floto Gregors Charakter „ganz verzeichnet"; Brief an Saar, 26.6.1865. Abdruck
bei Bettelheim: Saars Leben (wie Anm. 31), S. 196-198, hier S. 197.

[71] So Saar, der Floto eine geniale Lektion erteilte, im Brief vom 29.6.1865: „Daß meine
Kraft dem gewaltigen Stoffe noch nicht ganz gewachsen war, fühle ich selbst; obwohl in
einem ganz andern Sinne, als Sie es meinen. Aber ich fühle auch, daß mir manches gelungen ist, und daß in meinem Erstlingswerk kräftige Keime zu weiterer Entwicklung
liegen; dies anzuerkennen, wäre Ihre heilige Pflicht gewesen." Damit überforderte der
junge Saar freilich Floto, der den Objektivitätsanspruch in der Geschichtsforschung
durchsetzen wollte. Abdruck bei Bettelheim: Saars Leben (wie Anm. 31), S. 198-200;
Flotos Briefe im Autograph in WSLB.

[72] Kobau (wie Anm. 1), S. 351, 354f., urteilt, Saar sei als Dramatiker an den ästhetischen
Positionen des deutschen Idealismus gescheitert, übersieht aber Saars Absicht, das klas-
sische Drama weiterzuentwickeln.

[73] Dieser Frage wäre auch vom Dramenbau her noch einmal nachzugehen.

und Erzbischof Ruthart von Mainz entfaltet wird (I 1). In der Exposition wird der ganze Spannungsbogen zwischen Kaiser und Papst, Papst und Reichskirche, Romtreue und Kaisertreue geschlagen. Dabei werden alle Sympathien des Zuschauers auf Heinrich IV. gelenkt, und die römisch-deutschen Spannungen erscheinen als Machenschaften des Papsttums.

Zentrales Thema des zweiten Teils, der wieder dem klassischen Dramenbau folgt, ist der Thronsturz Heinrichs IV. durch den Sohn[74], der in der Nachfolge des älteren und abtrünnigen Sohnes Konrad zum deutschen König (Heinrich V.) gekrönt worden ist. Die folgende Analyse sieht von der Figurenkonstellation weitgehend ab und richtet den Blick auf Vater und Sohn. Das Handlungsziel wird gleich in der ersten Szene genannt (127), wie es dem historisch versierten Publikum des 19. Jahrhunderts geläufig war. Saar zeichnet, um den sich entwickelnden Konflikt vorzubereiten, eingehende Charakterbilder von Vater (I 3) und Sohn (I 2).

Dabei erscheint Heinrich V. als recht komplexer Charakter, der erst am Schluß durchschaubar wird, ohne eine Entwicklung durchzumachen. Einerseits rühmt er sich im Monolog seiner „schmeichelnde[n] Verstellungskunst" und seines „schlau verdeckte[n] Wille[ns]" (128). Er sieht in seinem Vater den „alten Mann, der sanften Frieden träumt", und ist in die Pläne der Fürstenopposition eingeweiht, die darüber „brütet", wie sie dem Kaiser die „altersschwache Kron'" entwinden kann (129). Dieses Bild soll den Zuschauer in seiner Erwartungshaltung bestätigen und zugleich täuschen. Denn auf Anhieb nicht sichtbar wird, daß sich Heinrich seiner Schuld bewußt ist, die er auf sich lädt, wenn er die Krone an sich reißt. Er ist entschlossen, die schuldhafte Tat durch seine Herrschaft zu rechtfertigen („Sobald ich herrsche, wird die Schuld bezahlt!", 129). Heinrich spricht hier, an einer leicht zu überhörenden und zu überlesenden Schlüsselstelle, zum ersten und einzigen Mal von seiner Schuld beim Vorgehen gegen den Vater. Sein Handeln rechtfertigt er damit, vermeiden zu wollen, daß ihm der alte Kaiser das Reich am Ende nur in „Trümmern" übergibt.

Dies verweist auf Heinrichs IV. doppelte Frontstellung gegen Papsttum und Reichsfürsten, die Kaiser und Reich der größten Belastung aussetzt. Offensichtlich will Heinrich V. das Kaisertum verjüngen, um das Reich zusammenzuhalten. Dadurch wird er in einen Zielkonflikt zwischen Treue zum Vater und Handeln aus besserer Einsicht getrieben, den er zu mildern sucht, indem er sich vornimmt, die „Schuld" gutzumachen. In dieser Ambivalenz von Herrschsucht bzw. Intriganz einerseits und ‚realpolitisch' begründetem Handeln (so die Begriffsprägung des 19. Jahrhunderts) andererseits scheint der Charakter Heinrichs V. zumindest bis zum dritten Akt begründet. Allerdings treibt Saar ein Verwirrspiel mit dem Leser, da Heinrichs Charakter lange in schillernden Farben leuchtet, bis am Ende auf ihn nur noch trübes Licht fällt. Dies entspricht in etwa der

---

[74] Zu den historischen Abläufen wiederum am zuverlässigsten Meyer von Knonau (wie Anm. 41), Bd. V (1097-1106). Leipzig 1904 (Jahrbücher der Deutschen Geschichte, Bd. 14, 5).

wechselnden Charakterisierung Gregors VII. im ersten Teil, der auch erst am
Dramenschluß durchschaubar wird.

Im selben Akt spricht Heinrich schon wenig später gegenüber seinen Mit-
verschwörern von „unserm finstern, traurigen Geschäft" (139). Auf den ersten
Blick erscheint dies wiederum als gesteigerte Verstellungskunst, ist aber im
Spiegel der weiteren Entwicklung Ausdruck seines inneren Zwiespalts, der sich
in der Frage äußert, „Muß ich? Kann ich nicht mehr zurück?" (139) – Indiz dafür, daß er einem überpersönlichen Willen folgt. Heinrich mißbraucht sodann
das Vertrauen des Vaters, der ihn nach Goslar entsendet, um die Sachsenfürsten
an ihren Treueid zu erinnern (141), indem er das Gegenteil des Verabredeten tut
und den Thronsturz vorbereitet.

Der zweite Akt vertieft das Bild von König Heinrichs Verschlagenheit. Er
klagt den Vater wegen seines „verblendet[en]" trotzigen Stolzes an (146), weswegen der dreifache Bannfluch auf ihm liege. Er preist sich gegenüber den Fürsten als „milden" und noch mehr „gerechten" Herrscher an (145), der nach dem
Thronwechsel als treuester Sohn der Kirche im Bußgewand nach Rom pilgern
und den „Vasalleneid im Staube" leisten wolle (147). König Heinrich empfiehlt
sich damit in jeder Hinsicht als Gegenbild seines Vaters.

Am Ende der Szene zeigt sich jedoch, daß dies alles nur auf Täuschung beruht. Denn Heinrich nennt im *à part* gesprochenen Monolog, der sein innerstes
Denken und Fühlen enthüllt, einerseits die kirchlichen Vertreter „Toren", seiner
„Laune Spiel", die er mit „tränendunst'ger Red'" „übertölpelt" habe (147), und
verachtet andererseits seine Mitverschwörer Winzenburg und Vohburg, die meinen, ihn als „Werkzeug" ihrer Pläne gewonnen zu haben, aber noch „Augen machen" werden, wenn sie ihn wirklich erkennen. Diese Auslassungen gipfeln darin, daß er seinem Vater vorwirft, „zu ehrlich" gewesen zu sein und zu „stolz der
List geschmeid'ge Waffen" „verschmäht" zu haben (148), die er selbst be-
herrsche (vertieft im Monolog in III 2). Dies ist allerdings eine Verkennung des
Vaters, den nicht „plumpe Ehrlichkeit" „erfunden" (163), der vielmehr mit eben
diesen Waffen der List den Papst in Canossa geschlagen hat. König Heinrich
kostet es geradezu aus, die schlechte Welt mit „kühlem Lächeln" bezwungen zu
haben (148), wobei ein Generalthema Saars anklingt: die Skrupellosigkeit der
jungen Generation, die sich auf diese Weise durchsetzt.

Inhaltlich und formal ist die Szene das Spiegelbild der Canossa-Szene des
ersten Teils (III 11). Hatte dort Kaiser Heinrich im Dialog mit Papst Gregor
durch Verstellung sein Ziel der Lösung vom Bann erreicht, so führt hier König
Heinrich einen Dialog mit den geistlichen Verbündeten, Legat Gebhardt und
Erzbischof Ruthart, auf deren Einwürfe er jeweils antwortet. Hatte in der Canossa-Szene der Kaiser seine wahren Absichten im *à part*-Ton enthüllt, so gibt
hier König Heinrich im abschließenden Monolog seine wahre Denkungsart zu
erkennen.

Dies führt zu einer grundsätzlichen Beobachtung. König Heinrich läßt in
den Monologen, also ohne Zeugen, seine moralischen Skrupel fallen, die er in
den Dialogen demonstrativ bekundet, was seine Gespaltenheit unterstreicht. Es

ist offensichtlich, daß er viel stärker mit dem Mittel der Verstellung arbeitet als sein Vater. Dieser ist im ersten Dramenteil in Canossa größten Zwängen ausgesetzt, um seine Herrschaft überhaupt behaupten zu können, während auf dem Sohn ein vergleichbarer Druck nicht lastet.

In der Erklärung, die die Absetzung des Kaisers und die Begründung dafür enthält (II 5), scheint der innere Zwiespalt König Heinrichs zwischen Sorge um die Wohlfahrt des Reichs und „angeborner Kindesliebe" erneut auf. Der Sohn sieht die für das Reich von einem „dreifachgebannten" Kaiser ausgehende Gefahr, will drohendes Unheil abwenden und die „Sünden" des Vaters „gut machen". Um diese Entscheidung führt er einen inneren „lange[n]", „bange[n]" Kampf (152), als Vollstrecker eines überpersönlichen Willens. Im Spiegel des Dramenschlusses, in dem sich auch König Heinrich gegen die Kirche stellt, zeigt sich indessen, daß der Grund für den Abfall vom Vater vorgeschoben ist. Die Absetzung stellt den Kaiser vor eine schwere Charakterprobe. Dieser befindet sich in einer neuen Krisensituation, wie im ersten Dramenteil bei seinem Konflikt mit Gregor VII. Hier wie dort soll ihm die Sympathie des Zuschauers zufließen.

Der Vater-Sohn-Konflikt ist auf einer tieferen Ebene in dem Gespräch der beiden Wachen im Lager bei Koblenz widergespiegelt, wo sich die Heere von Kaiser und König gegenüberliegen (III 1). Während die zweite Wache vom Bruch des Reichsfriedens spricht und es ihr „sündhaft" scheint, „daß der Sohn / Die Waffen gegen seinen Vater braucht", und die Kaisertreue über die Treue zum Lehnsherrn stellt (159), fragt die erste Wache pragmatisch, „was würde Widersetzlichkeit uns nützen?". Sie beruft sich statt des „Gewissens" auf die kirchliche Autorität, die Predigt des päpstlichen Legaten im Lager (160). Damit thematisiert Saar vor dem Hintergrund des Kulturkampfs einen empfindlichen Punkt der katholischen Dogmatik: den unbedingten Gehorsamsanspruch der römischen Kirche.

Möchte König Heinrich mit dem Mittel der List ans Ziel gelangen, so ist der Kaiser zum offenen Kampf bereit („Noch bin ich Kaiser und ein mutig Heer / Schart sich um mich", 164). Diese Ausgangslage bereitet den Höhepunkt des Dramas vor, den langen Dialog zwischen Vater und Sohn, ein Gespräch, das zur Aussöhnung führt (III 4). König Heinrich vermag den Umschwung in der Meinung des Vaters herbeizuführen, indem er sich als Opfer der „Arglist" der Fürsten hinstellt, die nun, wie er selbst, „von Reue tief durchdrungen" seien (168). Gleichsam handfester Beweis seiner ehrlichen Reue ist die Ankündigung, er werde sein Heer zurückziehen (169) und, als das Mißtrauen des Vaters noch nicht völlig schwindet, die erklärte Absicht, sich als Strafe für seine Missetaten ins Schwert des Vaters zu stürzen, da nur den Toten verziehen werde (170) – das in Drama und Oper beliebte letzte Mittel. Der Sohn zieht dann noch das allerletzte Register, als er zum Beweis seiner Reue die tote Mutter anruft, worauf der Vater von seinen Gefühlen überwältigt wird (Regieanweisung 171). So treibt Heinrich ein infames Spiel mit der Vaterliebe.

Diese Szene ist gleichsam das „Canossa" des zweiten Teils. In beiden Situationen, jeweils die Höhepunkte beider Dramenteile, wird das Ziel mit dem Mittel der List erreicht, weil es politisch und moralisch nicht durchsetzbar ist; in beiden Situationen ist der Zwang zum Verzeihen gegeben: Gregor VII. ist gemäß dem Regelsystem von Buße bzw. Unterwerfung und Bannlösung als Papst, Heinrich IV. als Vater dazu gezwungen. Kaiser Heinrich selbst verweist vor der Aussöhnung auf seine Lage in „Kanossa", wo er „entthront" stand, „ein schmach- und schmerzbeladner Mensch", und wo er „das Maß [...] des Möglichen" für erfüllt hielt (164). Diese Selbstsicht seines Canossagangs mag eine allzu ehrliche Zerknirschung offenbaren, enthüllt jedoch die tief empfundene Erniedrigung. Wenn sich Kaiser Heinrich schließlich selbst von der unerbittlichen Strenge eines quasi antiken Richterspruchs absetzt (171), so verweist dies auf sein innerstes Wesen: Er sucht die Versöhnung trotz allem Geschehenen. Er glaubt bei dem von Heinrich Gesagten an die „Wahrheit" der „Menschenzunge" (170) und bemerkt nicht, daß sich die „Schlange" um sein Vaterherz windet (165). So gesehen wird man Kaiser Heinrich nicht falsche Weichheit vorwerfen können. In der ausweglosen Situation entscheidet er sich für das Leben des (einzigen) Sohnes. Dabei dürfte nüchternes Kalkül mitspielen, ist doch die Vergebung das einzige Mittel, mit dem die Dynastie erhalten und die Macht gesichert werden kann. Aber Heinrich erringt den Sieg über den Vater nicht mit rationalen, sondern mit psychologischen Mitteln. Auch dies verbindet den zweiten mit dem ersten Dramenteil.

Der vierte Akt läuft auf die Absetzung des Kaisers hinaus. In der Schlußszene, der längsten von allen, steht der abgesetzte Kaiser (im vollen Ornat) im Mittelpunkt, wobei wieder der päpstliche Legat dem abtrünnigen König Heinrich assistiert, womit Saar dem gereizten Kulturkampfklima entgegenkommt (181). Der Kaiser überspielt zunächst die gefährliche Situation, die er indessen sogleich erkennt. Seine inneren Regungen ergeben sich aus den Regieanweisungen (er ist „einen Augenblick betroffen, faßt sich aber gleich wieder", 180; er gibt sich erst später den „Anschein", seinen Sohn zu entdecken, 181). Er verzichtet schließlich auf die Herrschaft mit ironischen Bemerkungen und spricht von seiner „Schuld" (182). Diese soll jedoch – „freventlicher Leichtsinn" (183) – darin bestehen, zu lange gelebt zu haben. Die Demütigung in Canossa offensichtlich einbeziehend, sagt er: „Denn wenn ich's recht bedenke, ist so vieles, / So Ungeheueres mir widerfahren, / Daß ich, wär' ich nicht gänzlich aus der Art, / Schon mehr als einmal hätte sterben müssen. / Statt dessen steh' ich zäher grauer Knabe / Noch aufrecht unter euch und habe gar – / Zu glauben ist es kaum – die Kron' noch auf!" (183). Kaiser Heinrichs Feststellung eines überlangen Menschen- und Herrscherlebens berührt den Kern des politischen Konflikts; deswegen will ihn der Sohn absetzen. Indem der Vater den „ungeduld'ge[n]", das „künft'ge Erbe gierig schon verschlingend[en] Blick" des Sohnes anspricht (183), enthüllt er dessen Unmoral. Diese Art der Reaktion wirft noch einmal helles Licht auf den Charakter des Vaters; denn nicht im lauten Aufbegehren, sondern in der Einsicht, sich nun doch in eine ausweglose Situation fügen zu müssen, und im Mittel der Ironie äußert sich die intellektuell an-

spruchsvollste, von Rationalität und nicht Emotion geleitete Reaktion. Sie gipfelt in der bitteren Bemerkung, „Wer mehr von seinen Kindern fordert als / Ein
Grab, der ist ein Tor!" (183). Das Höchste, was sich Kaiser Heinrich abverlan-
gen kann, ist die ironische Bemerkung, durch Thronresignation dem Sohn den
Ruch des „Räubers" zu nehmen (184).

Der fünfte Akt enthüllt schließlich vollständig den Charakter König Heinrichs. Die Kaisertochter Agnes (zuletzt in II 6) wird wieder eingeführt (V, 5) und
gewinnt erst jetzt ihr volles Gewicht, analog zu Mathilde am Schluß des ersten
Teils, die zuvor auch nur eine Komplementärfigur gewesen ist. Beide Frauen
tauchen schließlich aus dem dramatischen Nichts als überragende Gestalten auf
und werden, wie die Frauen in Saars erzählerischem Werk, mit ihrer Leidenschaft und Gefühlsbetontheit den männlichen Figuren als starke Persönlichkeiten entgegengestellt.

Agnes hat zuvor als Katalysator für das Verhalten der Fürsten zum Kaiser
gewirkt (138). Vor allem aber hat der Vater die Sechzehnjährige als Dank für
Treue dem Schwabenherzog Friedrich als Gattin versprochen, den er als seinen
künftigen „Eidam" anspricht (151). Dessen Liebe („[d]ie Glut dringt bis zum
Herzen mir", 138; weitere Bekundung in der Regieanweisung 139) hat Agnes
kaum verhüllt erwidert (140). Im Schlußakt beklagt Agnes, deren Schwanger-
schaft Bischof Ottbert zunächst andeutet (194), Abt Ekkehard dann verkündet
(„Gesegnet ist dein Schoß", 196), den doppelten Verlust von Vater und Gemahl,
der in der Schlacht gefallen ist. Dabei erhebt Agnes schwerste Anklage gegen
den Bruder, in dem sie den Mörder von Vater und Gatten sieht (201). Sie hütet
sich aber, den Bruder zu verfluchen, weil sie dem sterbenden Vater geschwi-
sterliche Treue versprochen hat („sonst brech' ich noch den Schwur", 201).

Heinrich flüchtet sich in Wunschdenken, wenn er meint, die Welt habe seinen Vater verwünscht, als dieser noch regierte (191). Er erwägt, *à part* gesprochen, gegenüber dem Widerstand, der ihm, wie er meint, zu schaffen macht solange der Kaiser lebt, den Vatermord („Wer so viel wie ich / Getan, erbebt auch
vor dem Letzten nicht", 191). Dadurch gewinnt der moralisch negative Charak-
terzug des bisher ambivalenten Bildes die Oberhand, Heinrich wird nun skrupellos: Er nimmt die abtrünnigen früheren Jugendgenossen Winzenburg und
Vohburg gefangen, droht Winzenburg mit der Tötung („[Das Schwert] soll dein
eignes Haupt vom Rumpfe trennen!", 192) und bekundet relativ offen seine Absichten gegenüber dem Vater: „Nur Blut allein kann meine Herrschaft fest'gen"
(192). Nachdem er zuvor das kaisertreue Trient hat schleifen lassen wollen
(191), will er nun Lüttich niederbrennen (192).

Aber König Heinrich spaltet durch sein rigoroses Verhalten das Land. Durch
den Tod des Kaisers erspart ihm die „Natur" (192) die mörderische Tat. Das
Bild des Kaisers erscheint hoch idealisiert. Er verstirbt als Büßer „mildverklärt"
(194). Das korrespondiert mit der Ohnmachtsszene des Kaisers in Ingelheim, in
der er sich mit Jesus am Kreuz vergleicht (187). Der Gegensatz der Sterbeworte
Heinrichs IV. und Gregors VII. könnte nicht größer sein, gesteht doch Papst
Gregor Mathilde seine verdeckte Liebe und deren sadistische Unterdrückung

ein. Des Kaisers Größe liegt indessen im Verzeihen, im Ernstnehmen des christlichen Liebesgebots, das auch dem Feind gilt, so der Inhalt seiner Sterbeworte (berichtet von Ottbert, 194). Diese Aufgipfelung an Tugend wird mit der Unmoral des Sohnes kontrastiert, der selbst die kleinste Spur von Menschlichkeit, ein sich „leise schauderndes" Gefühl an der Leiche des Vaters, im Keim erstickt (195).

König Heinrich drängt sich förmlich zwischen Volk und Kaiser (V 7). Er verkündet an der Leiche des Vaters sein Herrschaftsprogramm und erklärt allen den Kampf, die sich gegen ihn stellen, am Ende auch dem Papsttum.

So hält erst das Dramenende die Lösung zur Entschlüsselung von König Heinrichs Charakter bereit. Dies verbindet sich mit einem neuen, schweren Konflikt. König Heinrich besteht auf der feierlichen Bestattung des dreifach gebannten Vaters im Dom zu Speyer – gegen das Votum des Legaten Gebhardt. Für den Sohn rangiert der Legitimitätsanspruch, der sich mit dem von Heinrich IV. ausgebauten Dom und mit der Grablege der Dynastie verbindet, vor dem Verbot der Kirche, einen Exkommunizierten in geweihter Erde beizusetzen. Nach dem Einspruch des Legaten sagt Heinrich der Kurie unmißverständlich den Kampf an. Den Papst solle ja nicht „ohnmächt'ger Kitzel" treiben, „Gregor den Siebenten mit mir zu spielen" (201). Das ist ein Schlag ins Gesicht geistlichen Autorität und bildet die Brücke zum ersten Teil.

V.

Beide Dramenteile sind subtil aufeinander bezogen. Papst Gregor und König Heinrich versündigen sich gegen die Natur: Gregor unterdrückt seine Liebe zu Mathilde, König Heinrich bricht mit Vater, Schwester und Jugendfreunden. Kaiser Heinrich und sein Sohn setzen sich beide, wenn auch graduell unterschiedlich, um der Machtbehauptung willen über die Moral hinweg. Hat sich Kaiser Heinrich durch List in Canossa aus der Frontstellung gegenüber dem Papsttum befreit, so agiert König Heinrich unter dem machtpolitischen Gesichtspunkt des Zusammenhalts von Reich und Dynastie rational richtig, wenn auch aus einer grundsätzlichen Position von Unmoral und Unrecht heraus. Er entlarvt sich als reinen Taktiker der Macht, der sein Ziel zu erreichen sucht, indem er alle moralischen Skrupel fallen läßt. Dies ist vorbereitet durch die Vergebung des Vaters nach dem Thronsturz, „Getilgt / Sei deine Schuld, indem ich dir verzeihe" (186). König Heinrich stemmt sich selbst gegen einen so großherzigen Menschen wie seinen Vater. Stellt der erste Dramenteil die kirchliche Autorität durch die opportunistische Moral Gregors VII. in Frage, so der zweite die weltliche Autorität, weil sich König Heinrich aller moralischen Bindungen entledigt.

Beide Salierherrscher reagieren ähnlich auf den Tod eines Elternteils. Kaiser Heinrich nimmt den Tod der Mutter, der Parteigängerin Gregors VII., hin („Wer um die Toten weint, / Beweint sich selbst im Voraus. Der Lebend'ge / Muß graunlos über Gräber schreiten können", 96) und nimmt „die Schuld auf sich", ist ihm doch bewußt, daß die Mutter „aus Gram um den gottlosen Sohn" gestorben ist (96). Dem ist ein antiklerikaler Ton beigemischt, der das Kulturkampfklima noch einmal aufgreift („Die Eulen krächzen; aber es wird Tag! / Die Messe, Clemens – jetzt ein Totenopfer", 96). An seine Frau Berta gewandt sagt Heinrich: „Du weine, klage! Aber mich laß schweigen" (97). Die Trauer, die Berta offen bekundet, ist bei ihm zurückgedrängt. Aber beide verbindet noch „stille Trauer" (Regieanweisung, 97).

Auch König Heinrich nimmt die Schuld für sein Vorgehen gegen den Vater auf sich (129). Dagegen unterdrückt er bei dessen Tod jedes Gefühl (201), ja, er hätte den Vater ermordet, wäre dieser nicht gestorben. Während Kaiser Heinrich beim Tod der Mutter immerhin vom „tiefsten Schmerz der Seele" spricht und Berta bittet, die Tote in ihr Gebet einzuschließen (97), wendet sich König Heinrich mit Blick auf das nächste Ziel (Fürstenversammlung in Worms) vom toten Vater ab, jeder Schmerz ist ihm fremd (201). So erscheint König Heinrich zwar nicht völlig anders als sein Vater, aber graduell um vieles unmenschlicher.

Spiegelbildlich sind einander auch die Frauen in der leidenden Rolle zugeordnet: So wie sich Berta über die kalte Reaktion ihres Gatten auf den Tod seiner Mutter entsetzt („Mein Herz erstarrt vor dir", 96), so verwünscht Agnes den Bruder wegen seiner Teilnahmslosigkeit nach dem Tod des Vaters (201). Während aber Berta, ebenso wie Mathilde, auf der Seite der Kirche steht, der nicht Saars Sympathie gehört, und als deren Sprachrohr auftritt, spielt bei Agnes die religiöse Orientierung keine Rolle. Sie ist die aktiv liebende, um Friedrich werbende und insofern moderne Frau.

Fragt man nach der Idee des Dramas[75], so hält der zweite Teil den Schlüssel bereit. König Heinrich wird sein Verhalten durch das Fatum vorgeschrieben, da er selbst „losgelöst von allem Menschlichen / Mit starrer Brust ein finstres Sein erfüllt" (201) – Schlußverse, die der Leser bzw. Zuschauer durchschauern sollen. Heinrich unterdrückt hier noch einmal (zuerst 195) sein Schuldgefühl. Er erscheint, wie zuvor mehrmals angedeutet, als Vollstrecker eines übergeordneten Willens, als Werkzeug der Geschichte, die sich mit Unausweichlichkeit vollzieht. Dahinter wird ein zutiefst pessimistisches Geschichtsbild sichtbar. Das gemahnt an Schopenhauer, mit dessen Werk Saar seit der Erziehung am Wiener Schottengymnasium vertraut war[76]. Auf Bischof Ottberts Frage, warum er mit so

---

[75] Ohne Rückgriff auf Saars Quellen (Floto), ohne Blick auf den zeitgenössischen Kontext (Kulturkampf), ohne Sinn für Aufbau und Binnenbezüge des Dramas mit der nicht weiter belegten These, das Drama enthalte ein „geschichtsphilosophisches Modell", Monika Rizer: Weltlauf und Schicksal. Spätrealismus im Drama Ferdinand von Saars. In: Klaus Amann, Hubert Lengauer, Karl Wagner (Hg.): Literarisches Leben in Österreich 1848-1890. Wien, Köln, Weimar 2000 (Literaturgeschichte in Studien und Quellen, Bd. 1), S. 672-689, hier S. 678f. („Hildebrand" stets verschrieben).

[76] Zu Schopenhauers Einfluß in Saars Werk eingehend Heinz Gierlich: Ferdinand von Saar. Die Geigerin. Kritisch herausgegeben und gedeutet. Bonn 1981 (F. von Saar, Kritische Texte und Deutungen, Bd. 2), am Beispiel der Figur Walberg, S. 108-122.

„unnatürlichen Taten" seinen Vater in den Tod getrieben habe, antwortet König
Heinrich, „Ich weiß nur dies: ich tat's" (200). Er weiß um die Notwendigkeit
seines unmoralischen Handelns, dem er nicht ausweichen kann: „Wer so viel
wie ich / Getan, erbebt auch vor dem Letzten nicht" (191). Saar zeigt am Thronwechsel von Heinrich IV. zu Heinrich V., wie Herrschaft ihr sittliches Fundament verliert und Staatsklugheit, wie bei Machiavelli, außerhalb der ethischen
Sphäre steht. Das Handeln Heinrichs V. ist allein auf die Erlangung und Bewahrung von Macht gerichtet; für Erwägungen, die anderen Wertordnungen angehö-
ren, ist kein Raum. König Heinrich läßt im Konfliktfall, wenn sich Macht nicht
anders bewahren läßt, die Gebote der Religion, Sittlichkeit und des Rechts außer
Betracht.

Sucht man nach einer dahinter stehenden politischen Realität, so wird man
an Napoleon Bonaparte zu denken haben, dessen Wirkung tief ins 19. Jahrhundert hineinreichte. Das Thema der gerechten Herrschaft hat in der österreichischen Literatur zuvor Grillparzer in *König Ottokars Glück und Ende* (1825) behandelt, in dem noch der humane König Rudolf siegreich bleibt, während Otto-
kar untergeht. Der Böhmenkönig tendiert zu einer skrupellosen Machtausübung,
die in Saars König Heinrich aufs Äußerste gesteigert ist und die Generation nach
Saar in Abgründe stürzen wird. Im zweiten Dramenteil tritt die Kulturkampf-
thematik hinter der Frage nach der Fundierung und Behauptung von Macht zurück, die hellsichtige Zeitgenossen damals schon bewegt hat.

Das geschichtliche Interesse der Zeit machte jeden historischen Stoff zur
Gestaltung von Zeitproblemen darstellenswert. Historisch ist Saars Drama insofern nicht, als er in den Figuren nicht mittelalterliches Denken und Fühlen, sondern drohende Entwicklungen der Gegenwart vor Augen stellt, die in der sittlich
ungezügelten Herrschaft bzw. Opportunitätspolitik Napoleons III. bereits sichtbar wurden, wobei dieser in der Tradition des autoritären Bonapartismus von
Konsulat und Kaisertum Napoleons I. stand. Dagegen hielten Kaiser Franz Joseph und Bismarck an der sittlichen Fundierung von Macht noch fest[77].

König Heinrich wird bei individueller Freiheit seines Willens schuldig, aber
nicht als handelndes Subjekt der Geschichte, sondern weil sich durch ihn ein
Prozeß geschichtlicher Notwendigkeit vollzieht, den Saar später in seinen Novellen immer wieder thematisieren wird[78]. Heinrich will jeden vernichten, der es
wagen sollte, „den Willen mir zu kreuzen" (200). So entwirft schon der junge
Saar in diesem Drama das Zukunftsbild einer katastrophalen Entwicklung, wie
sie der alte Dichter in den *Wiener Elegien*[79] mit den sozialen Verwerfungen der
Habsburgermetropole beschreibt, die den jungen Adolf Hitler prägen sollten.

---

[77] Hier nur der Hinweis auf Otto Vossler: Bismarcks Ethos. In: Historische Zeitschrift 171
(1951) S. 263-292.

[78] Vgl. die Überlegungen und reichen Belege bei Jean Charue: Zum Determinismus bei
Saar. In: Saar – Wegbereiter der Moderne (wie Anm. 1), S. 235-263, mit der These (S.
257, 263), daß bei keinem österreichischen Autor der Determinismus so ausgeprägt sei
wie bei Saar.

[79] Saars sämtliche Werke (wie Anm. 6), Bd. IV, S. 7-24.

Das war die Gegenwelt der Fin de siècle-Kultur[80], die im Rückblick heller leuchtet als in ihrer Zeit selbst. Die Entwicklung geht, so läßt sich Saars Drama deuten, nicht zum Besseren. König Heinrich steigert die Machtpolitik des Vaters ins Grenzenlose. Als Licht am fernen Horizont erscheinen allein die Hinweise auf das von Agnes erwartete Kind, das dereinst „auf Heldenpfaden mächtig wandeln wird" (197). Dies gleicht einer poetischen Apotheose der Staufer als dem kommenden Herrschergeschlecht, das die Salier ablösen wird („gebier dein Kind", 201). Doch kommt es Saar auf historische Treue auch hier nicht an. Namen und Entwicklung des Kindes aus der Verbindung von Agnes und Friedrich von Staufen bleiben bewußt im Ungewissen der Zukunft aufgehoben. Saar rührt mit dem Hinweis auf das Ungeborene die Saite des Staufer-Kults im 19. Jahrhundert an, das in diesem Geschlecht deutsche Größe schlechthin verkörpert sieht[81], und reißt mit dieser Projektion in die Zukunft den Gedanken der sich ankündigenden nächsten Generation an – ein Thema, das Saar später in seinen Novellen wiederaufnehmen wird.

---

[80] Vgl. etwa Matthias Pape: „Ich möcht' Jerusalem gesehen haben, eh' ich sterbe." Antisemitismus und Zionismus im Spiegel von Arthur Schnitzlers Roman „Der Weg ins Freie" (1908). In: Jahrbuch des Freien Deutschen Hochstifts 2001, S. 198-236.

[81] Nach Friedrich von Raumers liberaler Deutung (Geschichte der Hohenstaufen und ihrer Zeit, 6 Bde., Leipzig 1823-1825, 5. Aufl. 1878) – aus den Staufern wurden nun „Hohenstaufer" – entstanden die epischen und dramatischen Gestaltungen des Stoffs, am wichtigsten Grabbes Hohenstaufen-Dramen von 1829/30. Giesebrecht schrieb die Geschichte des Investiturstreits als Mahnung, „die zu uns" „herübertönt", „und", so fährt er bedeutungsschwer fort, „die ganze Geschichte der Staufen kann als ein ernstes Warnungszeichen für unser Volk gelten". Giesebrecht (wie Anm. 38), hier Vorrede von 1867; vgl. Josef Fleckenstein: Das Bild der Staufer in der Geschichte. Bemerkungen über Möglichkeiten und Grenzen nationaler Geschichtsbetrachtung. Göttingen 1984 (Göttinger Universitätsreden, H. 72). Neudruck in: Ders.: Ordnungen und formende Kräfte des Mittelalters. Ausgewählte Beiträge. Göttingen 1989, S. 455-468.

Heinz-Peter Niewerth

Du sollst die Großmutter ehren!

Ludwig Anzengrubers *Das vierte Gebot*:
Zensurprobleme und Dramenstruktur

Anzengruber wird in den Literaturgeschichten als bedeutendes Glied in der Reihe der aus dem Altwiener Theater erwachsenen Volksstücke und (-oder-) als Vorläufer des Naturalismus erwähnt; sein Drama *Das vierte Gebot* gilt weithin als sein wichtigstes Werk, allerdings findet eine genauere Auseinandersetzung mit ihm nur selten statt; manche Materialien, die wichtige Aspekte zur Würdigung beitragen können, sind nur schwer erreichbar; eine Erörterung der künstlerisch-formalen Gestaltung des Dramas steht noch aus. Im Folgenden sollen deshalb biographische Voraussetzungen, kulturhistorische Strömungen und entstehungsgeschichtliche Hindernisse skizziert werden, um eine Basis für die Erörterung der künstlerischen Leistung und der Deutung zu erlangen.

Von der schriftstellerischen Tätigkeit seines aus bäuerlichen Verhältnissen stammenden Vaters[1], der als Beamter bei der Hofbuchhaltung arbeitete, kann Ludwig bei dessen Tod 1844, als knapp fünfjähriger Bub, noch kaum unmittelbar beeinflußt worden sein – doch seine Mutter und seine Großmutter haben die Erinnerung daran wachgehalten[2]. Die Großmutter ist von besonderer Bedeutung, weil die fast mittellose Mutter nur mit deren Ersparnissen die Lage finanziell einigermaßen bewältigen kann. Nach dem Tod der Großmutter muß Ludwig 1854 die untere Realschule der Piaristen in Wien notgedrungen verlassen. Eine anschließend begonnene Buchhandelslehre unterstreicht zwar sein großes Interesse an Literatur, endet 1858 aber mit einem Fiasko[3]: ihm wird gekündigt, weil er dauernd liest, statt sich um die Kunden zu kümmern.

Ab 1859 versucht er fast zehn Jahre lang sein Glück als Schauspieler, zuerst in Wiener Neustadt, dann erfolgt ein recht erfolgloses Wanderdasein bei verschiedenen Schauspieltruppen und Schmieren in kleinen Orten. Während dieser

---

[1] Von Johann Anzengruber sind mindestens vier Dramen handschriftlich überliefert: *Sophonisbe; Ziani oder Vaterland und Liebe; Theodat; Bertold Schwarz* . Letzteres wurde 1891 von A. Bettelheim herausgegeben. Vgl. Deutsches Literaturlexikon. Biographisch-bibliographisches Handbuch. 3. Aufl. Bd 1. Hg. v. Bruno Berger und Heinz Rupp. Bern, München 1968, Sp. 128.

[2] Anton Bettelheim, *Anzengruber*. In: Allgemeine Deutsche Biographie (ADB), Bd. 46, Nachträge bis 1899, Leipzig 1902, S. 19-23. Er zitiert (S. 19) aus einem frühen Jugendgedicht Anzengrubers: „[...] Doch hoff' ich, daß ich nie verderbe / Und sprech' mit freudig stolzem Klang: / Ich bin doch meines Vaters Erbe."

[3] Vgl. dazu Bettelheim (wie Anm. 2, dort S. 20). In der Reclam-Ausgabe des Dramas (Ditzingen 1979 / 2005) findet man auf S. 82 die euphemistische Umschreibung „Praktikum in einer Buchhandlung".

Zeit, in der er im weitesten Sinne Erfahrungen mit Theatertexten und Bühnen-
problemen machen kann, beginnt er mit ersten literarischen Versuchen (Possen,
Novellen). Anton Bettelheim hebt besonders die Bedeutung der Mutter für diese
Zeit emphatisch hervor: „Daß Ludwig Anzengruber nicht verdarb, hat er vor
allem seiner herrlichen Mutter zu danken. Die tapfere Frau"[4] habe ihn bei diesen
unerquicklichen Engagements begleitet und offensichtlich moralisch unterstützt.

Bettelheim berichtet weiter: „Erst nach dem völligen Versagen seiner jugendlichen Pläne, als Darsteller, Bühnendichter, Literat sich durchzuschlagen,
nach den bitteren Hungerjahren 1859 bis 1869"[5] bewirbt er sich aus finanziellen
Gründen als Kanzlist bei der Wiener Polizeidirektion. Den Posten bekommt er
auch mithilfe der Unterstützung eines angeheirateten Cousins, so daß er jetzt als
‚Polizeidirektionskanzleipraktikant' Schreiberdienste tut; etwa ein Jahr später
erfolgt seine feste Anstellung mit einem Jahresgehalt von 500 Gulden und einem
jährlichen Quartiergeld von 120 Gulden (Amtsdekret vom 28.11.1870); drei
Wochen vorher, am 5. 11. 1870, wurde im Theater an der Wien unter dem Pseudonym L. Gruber überraschenderweise ein Volksstück mit dem Titel *Der Pfarrer von Kirchfeld* erfolgreich aufgeführt. Spekulationen über den Verfasser beziehen sich auf den Justizminister v. Tschabuschnigg oder auf einen Kirchen-
fürsten[6]. Für Anzengruber ist der Erfolg eine Ermutigung, seinen Abschied zu
beantragen; sein Entlassungsgesuch spiegelt nicht nur den offiziellen Dienstton
wieder, es bringt auch seinen Stolz und eine unterschwellig anklingende ironische Distanz zum Ausdruck:

Hohes k. k. Polizeidirektionspräsidium!
    Der untertänigst Gefertigte, welcher die Ehre hatte, einer hohen Stelle seine gerin-
gen Dienste weihen zu dürfen, ist durch günstige Zufälle in die Lage gekommen, ein lang
erstrebtes Ziel nach schweren Mühen zu erreichen und die Laufbahn eines dramatischen
Dichters betreten zu können. Da es nun sein sehnlichster Wunsch ist, seinem Schaffens-
drange zu folgen und auch in dieser Stellung seinem Vaterland Ehre zu machen, so sieht
er sich veranlaßt, da er es mit seiner Pflicht durchaus nicht vereinbar findet, daß der
Dienst nur die geringste Vernachlässigung leidet, welche demselben eben durch eine der-
lei ernste und eifrige dramatische Tätigkeit erwachsen könnte, eine hohe Stelle ergebenst
zu bitten, das Nötige veranlassen zu wollen, damit er mit 1. kommenden Monats aus dem
Staatsdienst scheiden kann.
    Möge es dem Gefertigten zum Schlusse noch vergönnt sein, einer hohen Stelle für
die gütige Nachsicht und freundliche Würdigung, welche seinen geringen Verdiensten
zuteil geworden und welche er stets in dankbarer Erinnerung behalten wird, seinen tief-
ergebensten Dank auszusprechen.
    Wien, den 25. März 1871
                            Ludwig Anzengruber
                            k. k. Polizeidirektionsoffizial IV. Klasse[7]

---

4   Bettelheim (wie Anm. 2), S. 19.
5   Anton Bettelheim, *Neue Gänge mit Ludwig Anzengruber* . Wien-Prag-Leipzig 1919, S.
     161.
6   Vgl. ebda, S. 159f.
7   Ebda., S. 164f.

(Nur in Parenthese sei bemerkt, daß sein Vorgesetzter ihn gern behalten hätte, da er in Anzengruber ein großes Potential sah, ein guter Polizeibeamter zu werden[8].)

Die folgenden Dramen sind zwar keine Durchfälle, aber auch keine großen Publikumserfolge: *Der Meineidbauer* (1871), *Die Kreuzelschreiber* (1872), *Der G'wissenswurm* (1874) – immerhin erhält er 1874, 1876 und 1877 eine staatliche Unterstützung von jeweils 500 Gulden, was auf eine positive Würdigung seines literarischen Schaffens durch offizielle Stellen hinweist, aber das war zum Überleben auch bitter nötig; Bettelheim weist mit einem verhüllenden Hinweis auf den Börsenkrach und die damit verbundenen wirtschaftlichen Verfallserscheinungen, also auf die erschütterten soziokulturellen Verhältnisse der Zeit hin: „Die wirthschaftliche Krise des Jahres 1873 war am gefährlichsten für den Stand geworden, der das eigentliche Publicum der Volkstücke ausmachte. So wurde A[nzengruber] mehr und mehr von den Bühnen Wiens zurückgedrängt"[9]. Im Jahr 1877 erscheint *Das vierte Gebot* - an Auszeichnungen erfolgen später (1878) der mit 1000 Talern dotierte Schillerpreis; die finanzielle Absicherung der Familie ist weiterhin problematisch, so daß Anzengruber ab 1882 als Redakteur beim Familienblatt *Die Heimat* mitarbeitet und 1884 die Schriftleitung der satirischen Zeitschrift *Figaro* übernimmt; 1887 erhält er den Grillparzerpreis; kurz nach seiner Scheidung 1889 stirbt Anzengruber am 10.12. an Blutvergiftung; über sein Ende berichtet Bettelheim: „Die Leichenfeier war würdig. Nach dem Heimgange wurden die Landsleute nach und nach erst inne, daß sie in A[nzengruber] den größten Dramatiker Deutschösterreichs seit Grillparzer und einen der allerersten Volksdichter aller Zeiten besessen und - verkannt hatten. [...] Sein bedeutendstes Wiener Volksstück *Das vierte Gebot*, das bei seinen Lebzeiten kaum beachtet worden war, erlebte in Berlin und Wien wahre Siege."[10]

Zum Drama *Das vierte Gebot*

Ludwig Anzengruber selbst stellt sich in die Tradition des Volksstücks – über die Traditionslinien des Wiener Volkstheaters, die sich bei Anzengruber finden, wird später noch zu sprechen sein. Zuerst einmal soll die Entstehungsgeschichte, soweit sie zu eruieren ist, und der ‚Hindernislauf' des Dramas bis zur Uraufführung nachgezeichnet werden.

Der Direktor des Josefstädter Theaters, Eduard Dorn, ersuchte Anzengruber, ein neues Volksstück für seine Bühne zu schreiben und erhielt am 12. August 1877 folgende Offerte:

---

[8]   Vgl. ebd., S. 165. – Ein Reflex auf diese Zeit ist auch in der zupackend-knappen, insgesamt positiven Zeichnung der „nächtlichen Streife" in III,8 zu erkennen.

[9]   Bettelheim (wie Anm. 2), S. 20.

[10]   Ebda, S. 21.

Zwei Stoffe zu Volksstücken habe ich in petto, erlaube mir, dieselben in aller Kürze zu skizzieren.

Ein Stück

'*Das vierte Gebot*' Trauerspiel behandelt das Thema der Verziehung, des üblen Beispieles der Eltern – daraus resultierend die Unmöglichkeit des 'E h r e Vater und Mutter' -

Die Tochter wird leichtfertig. Sohn jähzornig, Soldat erschießt seinen Vorgesetzten.

Figuren:

Das unsaubere Elternpaar,

Die Tochter,

Der Sohn,

Die brave Großmutter (rührende Episode).

Der Feldpater (junger Geistlicher mit reinem Charakter, braven Eltern, beneidet von dem 'Sohn', dessen Jugendfreund er ist).

Die Geschichte wird effektvoll, aber tragisch.

[Der zweite Vorschlag, viel kürzer gehalten, deutet einen 'ernsten, aber nicht bis zur Tragik sich hinaufradelnden' Stoff an: 'Man lebt nur einmal']

Mehr Ihnen zu verraten, ist mir derzeit tatsächlich noch unmöglich, erst muß ich laufende Arbeit erledigen, dann ginge ich, nach Ihrer Wahl, an eine der betreffenden. Und erst dann lichtet sich bei mir das Chaos, die Gestalten bekommen Umriß und Charakter. Daß in beiden Stoffen, richtig angefaßt und gewissenhaft durchgeführt, der Fonds zu wirksamen Volksstücken liegt, das werden Sie wohl, trotz der kurzen Andeutung, meine ich, zugeben.

Freilich zu l a c h e n wird es nicht viel dabei absetzen. Aber als Dramatiker bleibt es für mich eine wohlaufzuwerfende Frage: ob denn immer gelacht werden muß? Man kann das Publikum auch packen. Und für die Schauspieler sind ernste Aufgaben eine Notwendigkeit.

Ich erwarte Ihre freundliche Entschließung."[11]

Es scheint tatsächlich noch ein Chaos gewesen zu sein, obwohl die Wurzeln zum Thema bis auf die Zeit von 1864 zurückgehen, wie aus einem Brief an Lipka vom 2. Sept. 1864 hervorgeht, auf den sich Castle in seiner Einleitung zum *Vierten Gebot* bezieht[12]: Der gesamte Hutterer-Komplex einschließlich der Stolzenthaler-Handlung fehlt noch; Eduard ist Feldpater, also wohl eher im Militärkomplex um Frey und Martin Schalanter gedacht; Johann Dunkers (für eine ausgewogene Konfiguration bedeutsame) Rolle wird nicht einmal angedeutet.

Anzengruber hat geplant, das Stück bis Ende Oktober einzureichen, kann aber erst im Oktober damit beginnen, so daß – bei dann allerdings zügiger Arbeit – das Stück am 17. November vollendet ist. Die Leseprobe findet bereits am 29. November statt, am Vortag wurde das Stück der Zensurbehörde vorgelegt,

---

[11]   Zitiert nach: *Anzengrubers Werke*. Gesamtausgabe nach den Handschriften in zwanzig Teilen. Mit Lebensabriß, Einleitungen und Anmerkungen herausgegeben von Eduard Castle. Fünfter Teil, Leipzig o.J. (1921), S. 77f.

[12]   Vgl. ebda, S. 78.

die Uraufführung wird für den 22. oder 23. Dezember vorgesehen, der Behörde gegenüber gibt man aber den 28. oder 29. Dezember an.[13]

Interessant ist es, hier aufgrund der Überlieferung einmal recht präzise in die Praxis der Theaterzensur Einblick nehmen zu können. Schon Nestroy hatte in seiner Posse *'Freiheit in Krähwinkel'* (in I,14) seinen Protagonisten Ultra ausrufen lassen: „Ein ·Censor· is ein Menschgewordener Bleysteften oder ein Bleistiftgewordener Mensch, ein Fleischgewordener Strich über die Erzeugnisse des Geistes" und weiter: „Die ·Censur· is die jüngere von zwey schändlichen Schwestern, die ältere heißt Inquisition; - die ·Censur· is das lebendige Geständniß der Großen, daß sie nur verdummte Sclaven *treten*, aber keine freyen Völker *regieren* können"[14]. Die Stellungnahme des Zensors vom 10. Dez. scheint dieses Nestroy'sche Aperçu bestätigen zu wollen, er kritisierte scharf das

mit einem Mißton schließende, an unerquicklichen Szenen und verhängnisvollen Reflexionen überreiche Stück, welches auch vom dramatischen Standpunkt [den er gar nicht zu beurteilen hatte] nichts weniger als gelungen bezeichnet werden kann. Die Tendenz dieses Bühnenwerkes ist entschieden bedenklich, und zwar an und für sich und durch die Art ihrer Durchführung, und da dieselbe selbst durch eine tiefeingreifende Umarbeitung nicht behoben werden kann, so glaubt die Polizeidirektion ihre Ansicht dahin aussprechen zu sollen, daß das Stück von der öffentlichen Aufführung auszuschließen wäre. Abgesehen von dieser bedenklichen Tendenz, welche das Mißverhältnis zwischen den Pflichten der Eltern und den Handlungen derselben mit einer unberufenen Kritik des in seinem wahren und wirklichen Sinne unanfechtbarsten aller Gebote verquickt, muß ganz besonders betont werden, daß die im letzten Akte hervortretende Reue des Priesters über seine Unüberlegtheit und Übereilung in der Verkündung des 'Wortes Gottes', d.h. vielmehr über seine entschieden falsche Interpretation desselben, den Priesterstand diskreditiert und nicht nur den weitaus größten Teil der Schuld an den hier speziell angeführten Unglücksfällen der Intervention des Priesters Schön zuschreibt, sondern – peranal und den konkreten Fall tendenziös zum abstrakten Dogma aufblähend – der Geistlichkeit überhaupt eine ihrem Berufe widersprechende Einflußnahme auf die Entschließungen der Laien zur Last legt. Die im vorliegenden, den Schein der Wahrheit beanspruchenden Falle nahegelegenen Rekriminationen der von einem Geistlichen so übel Beratenen samt allen unschwer daran zu knüpfen gewesenen Reflexionen sowie einige Folgerungen, welche aus einzelnen Stellen leicht über das Zölibat des geistlichen Standes, die Untrennbarkeit katholischer Ehen usw. abzuleiten gewesen wären, hat der Autor auf Kosten des dramatischen Erfolges wohlweislich dem 'denkenden' Publikum überlassen.[15]

Am 16. Dez. schloß sich ein Beirat Mack diesem Votum an mit folgender Formulierung:

Durch das vorliegende Bühnenwerk wird die Rätlichkeit der Befolgung des vierten Gebotes gleichsam in Frage gestellt. In Beantrachtung (!) dessen und in Würdigung der

[13] Vgl. ebda.
[14] Johann Nestroy, *Sämtliche Werke*. Historisch-Kritische Ausgabe von Jürgen Hein , [...], Bd 26/1: *Freiheit in Krähwinkel*. Hrsg. von John R. P. McKenzie, Wien 1995, S. 26f.
[15] *Anzengrubers Werke* (wie Anm. 11), S. 79.

von der Polizeidirektion noch weiter angeführten Gründe dürfte dieses Volksstück als zur Aufführung unzulässig erachtet werden.[16]

Obwohl dem Statthaltereirat Sagburg als dem dritten Gutachter eine thematisch zutreffendere Einschätzung gelingt, schließt er sich mit seinem Votum vom 18.12. an die beiden ersten an (Gruppenzwang?!) :

> Das vorliegende Stück will den Beweis liefern, daß es nicht immer gut sei, wenn die Kinder ihren Eltern folgen, und will durch Vorführung der Schicksale zweier Familien, in welchen teils durch den unbeugsamen Willen, teils durch das schlechte Beispiel der Eltern die Kinder unglücklich werden, das vierte Gebot als trügerisch hinstellen. Sagt doch gegen Ende des Stückes [...] die unglücklich gewordene Tochter vorwurfsvoll: 'Ich habe mich einem Gebote gefügt ... trügerisch erweist' usw., und es gipfelt die Moral des ganzen Stückes in den Schlußworten, welche der zum Tode verurteilte Martin zu dem Priester spricht [...]: 'Du weißt nit ... darnach sein sollen'. Wenn auch das Stück in seinem Texte manches Körnchen Wahrheit und manche trefflich aus dem Volksleben gegriffene Situation enthält, so ist seine Moral doch für die große Menge bezüglich des Familienlebens eine gefährliche und verletzt die katholische Religion durch den scheinbaren Nachweis der Trüglichkeit des vierten Gebotes. Dasselbe dürfte daher für die Aufführung nicht zuzulassen sein.[17]

Die nächsten Schritte waren Interventionen von Autor und Theater; es kam zu Verhandlungen. Offensichtlich am anstößigsten war für die Behörde der Titel. Er ist rot durchstrichen. Ein Änderungsvorschlag als Ersatztitel „Verdorben durch Älternschuld" ist ebenfalls rot durchstrichen; Bettelheim wertet das anscheinend als Zensurstrich, allerdings liest er „durch Älternschule"[18]; Eduard Castle, der Herausgeber der „Geamtausgabe nach den Handschriften in zwanzig Teilen", vermutet dagegen, daß Anzengruber diesen Ersatztitel abgelehnt habe[19]. Daß es sich in der Tat doch wohl um einen Zensureingriff handelt, geht aus der Dokumentation hervor, die Otto Rommel zusammengestellt hat: In einem Schreiben der Polizei-Direktion vom 23.12.1877 findet man, daß die „Bedenken durch die vorgenommenen Streichungen nach hierämtlicher Auffassung nur zum geringsten Teile behoben erscheinen, durch den neugewählten Titel aber ganz entschieden verschärft werden"[20]. (Allerdings problematisiert Rommel den Befund insofern, als er zwei Seiten später ohne weiteren Nachweis davon spricht, daß Anzengruber „[d]iesen Titel [...] selbst mit Rotstift durchstrichen und durch

---

[16] Ebda, S. 79.

[17] Ebda, S. 79f. - Zur historischen Einbettung der Problemfelder Staat – katholische Kirche/ Religion – Zensur vgl. in diesem Band den Aufsatz von Matthias Pape, *Psychopathologie und Geschichte. Ferdinand von Saars Trauerspiel „Kaiser Heinrich IV."*

[18] Bettelheim (wie Anm. 5), S. 147.

[19] *Anzengrubers Werke* (wie Anm. 11), S. 80.

[20] *Ludwig Anzengrubers sämtliche Werke.* Unter Mitwirkung von Karl Anzengruber herausgegeben von Rudolf Latzke und Otto Rommel. Bd. 5: Altwiener Stücke. Erste Sammlung. Herausgegeben von Otto Rommel. Wien 1921, S. 369. (Weiterhin zitiert als: *Anzengruber SW 5*).

Vorschreibung *Ein* vor *Volksstück* den neuen Titel: *Ein Volksstück. Lebensbild in vier Akten* geschaffen" habe.)

Dieser allerkleinste gemeinsame Nenner geht wohl auf den Chef des Josefstädter Theaters Eduard Dorn zurück, der den wirklich nichtssagenden Titel *Ein Volksstück in vier Akten von Ludwig Anzengruber* vorschlug[21]; mit der Auflage, daß 27 gestrichene Stellen zu entfallen hätten, erlaubte die Statthalterei dann am 24. Dezember 1877 die Aufführung.

Welches waren nun die inkriminierten Stellen?

Eine Konkordanz zu den bei Bettelheim (Neue Gänge mit Ludwig Anzengruber, S. 147-150)) und Rommel (Anzengruber SW 5, S. 371f.) verzeichneten Streichungen im Zensurexemplar weist zwar minimale Differenzen auf, die wohl durch die Form der Streichung begründet sind, diese Abweichungen können aber hier vernachlässigt werden, weil es Ziel der Untersuchung ist, darzulegen, wie bestimmend die Empfindlichkeiten der Zensoren auf religiösem und auf militärpolitischem Gebiet sind, mit denen sie das Drama gängeln. Im Einzelnen gibt es folgende Streichungsforderungen:[22]

S. 8 : S. 149 Ja, er is hochwürdig [8] ; S. 13f. : S. 152 ja – no, Geistliche müssen ja auch sein ! *Hutterer* Ah, freilich, man braucht s' schon manchmal [11]; S. 52 : S. 169 Wissen S', ich bin ein katholischer Gesell! [25]; S. 78 : S. 181 und da tragt man zwar Handschuh, aber nur zur Paradi, hab ich mir sagen lassen, und für gwöhnlich [35]; S. 84 : S. 184 Möcht wissen, ob er das amal von seine Kinder leidt? Ja so, nun, nix für ungut, Eduard.[37]; S. 90 : S. 186 ich könnt das von meiner Kluft net sagen. [40]; S. 91 : S. 187 Manchem taugt halt das Büffeln und scheuche Wesen net [40]; S. 92 : S. 187f. Seit der Hausmeisterbub in der Kutten steckt, wissen sich die Alten vor Stolz gar nimmer aus! [41]; S. 97 : S. 189 Tät mir leid, wenn ich vor dem Kerl die Hand zum Gruß heben müßt. [42]; S. 100 : S. 191 Man sagte mir, sein Vater habe zu viel gelebt, als daß für das Kind etwas überbliebe [43]; S. 108 : S. 194 A schon a paar Schlachten auf der Schmelz gwonnen, was? [46]; S. 109 : S. 194 Mir klein Gewerbsleut sein eh aufs Betteln angwiesen, is gscheiter, man entschließt sich gleich dazu. [46]; S. 146 : S. 211 Jesses – [60]; S. 148 : S. 212 Jesses! [61]; S. 149 : S. 212 Sakermenter [61]; S. 159 : S. 216 wenn er a a Soldat is [65]; S. 162 : S. 218 Es war schon oft da, daß, wann der Mann vor der Front sein Teil kriegt hat, bis's ihm z'viel wordn is, daß hernach der Unteroffizier a vor der Front sein Teil kriegt hat, der grad gnug war. [66]; S. 165 : S. 219 Jesus! Marie! [67]; S. 178 : S.225 Das gschieht ein'm hochwürdigen Herrn nie. [72]; S. 165 : S. 219 Na,

---

[21]   Vgl. Castle (wie Anm. 11), S. 80.

[22]   Reihungsanordnung: Seite des Zensurexemplars: S. *Anzengruber SW 5* mit Text der inkriminierten Stelle; es folgt in eckiger Klammer [...] Seitenangabe der Reclamausgabe des *Vierten Gebots* als der am leichtesten erreichbaren Ausgabe.

wann dürften wir denn nachher was reden, wann net hintnach, mir Leut aus 'm
Volk, dö mir von vornherein nix z' sagn haben?! Ich bleib dabei, er hat damals a
bissel voreilig 'n Gehorsam empfohlen. [72] S. 179f. : S. 225f. O, ich weiß es
heute nur zu gut. Ich hätte mich erst ganz genau mit den Verhältnissen vertraut
machen sollen und dann wäre es am Platze gewesen, ohne der Neigung des
Mädchens irgendwie das Wort zu reden, dem Vater Hedwigs die geplante Verbindung auf das eindringlichste abzuraten. *Schön* (bedauernd). Ganz richtig!
Anna. Du lieber Gott! Daß dir das net früher hat einfalln können! *Eduard* Leider! [72f.]; S. 187f.: S. 229f. Keine Phrasen, Hochwürden! – Wissen Sie, wie
man das nennt, wenn jemand eine Prüfung veranstaltet, um ein Ergebnis herbeizuführen, auf das er ganz gut im voraus rechnen kann? Man nennt das experi-
mentieren. – Vor Jahren wohnte ein Mediziner in unserm Hause, den ich als
kleines Mädchen von ganzem Herzen verabscheute, weil er arme Kaninchen lebend zerschnitt. Er wußte ganz genau, wie weit er sich auf die Stärke dieser
Tierchen verlassen konnte, ob sie ihm tot unter dem Messer bleiben würden oder
wie lange sie lebend und leidend zu erhalten waren, wenn er ihnen durch gute
Pflege „Kraft verlieh, die Prüfungen zu ertragen". – (Leise lächelnd.) Wollen Sie
mich glauben machen, Gott wäre so ein Mediziner? (Da Eduard sprechen will,
hebt sie abwehrend die Hand und fährt fort.) Ich will ihnen sagen, was mich
tröstet. Ich habe mich einem Gebote gefügt, das das einzige ist, das eine Verheißung in sich schließt: „auf daß du lange lebest und es dir wohl gehe auf Erden!"
Das Wohlergehen hat nicht zutreffen wollen; ich hoffe zu Gott, daß auch der
andere Teil der Verheißung sich als trügerisch erweist und daß mich mein Kind
bald nachholt. [75f.]; S. 188 : S. 230 Nein! Sie vermögen's nicht . (Reicht ihm
die Hand.) Leben Sie wohl, Hochwürden! [76]; S. 192 : S. 231 Ob an einen oder
an mehrere, wir sind ja doch zwei Verkaufte! [77]; S. 196 : S. 233 Voraus liegt
ja nichts [78]; S. 200 : S. 235 Jesus, Maria! [80]; 201 : S. 235 *Eduard* (im Tone
versöhnlicher Einrede). Denk an das vierte Gebot! *Martin.* Mein lieber Eduard,
du hast's leicht, du weißt nit, daß's für manche 's größte Unglück is, von ihre
Eltern erzogn zu werdn. Wenn du in der Schul den Kindern lernst: „Ehret Vater
und Mutter!" so sag's auch von der Kanzel den Eltern, daß s' darnach sein sollen. [80].

Diese Streichungen haben also in deutlicher Mehrzahl einen Hintergrund, der
religionsbezogene Ausagen betrifft; erkennbar wird auch die Empfindlichkeit,
soweit militärische Aussagen betroffen sind; in einigen wenigen Fällen greift der
Zensor zum Rotstift, wenn kleinbürgerliche Empfindungen verletzt werden
könnten. Anton Bettelheim haben die Eingriffe so geärgert, daß er in einer mit-
reißenden Suada den Zensorengeist angreift – und damit gleichzeitig das Werk
in überbordender Weise aufwertet:

Wer immer, als Kenner oder Laie, d i e s e Gewalttätigkeiten überprüft, muß zugeben,
daß im finstersten Vormärz, unter dem starrsten Absolutismus der Fünfzigerjahre nicht
grausamer, törichter oder boshafter gegen den Text eines Dichters gewütet wurde. Und

so sehr und so lang man über den dummen oder feigen Zensor schilt oder lacht, der in *Kabale und Liebe* Ferdinand vorschrieb, zu sagen, es gäbe in seinem Herzen eine Stelle, in die das Wort Onkel nicht gedrungen sei, im Vergleich mit den ersten Zensoren des *Vierten Gebotes* hat er Milderungsgründe geltend zu machen – Die Unmöglichkeit, gegen das System aufzukommen – die Sorge, sonst aus dem Amt gejagt zu werden. Die Polizei- und Statthalterei-Zensoren des Jahres 1877 können nicht einmal mit solchen, an sich fragwürdigen, höchst anfechtbaren Entschuldigungen kommen. Sie haben aus sträflichem Machtkitzel oder aus womöglich noch sträflicherem Parteigeist gefrevelt, an einem Kunstwerk gesündigt, an der Wahrhaftigkeit einer lebendigen Predigt, an der aus innerster Überzeugung und genauer Kenntnis des wirklichen Wienertums geholten Gleichnisrede sich vergriffen, die reine, tiefe, dauernde Sittenlehre verkünden und einprägen wollte. Welchen Schaden solcher Mißbrauch der Zensur der Volksbühne zufügte, ist – und wäre das nur im Hinblick auf den Schöpfer des *Vierten Gebotes* – nicht auszudenken.[23]

In einem Brief an Fritz Mauthner vom 27.12.1877 äußert sich Anzengruber selbst über die Auflagen des Zensors, ich zitiere auszugsweise:

Sehen Sie sich, verehrter Herr, die Striche an, und Sie werden finden, daß sehr ‚kirchlich' und vielleicht in Konsequenz davon sehr dumm gestrichen wurde. Der Zensor geht mit Ängstlichkeit jedem ‚Jesus Maria und Joseph' – das ist alt, aber nicht gut, der Zensor streicht aber selbst die Aufschreie. – Er duldet es ferner nicht, daß irgend jemand verzweifelt, und streicht daher die ganze Rede Hedwigs[...]. Er streicht auch jede Anspielung auf das vierte Gebot [...] und die haarscharf ausgesprochene Tendenz des Stückes. Genug, so mißhandelt man Werke besseren Genres oder sagen wir – damit ich bescheidener spreche – besseren Wollens in Österreich".[24]

Zwei Zeitungen in Wien ergriffen die Partei des Autors, nämlich die " *Neue Freie Presse* " und das " *Neue Wiener Tagblatt* " und polemisierten gegen den Zensor; dessen Reaktion wirft vielleicht ein bezeichnendes Licht auf die geistige Potenz der Zensurbehörde. Die rechtfertigende Stellungnahme des Zensors ist schlicht entlarvend: Im *"Extrablatt* " vom 31. Dezember verteidigt er sich mit dem sarkastisch gemeinten Argument, daß die Wahl des Titels unbegreiflich sei:

Denn keines der drei Elternpaare dürfe mit Recht Anspruch auf die kindliche Ehrerbietung machen; es bleibe die einzige vernünftige Person im Stücke, die Großmutter, die denn auch wirklich von ihren Enkeln geehrt werde; aber das vierte Gebot laute doch nicht: Ehre deine Großmutter! Von den anderen kleinen Strichen zu sprechen, sei wohl nicht der Mühe wert.[25]

Die Polemik ging sogar so weit, daß im *Extrablatt* die Direktion des Josefstädter Theaters angegriffen wurde, ihr sei bei der Inszenierung eine ‚blöde Brutalität' unterlaufen, indem sie den falschen Ausdruck 'Mardam'[26] in einer hochernsten

23   Bettelheim (wie Anm 5), S. 151.
24   Zitiert nach: *Anzengrubers Werke* (wie Anm. 11), Fünfter Teil, Einleitung S. 80f.
25   Ebda, S. 81.
26   *Anzengruber SW 5* (wie Anm. 19), S. 202 (= II,9).

Szene benutzt habe – Anzengruber verteidigt die Direktion (und sich) in einer Zuschrift an die von ihm eigentlich verachtete Zeitschrift, indem er sich zu dem angeblichen Mißgriff bekennt – wir würden heute sagen, indem er auf die Funktion der Figurenrede verweist: „*Dieser Ausdruck kommt im Buche vor*, er steht an der Stelle, weil der Charakter, von dem er gebraucht wird, eben im Charakter bleibt, und wenn das Publikum darüber lacht, so hat es nicht nur nicht unrecht, sondern entspricht vollkommen seiner Intention".[27]

Das Stück wurde ein Achtungserfolg[28]. Der wirklich große Durchbruch gelang allerdings erst gut zwölf Jahre später im Verein 'Freie Bühne' in Berlin unter der Leitung von Otto Brahm, der vor allem den jungen Naturalisten wie z. B. Gerhart Hauptmann mit seinem Drama 'Vor Sonnenaufgang' (1889) einen Weg bahnen wollte: am 2. März 1890 wurde die Inszenierung des Dramas dort ein Riesenerfolg – das Lessingtheater in Berlin erwarb sofort das Aufführungsrecht für Berlin, zahlreiche deutsche und nun auch österreichische Bühnen (darunter auch das Deutsche Volkstheater in Wien, 27.9.1890) erwarben die Rechte zur Aufführung – Anzengruber hat das jedoch alles nicht mehr erlebt, er starb am 10. Dezember 1889; damit blieb ihm auch erspart, die Welle der kirchlichen Proteste zu erdulden, die weiterhin in dem Stück eine „Verführung zur Unzucht, zum Ungehorsam gegen die Eltern und zum Unglauben"[29] witterten.

Diese Hinweise auf Entstehung, Zensur und Rezeption sollen mit einer Stimme beschlossen werden, die literarisches Gewicht beanspruchen darf: Theodor Fontane verfaßte nach der Berliner Matinee am 2.März 1890 eine Rezension der Aufführung, die das Format einer prägnanten Kurzinterpretation besitzt:

> [...]*Ludwig Anzengrubers* vieraktiges Volksstück „*Das vierte Gebot*". [...] Es heißt, ein gewisses Frontmachen gegen die Heiligkeit des vierten Gebots habe die Bedenken der Behörde geweckt, und diese Bedenken [...] möchten ihre Geltung haben, wenn es so läge, wie die Zensur angenommen zu haben scheint, mit andern Worten, wenn das Stück wirklich eine Kriegserklärung gegen das vierte Gebot wäre. Das ist es aber *nicht*. Das Stück hat eine Doppelhandlung, eine große und eine kleine; die kleine Handlung läuft allerdings darauf hinaus, daß in Fällen, wo eine schöne Tochter seitens ihres Vaters an einen reichen Wüstling verkauft werden soll, ein Ankämpfen gegen den elterlichen Willen einem toten Gehorsam vorzuziehen sei. Das kann man allenfalls eine Kriegserklärung gegen das vierte Gebot nennen, in Wahrheit aber ist es nur das Lieblingsthema vieler alter und neuer Dramen, ein Satz also, dem man viel eher Trivialität als einen sakrilegischen Ansturm gegen eins der zehn Gebote vorwerfen kann.
>
> Die „kleine Handlung" ist es also nicht, doch ist es diese kleine noch immer eher als die große. Diese, die große, die das eigentliche Stück ausmacht, wendet sich überhaupt

---

[27]   Zitiert nach: *Anzengrubers Werke* (wie Anm. 11), Fünfter Teil, Einleitung S. 81. (Die kursiven Worte sind im Original unterstrichen.)

[28]   Vgl. Franz Baumer, *Ludwig Anzengruber: Volksdichter und Aufklärer; ein Lebensbild.* Weilheim 1989: „Daß es trotz seiner dichterischen Stärke bald wieder sang- und klanglos vom Spielplan verschwand, verdankte es vor allem der Untertanenmentalität der Wiener Zensur" (S. 74).

[29]   *Anzengrubers Werke* (wie Anm. 11), Fünfter Teil, Einleitung S. 84.

nicht an die Kinder, behandelt keine Gehorsams-, sondern eine Beispiels- und Erziehungsfrage und predigt den *Eltern*, die dieser Predigt nur zu bedürftig sind: „wenn ihr eure Kinder vor dem Galgen bewahren wollt, so bewahrt sie vor dem, worauf nun mal der Strick steht, und wenn ihr sie in Ehren sehen wollt, so lebt selber in Ehren. Aus Faulheit und Frechheit aber wird Verbrechen geboren und auf Verbrechen steht Tod." Das ist das, was das Stück uns in erschütternder Weise veranschaulicht, ein Inhalt, der die dankbare Bewunderung aller weltlichen und geistlichen Staats- und Volkslenker an der mittleren Donau hätte wachrufen müssen. Es gibt keine Traktätchenliteratur – ein Wort, das ich hier ohne jede polemische Nebenabsicht wähle -, die sich mit diesem Anzengruberschen Stück an Gewalt sittlicher Wirkung vergleichen könnte. Nirgends schlummert etwas Verführerisches, die Schlange fehlt, und keusch und rein geht das Stück seinen großen Gang. Der Eindruck, den es hinterläßt, ist noch mächtiger und nachhaltiger als in Tolstois „Macht der Finsternis"; dabei fehlt ganz und gar jenes Drastische, das bei Tolstoi, wenn auch einem künstlerischen Zwecke dienend und dadurch des Häßlichen entkleidet, der Geschmacks- und Gefühlswelt vieler nun mal widerstreitet.
Das Stück ist interessant von Anfang bis Ende, selbst der 2. Akt, dem kein allzu glänzender Ruf vorausging, befriedigte mich durchaus. Der 3. und 4. sind dramatische Schöpfungen allerersten Ranges, und ich kenne überhaupt nichts, auch das Größte miteingerechnet, was erschütternder auf mich gewirkt hätte. [...][30]

Das „Volksstück": Traditionslinien hin zu Anzengruber

Wenn auch Fontane in seiner Rezension vom ‚Volksstück' und vom ‚Volksleben' spricht, so ist allerdings im weiteren Verlauf seiner Erörterung eine Formulierung verräterisch, die zeigt, daß er das Drama nicht in die Wiener Traditionslinie stellt, sondern eher der ‚neuen Bewegung' zurechnet, wenn er sagt: „heute geht ein demokratischer Zug auch durch die Kunst"[31]. Dabei ist Anzengrubers Drama durchaus in einer doppelten Perspektive zu sehen: Fontane hat nicht unrecht, wenn er die moderne Tendenz betont – aber genau so recht hat man, wenn man Anzengrubers Stück als konsequente Fortsetzung und Weiterentwicklung des Altwiener Volkstheaters ansetzt. Karlheinz Rossbacher weist mit Recht darauf hin, daß „die Einprägsamkeit mancher Figuren im *Vierten Gebot* darauf beruht, daß sie, ohne deshalb entindividualisiert zu sein, an literarisch beschriebene Typen erinnern, somit für das Publikum einen hohen Wiedererkennungsgrad an sich tragen"[32]. Dabei verweist er auf Friedrich Schlögl, dessen Figuren Biz und Gammerstädter auf Hutterers Zeichnung Einfluß gehabt haben könnten[33], auf

---

[30] Theodor Fontane, *Theaterkritiken*. Vierter Band 1884-1894. Herausgegeben von Siegmar Gerndt. Mit einem Nachwort von Karl Richter. Frankfurt 1979 (Fontane Bibliothek Ullstein Nr. 4540), S. 226-228.

[31] Ebda, S. 228.

[32] Karlheinz Rossbacher, *Literatur und Liberalismus. Zur Kultur der Ringstraßenzeit in Wien*. Wien 1992, S. 298.

[33] Friedrich Schlögl, *Wiener Luft* [1875]. In: *Gesammelte Schriften: Zweiter Band. Kleine Culturbilder aus dem Volksleben der alten Kaiserstadt an der Donau*. Wien-Pest-Leipzig o.J. [1893], dort z. B. S. 347: „Herr von Grammerstädter, der bekannte ‚reiche Bürger vom Grund' [...]". Die von Rossbacher herangezogene Parallele zwischen Schlögls

einen Abschnitt in Karl Landsteiners Buch *Das Babel des Ostens* (1870), Wilhelm Wiesbergs bekanntes Wienerlied *G'lernt ham ma nix* und „den Sohn des Herrn Biz" „Mussi Schorsch" bei Schlögl, wo jeweils der Typus des reichen, arroganten jungen Lebemanns skizziert wird, und auf Johann Gabriel Seidls Erzählung *Sie ist versorgt* (1842), wo schon eine frühe Motivverwandte der ‚verkauften' Hedwig Hutterer zu finden sei[34]. Doch wird man den Bogen der Traditionslinien über diese unmittelbaren Zeitgenossen Anzengrubers und deren epische Erzeugnisse und über die typisierte Personenzeichnung hinaus spannen können.

Während seiner lesehungrigen Buchhändlerlehrjahre und seiner ‚Lehrjahre' als Wanderschauspieler hat Anzengruber das Volkstheater genauer kennengelernt. Aus der Gruppe der äußerst produktiven Erfolgsautoren Bäuerle, Gleich und Meisl, auf die allein zwischen 1804 und 1835 mehr als 30.000 (!) Spielabende entfielen[35], wirkt sich vor allem die aufklärerische, volkserziehende Tendenz, die sich in den Besserungsstücken Gleichs findet, auf Anzengruber aus. Die Entwicklungslinie führt aber noch über Raimund und Nestroy. Durch Ferdinand Raimund, der durch eine Symbiose von Feenwelt, burlesken Szenen und moralischer Erziehung Einsicht und Besserung erreichen will, wird mit hoher Sprachkultur eine im Grundsatz als „stabil aufgefaßte Welt und Gesellschaftsordnung"[36] vorgeführt, in der Komik nicht Widersprüche entlarvt, sondern eher verdeckt, indem sie humorvoll versöhnt. Mit den Idealen Zufriedenheit und Entsagung kann somit durch eine schmerzfreie Resignation das Schicksal akzeptiert werden – als Paradigma kann Valentins berühmtes ‚Hobellied' aus Raimunds *Verschwender* dienen. Diese ‚stabile Ordnung' wird dann allerdings durch Nestroy in Frage gestellt; er entwickelt Ansätze Meisls zur Parodie der Zauberwelt weiter und dehnt sie auch auf ironische oder satirische Bloßstellungen vermeintlich gutbürgerlicher Urteile und Vorurteile aus, wobei aber das (klein)bürgerliche Selbstbewußtsein vor allem gegenüber dem Adel, den arrivierten ‚Reichen' und ‚Herrschenden', stets ein hohes Gut bleibt – besser gesagt: zu einem hohen Gut erhoben wird, wie es in seinem Drama *Der Unbedeutende* besonders augenfällig an der Figur Peter Span demonstriert wird. Anzengruber wird diese Linie dann erweitern, indem er nun auch dem Kleinbürger, dem Handwerker – hier: am Beispiel Schalanters – diesen Nimbus nimmt und Elemente der Niedertracht und der Unmoral in allen Schichten der Gesellschaft wie in einem Brennspiegel auffängt. Anzengruber, der sich ja selbst in die Linie des Volkstheaters stellt, läßt an einigen Stellen deutliche (Motiv-) Anklänge an seine beiden großen Vor-

---

Herrn Biz und Anzengrubers Hutterer bezüglich der fragwürdigen bürgerlichen Doppelmoral bezieht sich allerdings erst auf eine später erfolgte Publikation Schlögels (*Wienerisches.[...]*Wien-Pest-Leipzig 1883); vgl. Rossbacher (wie Anm. 29), S. 298.

34 Vgl. ebda, S. 298f.

35 Vgl. Jürgen Hein, *Das Wiener Volkstheater. Raimund und Nestroy*. Darmstadt 1978, S. 22.

36 Walter Dietze, *Tradition und Ursprünglichkeit in den „Besserungsstücken" des Wiener Volkstheaters*. In: Weimarer Beiträge 12, 1966, S. 569.

gänger erkennen, so z.B. an Nestroys *Talisman*, wenn er Hutterer sagen läßt: „Was weiß ich, wie zwei Geschöpf von so ein himmelweiten Abstand auf die Lieb verfallen, wo sich das eine aufdrängen und das andere wegwerfen muß?!" (I,4, S. 155 [R, S.13])[37] - vgl. *Talisman* I,2, wo „Seppel (ein sehr häßlicher Bursch)" in seiner Überheblichkeit vom Autor ironisch bloßgestellt wird , wenn er sich von Salome Pockerl abzugrenzen versucht mit den Worten „Is auch wahr, man muß sich nit wegwerfen"[38] – die Differenz besteht darin, daß bei Nestroy sofort ein Bloßstellung der Arroganz erkennbar ist, wogegen bei Hutterer ‚gesellschaftlicher Anspruch' zementiert werden soll, der dann letztendlich zur Katastrophe führt.

In III,1 des *Vierten Gebotes* wirkt der stark alkoholisierte Johann wie ein Motivnachfahr von Nestroys Knieriem („Wann ich mir meinen Verdruß nit versaufet, ich müßt' mich grad aus Verzweiflung dem Trunk ergeben" I,6)[39] aus seinem *Lumpazivagabundus*, wenn er "(mit hochgerötetem Gesichte, in der linken Hand ein Sacktuch, (...) sich mit der Rechten die Halsbinde [lockert]" und dabei sagt: "Ich darf in kein Wirtshaus mehr gehen – nein – der Schmerz in einem trinkt mit und dann wird's zu viel"(S. 209 [R, S. 59]); oder, um mit einer weiteren Motivparallele zu schließen, wenn Hutterers Haar in wenigen Wochen (Abstand zwischen 3. und 4. Akt) laut Regieanweisung "ergraut" ist (vgl. IV,3, S. 228 [R, S. 75]), dann schimmert hier die Parallele zu dem berühmten Umschlag der Fortune des Fortunatus Wurzel in Raimunds *Bauer als Millionär* durch, nachdem sich die Allegorie der Jugend von im verabschiedet und das Alter sich ihm aufgedrängt hat (vgl. dort II,7)[40] – mit dem Unterschied, daß hier kein allegorisches Geschehen, gesteuert durch die Macht des Feenreichs, stattfindet, sondern daß eine bittere Erkenntnis aus der Anmaßung großbürgerlicher Verheiratungsstrategie ihren metaphorischen Ausdruck findet[41].

---

[37] Den jeweiligen Seitennachweisen nach *Anzengruber SW 5* (vgl. Anm. 19) folgen, um die Handhabung zu erleichtern, der Nachweis der Seitenangabe in der Reclam-Ausgabe, ohne allerdings dabei auf geringe Differenzen (– in diesem Falle wären es zwei Auslassungszeichen und die Vertauschung der Schlußzeichen -) hinzuweisen.

[38] Johann Nestroy, *Sämtliche Werke*. Historisch-Kritische Ausgabe von Jürgen Hein (u.a.). Bd. 17/1: *Der Talisman*. Hg. v. Jürgen Hein und Peter Haida. Wien 1993, S. 8.

[39] Johann Nestroy, *Sämtliche Werke*. Historisch-Kritische Ausgabe von Jürgen Hein (u.a.). Bd 5: *Der Feenball. Der böse Geist Lumpazivagabundus*. Hg. v. Friedrich Walla. Wien 1993, S. 148.

[40] Ferdinand Raimund, *Sämtliche Werke*. Nach dem Text der von Fritz Brukner und Eduard Castle besorgten Gesamtausgabe herausgegeben und mit einem Nachwort versehen von Friedrich Schreyvogl. München 1966, S. 176.

[41] Elisabeth Frenzel stellt Hutterer zu Recht in die Traditionslinie des ‚polternden Alten', der am Ende „traditionsgemäß in den reuigen Jammer der >zärtlichen< Väter" einmündet (E. Frenzel, *Der Haustyrann und seine Opponenten: Wandlung von Rollenbildern zwischen Hebbel und Gerhart Hauptmann*. In: *Familienbindung als Schicksal. Wandlungen eines Motivbereichs in der neueren Literatur*. Hrsg. von Theodor Wolpers, Göttingen 1966, S. 99-122, hier S. 112.

Das ,Besserungsstück' hat bei Raimund noch den hohen moralischen Anspruch der positiven beispielhaften Didaxe – auch bei Nestroy gibt es (meist)
den ,glücklichen' Ausgang, doch ist der bei ihm so märchenhaft, so happy-end-
selig, daß die nicht ganz so naive Publikumsschicht die Doppelbödigkeit spürt
und in gewisser Weise eine subversive Bloßstellung der Wunschträume und damit eine trivial verhüllte Kritik an gesellschaftlichen Zuständen ablesen kann.
Bei Anzengruber fällt diese Hülle nun weg – er legt, differenzierend, eine radi-
kale Zeichnung einer verlogenen, verkommenen, inhumanen Gesellschaft vor –
und zwar quer durch die Schichten. Damit ist die Position erreicht, die Fontane
in seiner Theaterkritik über die Aufführung des *vierten Gebots* angesprochen
hat: „Die Vornehmheit hat ihre Tage gehabt; heute geht ein demokratischer Zug
auch durch die Kunst."

Daß sich dennoch im Stück stimmungshaft-volkstümliche Elemente und sehr
zeitgebundene sprach- und handlungsbezogene Klischees finden, die teilweise
bis über die Grenzlinie des – für unser heutiges Empfinden – Kitsches gehen, sei
nicht bestritten. Um diese ,Schwachstellen' gleich anzusprechen, möchte ich auf
folgende Szenen hinweisen:

Frey charakterisiert den ,Rivalen' Stolzenthaler in I,7 auf eine sehr hölzern-
moralisch penetrante Art: „ich werde Ihnen denselben schildern, [...] Es ist dies
ein Mensch ohne alle Bildung, ohne jede bessere Anlage; seinem Vater rühmt
man wenigstens Tätigkeit nach, der Junge aber rührt keine Hand und läßt andere
für sich arbeiten, er hat sich nur die Aufgabe gestellt, das Leben zu genießen,
und wenn Sie erst wissen, was ihm Genuß ist, dann können Sie nur mehr e i n
Gefühl für ihn haben, das des Ekels!" (S. 162 [R, S. 19f.]; auch sein Lösungs-
vorschlag in der fast ausweglosen Situation ist klischeehaft: „laufen Sie mit mir
in die weite Welt!" (S.163 [R, S. 20]).

In ihrer Überdeutlichkeit wirkt die Stelle, wo bei der Feier nach der Muste-
rung Martins Glas beim Anstoßen in Scherben bricht, als metaphorisch-pene-
tranter Hinweis (vgl. I, 16, S.183 [R, S.36]), unterstrichen zudem noch durch die
sich anschließende Regieanweisung (vgl. S. 183 [R, S. 37]); auch die Firma-
ment-Symbolik in der Regieanweisung vor III,5 (S. 220 [R, S. 68]): „Über dem
Ganzen leuchtet ein klarer, lichter Sternenhimmel", die kurz darauf noch weiter
ausgebaut wird als Zeichen des soeben eingetretenen Todes von Frey (S. 224 [R,
S. 71]): „Wie die Bahre verschwindet [...], schießt eine leuchtende Sternschnup-
pe über den Nachthimmel" hätte der Autor nach unserem Empfinden ebenso wie
das ,Armesünderglöcklein', das vor dem Fallen des Vorhangs ertönt (vgl. S. 236
[R, S.81]) , dem Leser oder Zuschauer ersparen können.

Hedwigs Ansprache an ihr Kind (II,10, S. 204 [R, S. 54 f.]) wirkt zumindest
teilweise so, als müsse das Mutterleid rationalistisch erzeugt werden: „Ah, ar-
mes Ding, mir läuft ein Schauer über den Rücken bei dem Gedanken, daß ich
dich geboren habe. Etwas, nur bestimmt, zu liegen die Tage und Nächte, zu leiden, zu wimmern und zu sterben, ohne gelebt zu haben! (...)"

Ein nicht ganz einsichtiges Spannungsverhältnis besteht zwischen dem Bericht Vater Schöns in I,2 (S. 151f. [R, S. 10f.]), wenn er gegenüber Hutterer erklärt, warum sein Sohn Geistlicher geworden ist: „Teuxel hnein, ich hab ihm freilich alls vorgstellt – was das für ein schwerer Stand wär – aber wie ich gsehn hab, er weiß's ehnder und besser noch wie ich, da hab ich gsagt: "Bisher war's mein Sach, jetzt ist's die deine, tu, wie d' glaubst"", und Eduards Suada, mit der er seinen Eltern in IV,1 (S. 226 [R, S. 73]) erklärt, warum er der Hedwig den falschen Rat gegeben hat („ich war gewohnt, euch immer zu gehorchen, geschah es nun, um euch eine Freude zu machen, oder weil ich ganz gut einsah, daß es zu meinem besten war"). So ganz der bedingungslos folgsame Junge kann er nicht gewesen sein. Und die Kitschgrenze ist sicherlich überschritten, wenn – wie in einem Nachklang zu Adolf Bäuerles ‚rührenden Elementen', mit denen er das Zauberspiel zu einem ‚höheren Lustspiel' führen wollte, - Eduard in diesem Zusammenhang in superlativischen Adjektiven schwelgt (IV,1, S. 226 [R, S.73]): „Ihr wart die sorglichsten Pfleger meiner Kindheit, die treuesten Berater des heranwachsenden jungen Mannes und jetzt, nachdem wir Jahre mit gleichem Herzschlag durchlebt und uns alle kleinsten und größten Erinnerungen gemeinsam verbinden, jetzt seid ihr meine ehrlichsten, meine trautesten, meine besten Freunde. Gott erhalte euch mir, treue Elternherzen!" Doch diese ‚schlimme' Stelle wird mit einem bewundernswerten Gespür für ‚Notlösungen' humorvoll im Sinne der Wiener Volkskomödie entschärft, wenn Vater Schön, an seine Frau gerichtet, sagt: „Du, hörst, Alte? Der Bub wird a bissel weinen, wenn wir sterben", und Anna darauf antwortet: „So sterbn wir halt net" (S. 226 [R, S. 73]). Vielleicht liegt aber auch gerade in dieser sprachlichen Schwachstelle Eduards ein Fingerzeig für die Interpretation, die die Figur Eduard eventuell in ihrer scheinbar überlegenen Position in Frage stellt.

Formale Strukturen

Zum Problem der interpretatorischen Wertung der Figuren können erst die dramatischen Beziehungen, wie sie sich im Personengefüge zeigen, genauere Auskunft geben. Zuerst einmal soll das Grobraster der Bezüge angedeutet werden:
Drei Familien werden über die einzelnen Familienmitglieder miteinander in Beziehung gesetzt, die in einem Querschnitt durch die bürgerliche Sphäre des letzten Drittels des 19. Jahrhunderts die soziale Schichtung wiederspiegelt: Das angestellte, fleißige Gärtnerehepaar Schön mit dem Sohn Eduard, das wohlhabende Hausbesitzerehepaar Hutterer mit der Tochter Hedwig und das heruntergekommene Drechslermeisterehepaar Schalanter mit den Kindern Martin und Josepha (Pepi). Den Töchtern wird jeweils ein moralisch positiv gezeichneter Liebhaber – Frey und Johann - zugeordnet, die aber beide mit ihrer Werbung scheitern, während die moralisch negativ gezeichneten Figuren, der reiche Stolzenthaler und die Wiener Früchtln, die aus finanziellen Erwägungen durch die Eltern der Töchter begünstigt werden, skrupellos ihre Chancen ausnutzen und

letztlich beide junge Frauen ins Unglück stürzen. Eine innere Verklammerung wird dadurch geleistet, daß der vom reichen Hutterer abgewiesene Klavierlehrer Frey[42] ab dem zweiten Akt zum militärischen Vorgesetzten des jähzornigen Schalanter-Sohns Martin wird, der mit Hilfe seines Vaters eine Rache-Intrige gegen seinen Vorgesetzten inszeniert. Mit dieser Intrige wird nicht nur die Ehe Hedwigs mit Stolzenthaler, die für sie ohnehin schon ein Leidensweg ist, zum Scheitern gebracht, in der Konfrontation der Familie Schalanter mit Frey wird auch die Ritterlichkeit Freys der Niedertracht der Schalanters gegenübergestellt, eine Niedertracht, die sich bis zum Mord an Frey durch Martin steigert.

Zu diesem ganzen komplexen Bezugsfeld zwischen den beiden Familien mit den zwei Töchtern, die wiederum von zwei ehrbaren Liebhabern umworben, aber aus opportunistischen Gründen von einem unwürdigen arroganten Lebemann und einer liederlichen Gruppe ,entehrt' werden, gesellt sich ein „geistlicher" Konflikt, der schon zu Anfang des Dramas in Eduards Gebot gegenüber Hedwig angelegt ist, dem Vater Hutterer blindlings zu gehorchen und alles andere Gott zu überlassen (vgl. Schluß von I,9); am Ende des Dramas gipfelt diese ,geistliche Bevormundung'in Eduards Versuch, Martin vor seiner Hinrichtung durch den Hinweis auf das vierte Gebot noch zu einem Gespräch mit seinen Eltern zu bewegen: In beiden Fällen ist der geistliche Rat fehl am Platz, in beiden Fällen ist nicht der Geistliche der akzeptable Moral-Lehrer, sondern ihm wird in beiden Fällen eine bittere Belehrung zuteil.

Eine im bürgerlichen Sinn vorbildlich-belehrende und moralisch integere Position kommt der Großmutter Herwig zu. Obwohl ihr im ganzen Drama nur zwei Auftritte zugewiesen werden und obwohl diese Auftritte nicht zur dramatischen Handlungsentfaltung beitragen, stellen sie Schlüsselszenen für ein adäquates Verständnis des Dramas dar: Mit ihrer Mahnung, den Stolz fahren zu lassen und „gescheit" zu sein (I, 15) spricht sie eine pädagogische Forderung aus, deren Tendenz auf alle Beteiligten ausstrahlen müßte – und in der Schlußszene bringt ihr Auftritt vor der Hinrichtung Martins einen Schimmer von menschlicher Güte und christlicher Vergebung in die bedrückend-brutale Bühnengegenwart. Damit wird sie – losgelöst von allem dramatischen Geschehen – zum Symbol einer weisen, „g'scheiten" Humanitas.

Ein Konfigurationsschema[43], das die enge künstlerische Verzahnung verdeutlichen soll, kann wie folgt dargestellt werden:

---

[42] Elisabeth Frenzel (wie Anm. 41) verweist auf die Motivtradition des ,mittellosen Künstlers': „Hutterers ärgerlicher Ausruf ,Unglückseligs Klavierspiel, wem das a von uns zwa eing'fallen is?' " verweist deutlich auf Ferdinands Ausruf in *Kabale und Liebe* „Unglückseliges Flötenspiel, das mir nie hätte einfallen sollen"; vgl. Frenzel, S. 112.

[43] Karl Konrad Polheim hat in einer Vielzahl von Arbeiten auf die Bedeutung der Konfiguration für die künstlerische Gestaltung hingewiesen. Um Wiederholungen zu vermeiden, möchte ich auf die Ausführungen von Jens Stüben in diesem Band verweisen: Jens Stüben, *Die Konfiguration in Goethes ,Egmont'*.

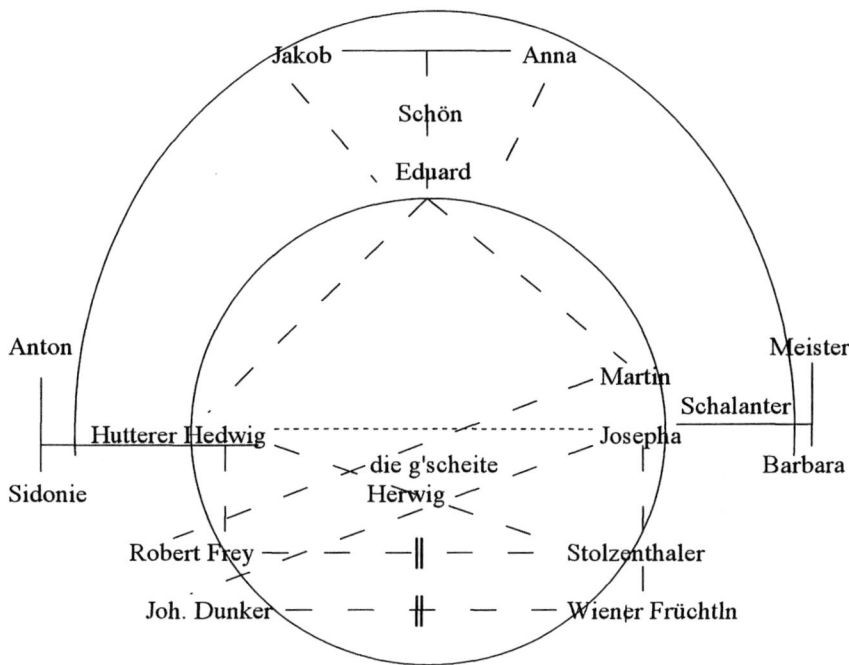

Die Hausmeisterfamilie Schön ist – zumindest vordergründig – sympatisch gezeichnet, weil in ihr die Vorzüge kleinbürgerlicher Vorsorge sowohl in pädagogischer als auch in materieller Hinsicht erkennbar werden: Die Eltern lieben den Sohn, der Sohn die Eltern, die Eltern haben das Kind gefördert, damit es ihm einmal besser gehe; der Sohn ist dafür dankbar - in sich gesehen: ein trautes kleinbürgerliches Familienidyll. Allerdings gibt es deutliche Warnzeichen, die sich in einer penetrant-religiösen Stilisierung des Sohnes, vor allem bei dessen Mutter, zeigen, wenn sie nicht müde wird, stolz von ihrem Sohn als dem „geistlichen Herrn" zu reden. Das kann letztlich nicht die Quintessenz der Lehre des verstorbenen Großvaters sein, der von den folgenden Generationen erwartete, daß sie sich gesellschaftlich immer ein Stückchen weiter entwickeln. Verbalisiert wird diese Position auch, wenn auch leicht verschleiernd, durch den Vater Schön, wenn er bedauert, daß sein Sohn später nicht eigenen Kindern diesen Auftrag vermitteln kann[44].

---

[44] Undifferenziert-positiv wertet dagegen Schmidt-Dengler die Zeichnung des Ehepaars Schön, „dessen Sohn Eduard zur Freude der Eltern den damals für den Aufsteiger vorgezeichneten Weg wählt: er wird Priester." (Wendelin Schmidt-Dengler, Ludwig Anzengruber. In: Deutsche Dichter. Bd. 6: Realismus, Naturalismus und Jugendstil. Stuttgart 1989, S. 228-237, hier: S. 233.)

Die Familie Hutterer, bei der die Schöns angestellt sind, hat es finanziell zu
etwas gebracht: Er wird als Privatier und Hausbesitzer vorgestellt – die Familie
sorgt für die musiche Ausbildung der Tochter – der Vater sieht das Glück seiner Tochter verankert in einer reichen ‚Versorgung': mit der Heirat soll sie „die
reichste Frau am Grund" (I,6, S. 159 [R, S. 17]) und so vor der Hochzeit mit einem „Hungerleider" (I,4, S. 155 [R, S. 13]) bewahrt werden. Wörtlich macht er
sich den Gedanken der Familie Schön zu eigen, daß es die Kinder immer etwas
weiter bringen sollten als ihre Eltern – da sich damit gleichzeitig eine Degradie-
rung der ‚brotlosen' Musik verbindet, wird dieser Aufstiegsgedanke geradezu
pervertiert und entlarvt als nützliches kapitalistisches Argumentationsmäntel-
chen. Selbst den Geistlichen sieht Hutterer unter Nützlichkeitsaspekten: „man
braucht s' schon manchmal, ich werd'n selber ersuchen, daß er unser Hedwig
kopuliert" (I, 2, S. 152 [S. 11]). Diese ‚Nützlichkeitsbewertung' erreicht ihren
Gipfel, wenn er von Eduard in Bezug auf die geplante Verheiratung der Tochter
Hedwig fordert „Bitte, klären Sie meine Tochter auf über die Pflichten, die ein
Kind gegen seine Eltern hat!"; nach Eduards Antwort „Gehorchen und das
Glück Gott anheimstellen!" sieht Anton Hutterer sein Ziel mit Hilfe des Geistli-
chen erreicht: „So ist's! Sie sind mein Mann!" (I,9, S. 165 [S. 22]).

Die Familie Schalanter zeigt auf der sozialen Ebene die Kehrseite der grün-
derzeitlichen Aufstiegseuphorie: Obwohl Handwerksmeister und Geschäftsin-
haber, gehört der "Meister", der bezeichnenderweise als Einziger vornamenlos
bleibt, mit seiner Familie zu den ‚Verlierern' im sozialen Bereich. Allerdings
zeigt Anzengruber das nicht anhand wirtschaftlicher Zwangsläufigkeiten im Zuge der Industrialisierung, wie es dann im Naturalismus etwa Max Kretzer– ebenfalls am Beispiel eines Drechslermeisters - mit seinem Roman *Meister Timpe*
(1888) tut, sondern er fixiert die Gründe für den sozialen Abstieg ganz im privaten Bereich der Eltern: arbeitsscheu, großspurig und trunksüchtig der Vater, lüstern und kupplerisch die Mutter – das muß für die beiden Kinder negative Auswirkungen haben: prägnant bringt die alte Herwig das auf eine Kurzformel: „ös
all zwei seids aufzogn wordn, (*deutet auf Josepha*) du als die Schönste (*auf
Martin weisend*) und der als der Gscheiteste! So is mit eng a Stolz herangewach-
sen, der gefährlichste, der, der selber nit weiß, auf was und warum." (I,15, S.
179 [R, S. 33f.]).

Die Kinder der drei Elternpaare werden damit zu Exponenten ihrer Familien
– die Tochter Hedwig Hutterer bricht physisch und psychisch am Ende zusammen, Martin Schalanter erkennt, daß er „Schimpf und Schand über dös weiße
Haar bracht" hat (IV,5, S. 234 [R: S. 80]) und wird als Mörder hingerichtet, Jo-
sepha/Pepi sinkt auf die Stufe der Prostituierten herab, für die selbst ein Altge-
selle nach eigener Einschätzung zu gut ist – ergreifend ist ihre realistisch-resig-
native Aussage in II,3 (S. 214 [R: S. 63]) „Wann S' aber amal hörn, daß ich
gstorbn bin, dann kommen S' zu meiner Leich, - gwiß – damit doch e i n ehrli-
cher Mensch dabei is, 's andere wird eh lauter Glumpert sein". Auch Eduard erkennt, daß er vorschnellen Rat erteilt und damit Leid heraufbeschworen hat: „O,
ich weiß es heute nur zu gut. Ich hätte mich erst ganz genau mit den Verhältnis-

sen vertraut machen sollen und dann wäre es am Platze gewesen, ohne der Neigung des Mädchens irgendwie das Wort zu reden, dem Vater Hedwigs die geplante Verbindung auf das eindringlichste abzuraten" (IV,1, S. 225f. [R: S. 72]).
„Ohne der Neigung des Mädchens das Wort zu reden" – um wie viel natürlicher
und damit menschlicher läßt der Autor den alkoholisierten Johann in III,3 (S.
213 [R: S. 62]) sprechen: „es müßt gar nit sein, wann man den natürlichen Dingen ihren Verlauf ... wann man den Dingen ihren natürlichen Verlauf lassen hätt.
Ah, Ihre Leut können's nit verantworten!" Dazu paßt genau, daß Eduard in seinem Schlußwort Martin in der Todeszelle „*(im Tone versöhnlicher Einrede)*"
auffordert: „Denk an das vierte Gebot!"(IV,5, S. 235 [R: S. 80]): offensichtlich
hat seine Erkenntnis, die er in IV,1 geäußert hat, keine echten Konsequenzen, so
daß Martin *ihm* eine Lehre mitgibt: „Wenn du in der Schul den Kindern lernst:
‚Ehret Vater und Mutter!', so sag's auch von der Kanzel den Eltern, daß s' darnach sein sollen." (IV,5, S. 235 [R: S. 80]). Und schon vorher weist Hedwig
Eduards fromm-konventionellen Spruch „Gott, der so schwere Prüfungen über
Sie verhängte, wird Ihnen auch die Kraft verleihen, dieselben zu ertragen" mit
leidgeschwächter Stimme, aber damit um so eindrucksvoller, entschieden zurück: „Keine Phrasen, Hochwürden" (IV,3, S. 229 [R: S. 75]). Von der Figuration her gesehen ergibt sich damit in den Kindern Hedwig – Eduard – Martin ein
Dreieck, das eine bittere Erkenntnis vermittelt: alle drei sind gescheitert, Hedwig
durch die auch von Eduard nahegelegte Befolgung des vierten Gebots, die sie in
die Katastrophe geführt hat, Martin durch eine Form von unbegründetem Stolz,
der vom Vater geschürt wurde, und Eduard duch eine geistliche Anmaßung, die
weder der Not der einen noch der des anderen – selbst nicht in seiner Todesstunde – echten Beistand gewähren kann.

Damit werden alle drei Elternpaare im Resultat der Erziehung ihrer Kindern
mehr oder weniger deutlich negativ strukturiert. Merkwürdigerweise ist es nicht
ein Vertreter der jungen Generation[45] – selbst nicht Frey, dessen Name diese
Rolle eigentlich nahelegt, - sondern es ist die Älteste der dramatischen Figuren,
die schonungslos das Fehlverhalten in Worte faßt, gleichsam als sollte damit
eine altbewährte, dauerhafte Wahrheit ausgesprochen werden: Bei nur zwei Auftritten im ganzen Stück, die allerdings eine zentrale Bedeutung besitzen, bezeichnet sie gegen Ende des I. Akts, in I,15, in aufklärerischer Sicherheit die
‚Ursünde', die jeweils zu den Mißständen geführt hat: es ist der Stolz. Wenn ihre Rede auch vordergründig auf Josepha und Martin bezogen ist, so ist die Analyse doch auf alle drei Familien cum grano salis zu übertragen.

---

[45]   Dagegen baut etwa Gerhart Hauptmann seinen jungen Protagonisten Alfred Loth im
       Drama *Vor Sonnenaufgang* quasi als Vermittler zukunftsweisender Ideen im Sinne einer
       „progressiven Utopie" auf, wie sie ideell von Wilhelm Bölsche entwickelt wird; vgl. da-
       zu Heinz-Peter Niewerth, Die schlesische Kohle und das naturalistische Drama: Gerhart
       Hauptmanns *Vor Sonnenaufgang* – Ideologie, Konfiguration und Ideologiekritik. In: Karl
       Konrad Polheim (Hrsg.), Die dramatische Konfiguration, Paderborn-München-Wien-Zü-
       rich 1997, S. 236.

Dieser Stolz als Grundlage der Abkehr vom Ideal des aufgeklärten Menschen und der aufgeklärten Gesellschaft zeigt sich – und damit gehen wir über den engeren Bereich der Familienkonstellation hinaus - auch äußerlich deutlich im symbolhaften Namen „Stolzenthaler", dem Galan der Josepha, dem arrogant-eingebildeten Ehemann der Hedwig. In Freys Charakterisierung in I,7 („läßt andere für sich arbeiten, er hat sich nur die Aufgabe gestellt, das Leben zu genießen", S. 162, [R: S. 20]) wird die verantwortungsbewußte Gegenposition aufgebaut – von der Figur, die in allem das Gegenteil des Lebemannes darstellt; damit wird in der Figur des Klavierlehrers Frey auch der pädagogische Impetus der aufklärerischen Volksstücktradition besonders hervorgehoben. Für die Handlungsentwicklung und den Spannungsaufbau ist dagegen die Figur Stolzenthaler, obwohl sie nur einmal im ersten und nur dreimal im zweiten Akt (von insgesamt 27 Szenen) direkt auftritt und die dann im dritten und vierten Akt nur noch in zwei Szenen erwähnt wird, von großer Bedeutung – durch Stolzenthalers ‚Kopulierungsplan' (vgl. Hutterer in I,2, S. 152 [R: S. 11]) mit Hedwig werden gleich drei Spannungsdreiecke erkennbar: a) seine Abgrenzung zu dem ihm moralisch überlegenen Frey und dessen untadeliger Liebe zu Hedwig, b) seine amoralische Einstellung gegenüber seiner Geliebten Josepha in Relation zu seiner Braut Hedwig, c) seine Katalysatorfunktion in Hinblick auf den Mord an Frey durch Martin Schalanter.

So wie die Liebe Freys zu Hedwig unter diesen Umständen zerbrechen muß, so zerbricht auch die Liebe des Gesellen Johann Dunker zu Josepha, die zum 'Objekt' der 'Wiener Früchtln' herabsinkt (Dreieck Dunker – Josepha – Wiener Früchtln), damit zeigt sich gleichzeitig eine soziologische Abstufung des Problems: so wie einerseits im einfachen Gesellen Dunker mit seiner moralisch positiven ‚natürlichen' Liebe zu Pepi/Josepha ein Reflex auf die Liebe Freys zu Hedwig zu sehen ist[46], so wird andererseits in der gesellschaftlich negativen Zeichnung des Verhältnisses der Wiener Früchtln zu Pepi/Josepha auch über die Figur Stolzenthaler und die Eltern Schalanter durch den resignierenden Johann Dunker ein moralisches Urteil gesprochen: „Und das Madl habn s' mir verschandiern müssen!" (S. 214 [R: S. 63]).

Hedwig stellt sich am Ende als "Verkaufte" mit Josepha gleich, es ist einsichtig, daß sie für den klischeehaften religiösen Trost nicht erreichbar ist: So wie ihre Eltern sie in die Katastrophe gestoßen haben, so sind Martin und Pepi durch ihre Eltern in den Untergang gedrängt worden. Für einen konventionellen religiösen Trost sind alle nicht mehr erreichbar.

Unberührt von all den Wirren, aber dennoch an ihnen leidend, steht die "Alte", Herwig, am Ende als die "G'scheite", die in ihrem großen Auftritt I, 15, den unbegründeten Stolz anprangert und achtmal vergeblich die Aufforderung zum Gescheit-sein bzw. Gescheit-werden ausgesprochen hat: Sie, die sich von Martin „mit *d ö* Händ" nicht anrühren läßt (IV,5, S. 234 [R: S. 79]), fühlt sich gedrängt,

---

[46] Dunker: „[...] wann man den Dingen ihren natürlichen Verlauf lassen hätt'. Ah, Ihre Leut' können's nit verantworten!" (S. 213 [R: S. 62]).

ihm zu sagen: „Der Gang is mir recht hart wordn [...], aber sehn hab ich dich doch müssen"[47]. Und, abgesehen vom letzten gemeinsamen Wort "Amen", wird es ihr zugewiesen, den Schlußsatz zu sprechen: „Verzeih dir Gott, wie ich dir verzeih – und die Welt, wie dir Gott verzeihen wird" (S. 236 [R: S. 81])[48]. Deutlicher kann ihre Kompetenz kaum hervorgehoben werden, wenn man an den Gegensatz zum Gespräch zwischen Eduard und Martin denkt, in dem Eduard den zum Tode verurteilten ermahnt: „Martin, wenn du deine Eltern doch noch sehen wolltest – M a r t i n: Nein! Sie habn mir nichts zu verzeihen und ich ihnen nichts abzubitten" (S. 235 [R: S. 80]). Die Großmutter ist es, die die Worte der Menschlichkeit und der persönlichen Vergebung spricht, sie – und nicht der Priester – öffnet dem Verurteilten die priesterliche Perspektive auf eine Vergebung durch Gott und die Welt.

Fazit

Anzengruber steht biographisch, als ehemaliger Schauspieler, und literarisch, als Autor eines auf Erziehung hin angelegten Dramas, in der Entwicklungslinie des Altwiener Volkstheaters, das er in einer radikal-desillusionierenden Weise durch die Infragestellung tradierter Werte-Klischees weiterentwickelt. Daß er damit auch gegen konfessionelle Tabus verstößt, zeigt die Reaktion der Zensur. Von dieser Warte aus gewinnt die Antwort des Zensors im *"Extrablatt"* entlarvende Bedeutung, wenn er sich mit den Worten verteidigt: "es bleibe die einzige vernünftige Person im Stücke die Großmutter, die denn auch wirklich von ihren Enkeln geehrte werde; aber das vierte Gebot laute doch nicht: Ehre deine Großmutter!" (s. vorn, Zitat zu Anm.25).

In der Entwicklungslinie des Volkstheaters ist als Erweiterung bzw. Weiterentwicklung anzusehen, daß Anzengruber in einer formal hochartifiziellen Gestaltung, die durch verdeckte Symmetrien in der Konfiguration geprägt ist, nicht nur den arrivierten Mittelstand, den Gewinner der Gründerzeit, kritisch unter moralischen und entlarvend unter kapitalistischen Gesichtspunkten vorführt, sondern den Bogen weiter spannt bis zur abgesunkenen Schicht der ‚bürgerlichen Verlierer', die gegenüber den Forderungen an eine aufgeklärte, verantwortungsbereite Gesellschaft versagt. Bis zur kausal-deterministischen Begründung des Versagens, wie es im Naturalismus bei Max Kretzer oder auch bei Gerhart

---

[47] In der Reclam-Ausgabe, die den Text nach der Edition von Castle (vgl. Anm. 11) bietet, findet sich eine interpretatorisch bedeutsame Variante: „aber seg'n hab' i di do müssen" [R: S. 79].

[48] Damit bestätigt sich auch eine Schlußfolgerung, die Ulrike Tanzer in Ihrem Aufsatz *Anticlericalism in Literary Journalism of the Liberal Era: Ferdinand Kürnberger, Friedrich Schlögl, Daniel Spitzer an Ludwig Anzengruber* in: *Ritchie Robertson [Hrsg.], Catholicism an Austrian culture, Edinburgh 1999, p. 65-78*, zieht: Anzengruber „does not speak out against the Christian religion as such, but ruthlessly publicises and criticises the abuse of religion for temporal power-politics" (p. 76).

Hauptmann erfolgen wird, geht Anzengruber jedoch noch nicht[49]. Sein im *Vierten Gebot* gepredigtes Ideal ist auf Vernunft und Verantwortungsbewußtsein gegründet, wie es – ohnmächtig – in der Figur Frey und – mit einigen Aspekten der Rührstück-Dramatik ‚herzergreifend' – in der alten Herwig vorgestellt wird: nicht von der Gesellschaft aus, sondern im Sinne der Aufklärung ganz aus der Verantwortung des Individuums sollen ‚G'scheitsein' und Abkehr von falschem Stolz erwachsen, ein Stolz, der – bei Hutterer – die Hedwig zur „reichste[n] Frau am Grund" (I,6, S. 159 [R: S. 17]) machen will, bei den Schalanters die Pepi „als die Schönste" und Martin als den Gescheitesten (I, 15, S. 179 [R: S. 34])) sieht und Eduard zum unfehlbaren „hochwürdigen Herrn" (IV,1, S. 225 [R: S. 72])) stilisiert. Damit geht der erzieherische Anspruch des Dramas deutlich über die von der Zensur und von Anzengrubers Zeitgenossen als provokativ empfundenen Kritik am vierten Gebot hinaus. Insofern greift auch Schmidt-Denglers Deutung etwas zu kurz, wenn er die von Martin an Eduard gerichtete Aufforderung, er solle „von der Kanzel den Eltern [predigen], daß s' darnach sein sollen" (IV, 5) als die „Moral" des Stückes bezeichnet[50]. Denn im Zentrum der Didaxe dieses Volksstücks steht die Großmutter – auch wenn ihr Appell Züge der Ohnmacht trägt. Doch nur mit ihrem Ethos der Menschlichkeit und der Anerkennung von moralischen und sittlichen Grenzen für den Einzelnen kann nach Anzengruber eine Versöhnung im gesellschaftlichen Spannungsgefüge erreicht werden: „Verzeih dir Gott, wie ich dir verzeih – und die Welt, wie dir Gott verzeihen wird. [...] Amen!"

---

[49]   Zu einer anderen Festellung gelangt Pamela S. Saur in ihrem Aufsatz *Naturalism versus „Heimatliteratur" in the Drama of Karl Schönherr and Ludwig Anzengruber.In: Modern Austrian Literature. Vol. 29, Numbers 3-4, 1996, p. 110*: "The influence of naturalistic deterministic pseudoscience is seen when the mother says to the sick child, "Man sagte mir, sein Vater habe zu viel gelebt, als daß für das Kind etwas überbliebe". Neben der recht fragwürdigen zeitlichen Beziehung zum Naturalismus scheint mir dieser Satz doch deutlich in der Tradition volkstümlichen Wissens zu stehen. Die geistesgeschichtliche Anbindung Anzengrubers verweist eher auf den Fortschrittspessimismus Schopenhauers, vgl. dazu: *Peter Sprengel, Darwin oder Schopenhauer? Fortschrittspessimismus und Pessimismus-Kritik in der österreichischen Literatur (Anzengruber, Kürnberger, Sacher-Masoch, Hamerling).In: Literarisches Leben in Österreich: 1848-1890. Hrsg. V. Klaus Amann. Wien, Köln u.a. 2000, S. 60 – 93.*

[50]   Vgl. Schmidt-Dengler (wie Anm. 44), S. 234.

Stefan Schröder

„Sie haben sich bemüht, äußerst decent zu bleiben"

Chiffrierte Erotik im Werk Theodor Storms

In seinem Aufsatz zur Erzählung *Waldwinkel* in der *Deutschen Rundschau* im Jahre 1880 würdigt Erich Schmidt die Kunst Theodor Storms in besonderer Weise: „Er kann ein Thema, das eine stark sinnliche Behandlung herauszufordern scheint und welches Franzosen vom Schlage Paul de Kock's oder Barrière's nicht sinnlich, sondern frivol lüstern behandelt haben, mit einer latenten Sinnlichkeit und einer reizvollen mädchenhaften Scham ausstatten, wie es ihm gegenwärtig kaum einer nachthun dürfte"[1]. Hier wird – und nicht zum ersten Mal in dieser Zeit – der bürgerliche Moralkodex zum nationalistischen Antagonismus transformiert: Deutsche Tugend und Gedankentiefe stehen gegen französische Lüsternheit und libidinöse Trivialität[2]. Zwar wird innerhalb einer vom Triebverzicht geprägten bürgerlichen Gesellschaft offenbar der Literatur das Recht auf eine „latente Sinnlichkeit" zugestanden, generell jedoch gilt die antihedonistische, antisinnliche viktorianische Moral, mit der sich das Bürgertum voll identifizierte[3].

Die bürgerliche Sexualmoral des 19. Jahrhunderts ist nur zu verstehen als Bestandteil bürgerlicher Humanität, sie wurde als zivilisatorische Errungenschaft angesehen und war weder bürgerliches Herrschaftsinstrument noch Ausdruck einer dezidiert christlich geprägten Gesellschaft[4]. Sie galt, und hierfür ist Storm ein gutes Beispiel, überkonfessionell und unabhängig vom christlichen Glauben. Storms Weltbild war alles andere als christlich geprägt; dennoch befand er sich, davon zeugen zahlreiche Quellen, im Einklang mit dem konventionellen bürgerlichen Moralkodex. Sein Frauenbild und seine Moralvorstellungen waren weder besonders progressiv noch antiquiert. Vielleicht, denkt man an sein Verhältnis zu Fontane, konnten sie mitunter als etwas provinziell gelten[5]. Einzig

---

[1] Zitiert nach: *Theodor Storm – Erich Schmidt. Briefwechsel.* Kritische Ausgabe. Hrsg. v. Karl Ernst Laage. Berlin 1976. Bd. 2, S. 155.

[2] Vgl. Thomas Nipperdey: . Bd. 1. *Arbeitswelt und Bürgergeist.* München 1998, S. 97f.

[3] Vgl. ebda, S. 95-112.

[4] Ebda, S. 96.

[5] Man denke etwa an die Verstimmung Storms anläßlich anzüglicher Bemerkungen Fontanes im Beisein von Constanze Storm. Für die „unbarmherzigsten Zweideutigkeiten und Nuditäten" entschuldigte sich Fontane umgehend, s. *Theodor Storm – Theodor Fontane. Briefwechsel.* Kritische Ausgabe. Hrsg. v. Jacob Steiner. Berlin 1981, S. 87-90. Vgl. hierzu auch David A. Jackson: *Theodor Storm. Dichter und demokratischer Humanist* (*Husumer Beiträge zur Storm-Forschung*, Bd. 2). Berlin 2001, S. 102 (Original: *The Life and Works of a Democratic Humanitarian.* New York / Oxford 1992).

seine Beziehung zu Doris Jensen läßt diese Fassade brüchig werden. Sein Brief
an Brinkmanns, seine „große Beichte"[6], liefert ein beredtes Zeugnis dieses Konflikts zwischen Leidenschaft und moralischem Anspruch, zwischen privatem
„Liebeskult" und gesellschaftlichem Zwang[7].

Eng verknüpft mit der bürgerlichen Moral des 19. Jhds waren die Ge-
schlechterrollen. Aktiv, gebend das Männliche, passiv, empfangend das Weibliche[8]. Dieses, auf der Sexualmoral aufbauende Geschlechterverhältnis bildet
noch die Grundlage für Otto Weiningers antisemitisch geprägte Kulturtheorie,
die großen Einfluß auf eine gesamte Generation haben sollte. Auch für Storm
hatte die feste Rollenzuweisung Geltung, deutlich, wenn er etwa mit Blick auf
Constanze Esmarch und Dorothea Jensen „von der grenzenlosen Hingebung an
den geliebten Mann" spricht[9]. Ein Beispiel für die männlich dominante Rolle
bietet dagegen Storms Bemerkung über sein frühes Verhältnis zu Dorothea Jensen: „Daß ich damals so verfrüht und gewaltsam meine Hand auf sie gelegt, das
war freilich ein Frevel"[10].

Für den Bereich der fiktionalen Literatur ist der bürgerliche Moralkodex
nicht vollständig zu übernehmen. Die „latente Sinnlichkeit" ist vertretbar und
erwünscht, solange sie sich in moralisch vertretbaren Bahnen bewegt; so lobt E-
rich Schmidt Storms „discrete Verwendung der sinnl. Momente"[11]. Fontane hatte darüber hinaus bereits 1853 festgestellt: „Er [Storm] ist vor allem ein erotischer Dichter und überflügelt auf diesem Gebiete alle neueren deutschen Dichter, die wir kennen"[12]. Was jedoch dem Kollegen Fontane als „Eroticismus" auf-
stieß, dürfte einem Großteil seiner Leser – und Leserinnen, die ihn gern als „hohen Träumer" sahen – verborgen geblieben sein[13]. Dies gehörte offenbar zur poetischen Strategie, was Storms eigene Äußerungen zur Literatur ein ums andere
Mal belegen. In seinem Vorwort zur Anthologie *Deutsche Liebeslieder seit Johann Christian Günther* legt er Wert darauf festzustellen, daß „nackte Leiden-
schaftlichkeiten" ausgeschlossen wurden (4,378). An Klaus Groth bemerkt er zu
dessen Epos *de Heisterkrog*: „Die Schwüle die sich verbreitet ist prächtig [...]
die Zeile wo er sie küßt, ist mir zu äußerlich realistisch sinnlich, nicht innerlich
leidenschaftlich genug"[14]. An einer Novelle Paul Heyses bemängelt Storm:

---

6   *Theodor Storm – Hartmuth und Laura Brinkmann. Briefwechsel.* Kritische Ausgabe.
    Hrsg. v. August Stahl. Berlin 1986, S. 145.
7   Vgl. hierzu Jackson (wie Anm. 5), S. 59-63.
8   Nipperdey (wie Anm. 2), S. 97.
9   Storm an Brinkmanns, *Briefwechsel*, (wie Anm. 6), S. 146.
10 Ebda. S. 151.
11 Brief *Storm – Schmidt, Briefwechsel* (wie Anm. 1), Bd. 1, S. 16.
12 Theodor Fontane: *Werke, Schriften und Briefe*, Abt. 3.: *Aufsätze, Kritiken, Erinnerungen*,
    Bd.1: *Aufsätze und Aufzeichnungen*. München 1969, S. 268.
13 *Theodor Fontane über den "Eroticismus" und die "Husumerei" Storms: Fontanes Brief-
    wechsel mit Hedwig Büchting.* Hrsg. v. Dieter Lohmeier, in: *Schriften der Theodor-
    Storm-Gesellschaft* 39, 1990, S. 26-45.
14 Brief *Theodor Storm – Klaus Groth. Briefwechsel.* Kritische Ausgabe. Hrsg. v. Boy Hin-
    richs. Berlin 1990, S. 72.

„wieder so ein Stoff, wo einem der Moment der körperl<ichen> Hingabe des Weibes so präcis unter die Nase geschoben wird"[15]. Selbstkritisch äußert er sich zu einigen seiner Werke: Wulfhild in *Ein Fest auf Haderslevhuus* sei ihm in der Erstausgabe „etwas zu sinnlich geraten"[16], auch zu *Aquis Submersus* konzediert er anläßlich einer orthodox-christlichen Kritik, er habe „den Schleier vielleicht eine Linie zu hoch gelüftet"[17]. Andererseits reagiert er auf Paul Heyses Bemerkung zu *Psyche*: „Sie haben sich bemüht, äußerst decent zu bleiben"[18], sehr deutlich: er „habe in dieser Beziehung auch nicht das Leiseste zu unterdrücken gehabt", die Darstellung sei die „selbstverständliche Folge meiner Auffassung des Stoffes"[19].

Storms Darstellung sinnlicher oder erotischer Motive ist also keineswegs auf eine der bürgerlichen Moralzensur geschuldeten Selbstkasteiung zurückzuführen, sondern Ausdruck des eigenen Kunstverständnisses. Dies führt jedoch zur Frage nach der Bedingtheit und der Begrenzung der Autorschaft, die gewollt oder ungewollt an zeitliche Konventionen gebunden ist, was nicht zwangsläufig in eine poststrukturalistische Autornegierung münden muß. Interessanter ist hier das Spannungsfeld von sozialer und literarischer Konvention gegenüber den Möglichkeiten auktorialer Innovation und ihren möglichen Veränderungen im Werk Storms. Daß die Märchen dabei ausgeklammert werden, liegt an den spezifischen Gesetzen der Gattung, die auch ihre Symbolik und deren Analyse betreffen.

Bereits Erich Schmidt hatte in Storms Novellistik die „Kunst des Andeutens und Verschleierns"[20] gerühmt, was in der Storm-Forschung beinahe zu einem Topos wurde. Moderne Ansätze zur Symbolforschung bieten an diesem Punkt neue Möglichkeiten zur Analyse von „Stimmungen" und Allusionen, ohne in hermeneutisch unauslotbare Tiefenassoziationen zu verfallen. Diese entstanden stets beinahe zwangsläufig bei dem Versuch der Rekonstruktion einer Globalversion eines bestimmten Symbols[21]. Erfolgversprechender ist der umgekehrte

---

15 *Theodor Storm – Petersen, Briefwechsel.* Kritische Ausgabe. Hrsg. v. Brian Coghlan. Berlin 1984, S. 86f. Es handelt sich hier um Heyses Novelle *Die Rache der Vizgräfin*, eine harmlose Geschichte aus den „Troubadournovellen" um unerfüllte Minne, Untreue und die Rache der Betrogenen. Im Zentrum steht tatsächlich eine ersehnte Liebesnacht, die dann jedoch anders als erwartet und hinter verschlossenen Türen stattfindet. Vgl. hierzu Storms Brief an Keller vom 23.12. 1880, in dem er noch deutlicher wird: „in dem andern Stück wird der Konflikt auch wiederum mit den Geschlechtsorganen [...] ausgefochten", S.82, in: *Der Briefwechsel zwischen Theodor Storm und Gottfried Keller.* Hrsg. v. Peter Goldammer. Berlin 1960.

16 Storm – Petersen, *Briefwechsel* (wie Anm. 15), S. 168.

17 Storm – Schmidt, *Briefwechsel* (wie Anm. 1), S. 23.

18 *Theodor Strom – Paul Heyse. Briefwechsel.* Kritische Ausgabe. Hrsg. v. Clifford Albrecht Bernd. Berlin 1969, Bd. 1., S.94.

19 Ebda, S.96.

20 Storm – Schmidt, *Briefwechsel* (wie Anm. 1), Bd. 2, S. 154.

21 Axel Drews, Ute Gerhard, Jürgen Link: *Moderne Kollektivsymbolik - Eine diskurstheoretisch orientierte Einführung mit Auswahlbibliographie*, in: *Internationales Archiv für So-*

Weg, ausgehend von der Bedeutungsseite, dem Symbolisat (Todorov). Das im 19. Jhd so sensible und doch attraktive Bedeutungsfeld Sinnlichkeit und Erotik wird, wenn es nicht vollständig der Phantasie des Lesers überlassen bleibt[22], auch bei Storm durch eindeutig bestimmbare Symbolkomplexe vorbereitet und angedeutet. Diese Symbolkomplexe oder –bündel bestehen zum großen Teil aus Kollektivsymbolen, deren Kennzeichen nach Jürgen Link die kollektive Träger-schaft ist[23]. Es handelt sich hierbei also nicht um „spontan-kreative, sondern um kulturell-stereotype Produkte"[24]. Für Link sind besonders die Kollektivsymbole als interdiskursive Vermittlungsinstanzen zur „Wissensintegration in modernen funktionsteiligen Gesellschaften" wichtig[25]. Hingegen sind die hier behandelten Symbolstrukturen zumeist auf den Bereich der fiktionalen Literatur beschränkt, dennoch läßt sich der Terminus sinnvoll verwenden. Auch hier gilt die Veranke-rung von Symbolen in kollektiver Trägerschaft, die vom Autor zwar sinnvoll eingesetzt werden können, aber nicht erzeugt werden, da sie für einen bestimm-ten Zeitraum Bestandteil des kollektiven Gedächtnisses einer Gesellschaft oder sozialen Schicht sind. Demgegenüber steht die vom Autor innovativ erzeugte Individualsymbolik, deren Symbolisat[26] erst durch den Kontext geschaffen wird. Das bedeutet auf der anderen Seite jedoch nicht, daß Kollektivsymbole generell kontextunabhängig sind. Das Symbolisat des Kollektivsymbols „Wasser" etwa ist nur im jeweiligen Textzusammenhang eindeutig zuzuordnen.

Der Symbolbegriff jedoch ist nach wie vor problematisch. Link etwa defi-niert Symbol als Oberbegriff für eine „strukturale Vereinigung historisch ver-schiedener Kategorien"[27], dehnt ihn somit erheblich aus und weicht „ohne me-thodologische Not" vom „überlieferten terminologisierten Sprachgebrauch" ab[28]. Notwendig bleiben Unterscheidungskriterien zwischen den Formen unei-

---

zialgeschichte der deutschen Literatur (1985) 1. Sonderheft Forschungsreferate, S. 256-375, hier S. 277.

22   Die „Kunst des Absatzes", die Leerstelle als Absatz oder Kapitelende ist charakteristisch für die Prosa der Zeit. Berühmt sind die Szenen in Fontanes *Effi Briest*, *Schach von Wuthenow* oder *Unwiederbringlich*. Auch bei Storm erscheint sie, etwa in *Aquis Submersus*.

23   Drews / Gerhard / Link (wie Anm. 21), S. 267.

24   Ebda, S. 256.

25   Ebda, S. 287.

26   Link verwendet aus nicht nachvollziehbaren Gründen statt Symbolisat und Symbolisant die aus der barocken Emblematik stammenden Termini Pictura und Subscriptio (Link (wie Anm. 21)., S. 265). Die binäre Struktur des Symbols legt vielmehr die Analogie zur semiotischen Terminologie (Signifikat und Signifikant) nahe.

27   Frank Becker, Ute Gerhard, Jürgen Link: *Moderne Kollektivsymbolik. Ein diskurstheore-tischer Forschungsbericht mit Auswahlbibliographie. Teil II*, in: *Internationales Archiv für Sozialgeschichte der deutschen Literatur* 22 (1997), S. 70-154, hier S. 71. Auch wenn die Möglichkeit der Differenzierung der einzelnen Untergruppen postuliert wird, der bis-lang gebräuchliche Terminus Symbol wäre als bestehender Oberbegriff hierfür verloren und müßte umständlich ersetzt werden.

28   Gerhard Kurz: *Metapher, Allegorie, Symbol*. 5. Aufl. Göttingen 2004, S. 77.

gentlichen Sprechens, wobei das Symbol nur eine Form unter vielen darstellt[29]. Da hier von den außerliterarischen arbiträren Symbolformen abgesehen werden kann, läßt sich Symbol als literarisches Ausdrucksmittel definieren, das die Mehrdeutigkeit eines Textelements unter Bewahrung des semantischen Eigenwerts erzeugt. Beim Symbol wird der primäre Sinnzusammenhang des Symbolisanten also nicht substituiert, sondern durch das Symbolisat lediglich ergänzt oder überlagert: Hiermit läßt es sich prinzipiell von der Allegorie trennen[30], wie auch von Substitutionstropen wie Metonymie und Metapher[31]. Allerdings weist Gerhard Kurz zu Recht darauf hin, daß es zu Überschneidungen zwischen Signifikat und metaphorischer Bedeutung kommen kann, wenn der metaphorische Ausdruck auch im wörtlichen Sprachgebrauch Sinn macht, etwa: „Warschau ist eine kalte Stadt"[32]. Auch bei der Metapher zeigt sich, wie auch beim Symbol, daß ihr Verständnis kontext- bzw. isotopieabhängig ist[33].

*

Das Verhältnis Storms zur Romantik und besonders zu Eichendorff ist häufig thematisiert worden[34]. Die erotisch konnotierten Symbolfelder, die sich auf diese

---

[29] Notwendige Differenzierungen werden zwar auch von Link u.a. nicht negiert (vgl. Becker / Gerhard / Link, *Moderne Kollektivsymbolik 2* (wie Anm. 27)), problematisch bleibt jedoch die Belegung eines umfassenden Oberbegriffs durch den Terminus Symbol, zumal die Wahl „rein pragmatisch intendiert" ist (S. 74).

[30] Vgl. die entsprechende Definition von Roger W. Müller Farguell im aktuellen *Reallexikon der Deutschen Literaturwissenschaft*. Hrsg. v. Jan-Dirk Müller u.a. Bd. 3. Berlin / New York 2003, S. 550f., dessen Artikel sich nach der bislang häufig zu findenden reinen Ideologiekritik wieder erfreulicherweise auf die Aufgaben eines Reallexikons besinnt. Problematisch jedoch ist hier die Negierung der „Erfindung" (S. 550) von Symbolwerten. Richtig ist die Unterscheidung poetischer symbolischer Verfahrensweisen, die entweder auf kultureller Überlieferung beruhen (hier als Kollektivsymbol bezeichnet) oder durch „natürliche Analogie" entstehen (S. 551). In der Ausnutzung dieser Analogie als symbolisches Ausdrucksmittel liegt jedoch eine kreative Leistung, die „Erfindung" des Autors, die hier als Indivdualsymbolik bezeichnet wird.

[31] Die auch von Kurz vetretene Interaktionstheorie setzt dagegen voraus, „daß es für einen metaphorischen Ausdruck keinen eigentlichen ‚Ausdruck' gibt. Der metaphorische Ausdruck ist nicht ersetzbar, außer um den Preis eines Verlusts an Bedeutung", Kurz (wie Anm. 28), S. 8, vgl. auch Peter Szondi: *Einführung in die literarische Hermeneutik*, Frankfurt a.M. 1975.

[32] Kurz (wie Anm. 28), S.19.

[33] Vgl. hierzu auch den Artikel ‚Metapher' im *Reallexikon der Deutschen Literatuwissenschaft*. Hrsg. v. Harald Fricke u.a. Bd. 2. Berlin / New York 2000, S. 572.

[34] Früh bereits von Herbert Feuchte: *Theodor Storm und die Romantik*. Diss. Hamburg 1940. Aufschlußreich hierzu Michael Perraudin: „*Es lauert ja so Manches ... "*. *Theodor Storm's Eichendorff*, in: *German Life and Letters*, Volume XLII (1988-89), S. 281-295. Vgl. auch Clifford Albrecht Bernd: *Theodor Storm und die Romantik*, in: *Schriften der Storm-Gesellschaft* 21 (1972) S. 24-37, der jedoch auf der Ebene viel zu abstrakter, allgemeiner Parallelen und wenig hilfreich von „musikalischer Stimmungslyrik" und „Wehmut" der Prosa spricht. Knapp 30 Jahre später kommt der Verfasser mit derselben

Einflüsse beziehen, werden in der Lyrik besonders deutlich, erstrecken sich aber auch auf die Prosa bis in die 70er Jahre hinein, in den späteren Novellen werden sie seltener. Beinahe durchweg homogen, geradezu stereotyp verläuft die Darstellung des Themas Erotik in Storms Lyrik. Zu den wenigen Ausnahmen zählen einige sehr frühe, unveröffentlichte und adoleszent frivole Jugendgedichte wie *Wünsche* oder *An die Mademoiselles* von 1834. Auch die 1847/48 entstandenen Gedichte *Rote Rosen* und *Mysterium*, von selten offener Leidenschaftlichkeit, sind deutlich auf Storms Beziehung zu Dorothea Jensen zurückzuführen und bleiben Einzelfälle. Die folgenden Elemente dagegen, wie sie konzentriert besonders im Beispiel von Eichendorffs *Marmorbild* auftreten, werden von Storm rezipiert:

> die Strahlen der Mittagssonne schillerten sengend über der ganzen Gegend draußen, die wie unter einem Schleier von Schwüle zu schlummern und zu träumen schien. […] während große seltsame Blumen, wie sie Florio niemals gesehen, traumhaft mit ihren gelben und rothen Glocken in dem leisen Winde hin und her schwankten. Unzählige Springbrunnen plätscherten […]. Nur hin und wieder erwachte manchmal eine Nachtigall […] Ihr langes goldenes Haar fiel in reichen Locken über die fast bloßen, blendendweißen Achseln bis in den Rücken hinab; […] den schönen Leib umschloß ein himmelblaues Gewand, […] es waren unverkennbar die Züge, die Gestalt des schönen Venusbildes, das er heute Nacht am Weiher gesehen.[35]

Etwas später wird durch den Einsatz weiterer sprachbildlicher Elemente eine deutliche Steigerung herbeigeführt:

> Die Gräser und Blumen schwankten leise hin und her über mir, als wollten sie seltsame Träume weben, die Bienen summten dazwischen so sommerhaft und in einem fort […] Da rauschten die Bäume, hin und her schlug eine Nachtigall, in der Ferne blitzte es zuweilen. […] da sagte er leise aus tiefstem Grunde der Seele: „Herr Gott, laß mich nicht verloren gehen in der Welt!" Kaum hatte er die Worte innerlichst ausgesprochen, als sich draußen ein trüber Wind, wie von dem herannahenden Gewitter, erhob und ihn verwirrend anwehte. Zu gleicher Zeit bemerkte er an dem Fenstergesimse Gras und einzelne Büschel von Kräutern, wie auf altem Gemäuer. Eine Schlange fuhr zischend daraus hervor und stürzte mit dem grünlich-goldenen Schweife sich ringelnd in den Abgrund hinunter.[36]

---

unzulänglichen Methodik übrigens zu ganz anderen Ergebnissen. Jetzt soll es die dänische Poesie sein, vor allem Hans Christian Andersens Lyrik, welche die Grundlage für Storms Gedichte darstellt; Clifford Albrecht Bernd: *Vom dänischen Kulturerbe. Um ein neues Verständnis für Storms Lyrik bittend,* in: *Stormlektüren.* Festschrift für Karl Ernst Laage zum 80. Geburtstag. Hrsg. v. Gerd Eversberg / David A. Jackson / Eckart Pastor. Würzburg 2000, S. 33-46.

[35] Joseph von Eichendorff: *Sämtliche Werke.* Historisch-kritische Ausgabe. Hrsg. v. Hermann Kunisch und Helmut Koopmann. Bd V/1. *Erzählungen.* Hrsg. v. Karl Konrad Polheim. Tübingen 1998, S. 49ff.

[36] Ebda, S. 71f..

Eichendorff erzeugt eine aus bestimmten und häufig wiederkehrenden Bildkomplexen gespeiste gefahrvoll-erotische Atmosphäre. Storm, so die These, verfährt in ähnlicher Weise, und die angeführten Symbolfelder, die Eichendorff einsetzt – hier sind es vor allem Mittagshitze, Blumen, Wasser, offenes Haar, Nachtigall, Bienen[37], Blitz und Schlange – übernimmt Storm beinahe analog. Die Symbolisate dieser Elemente sind keineswegs Eichendorffs Erfindung, auch er stützt sich bereits auf kulturelle Überlieferung und setzt Kollektivsymbole wie etwa die Nachtigall ein. Eine unmittelbare Eichendorff-Rezeption ist für Storm somit nur für die frühe Lyrik zu belegen[38], wenngleich sie aufgrund des von Storm häufiger selbst bezeugten „größten Einflusses" auch darüber hinaus sehr wahrscheinlich ist[39], zumindest jedoch zeigt sich eine literarische Tradition, in der sich Storm bewegt.

So etwa in *Sommermittag* von 1854, wo das erotische Abenteuer der Müllerstochter vorbereitet wird: „Der Birnenbaum mit blanken Blättern / Steht regungslos im Sonnenschein. / Die Bienen summen so verschlafen"(1,13)[40]. Im gleichen Kontext stehen auch die Verse in *Noch einmal!* von 1848: „Noch einmal weht an meine Stirn / Ein juniheißer Sommertag" (1,21). In *Waldweg* werden diese einzelnen symbolischen Elemente komplexer zu einem Antagonismus zwischen Gartenhitze und sicherer, aber auch todesähnlicher Waldkühle ausgebaut[41]:

Buscheichen unter wilden Rosenbüschen,
Um die sich frei die Geißblattranke bog,
Brombeergewirr und Hülsendorn dazwischen;

---

[37] Jahrhundertelang galt die Biene als Mariensymbol und Sinnbild der Jungfräulichkeit, vgl. *Lexikon der christlichen Ikonographie*. Rom / Freiburg / Basel / Wien 1968. Bd. 1, Sp. 300. Dies verschiebt sich offenbar bereits seit der Schäferlyrik des 18. Jhds und verstärkt noch seit der Romantik zum Symbolisatfeld Liebe und Fruchtbarkeit, wie es von Günther (*Aria zu einer Abendmusik, Scherzhafte Gedanken über die Rosen*), Bürger (*An die Bienen*) über Eichendorff (*Marmorbild, Dichter und ihre Gesellen*), Mörike (*Im Frühling*), Hoffmann von Fallersleben (*Frühlingsliebe*) bis hin zu Storm erscheint, ohne den überlieferten Symbolgehalt jedoch gänzlich zu verdrängen.

[38] Vgl. Theodor Storm. *Sämtliche Werke*. Hrsg. v. Karl Ernst Laage und Dieter Lohmeier. Frankfurt a.M. 1987, Bd.1, Kommentar, S. 881. Vgl. auch Perraudin, (wie Anm. 34)., S.284.

[39] Brief Storms an seinen Vater, 28.2.1854, zu seiner Begegnung mit Eichendorff: „Es war mir ein eigenes Gefühl, einen Mann persönlich zu sehen und zu sprechen, [...] der neben Heine schon in meiner Jugend den größten Einfluß auf mich gehabt hat". Zit. nach: *Theodor Storm. Briefe in die Heimat*. Hrsg. v. Gertrud Storm. Berlin 1907, S.36. Vgl. auch Perraudin (wie Anm. 34)., S. 284. Zur literarischen Tradition der Lyrik Storms und dessen Selbsteinschätzung vgl. auch Harro Müller: *Theodor Storms Lyrik*. Bonn 1975, S. 27f.

[40] Storms Werke werden unter Angabe von Band- und Seitenzahl zitiert nach: Theodor Storm. *Sämtliche Werke* (wie Anm. 38).

[41] Vgl. Birgt Reimann: *Zwischen Harmoniebedürfnis und Trennungserfahrung: Das menschliche Naturverhältnis in Theodor Storms Werk*. Diss. Freiburg 1995, S. 59f., die jedoch die sexualsymbolischen Aspekte des Gedichts übersieht.

[...]
Und vorwärts schreitend störte bald mein Tritt
Die Biene auf, die um die Distel schwärmte,
Bald hörte ich, wie durch die Gräser glitt
Die Schlange, die am Sonnenstrahl sich wärmte.
[...]
Mir graute vor der Mittagseinsamkeit. –
Heiß war die Luft, und alle Winde schliefen; (1,47)

Schließlich erreicht das lyrische Ich die Sicherheit des Waldes:

Schon streckten dort gleich Säulen der Kapelle
An's Laubgewölb' die Tannenbäume sich;
Dann war's erreicht, und wie an Kirchenschwelle
Umschauerte die Schattenkühle mich. (1,48)

Das Gedicht hat, wie Storm an Mörike schreibt, „den Wert einer Erinnerung".
Doch auch wenn Storm betont, er habe „versucht, in ihnen ein Stück meines
wärmsten Jugendsonnenscheines einzufangen"[42], so trügt der erste Eindruck einer Jugendidylle. Das „Grauen", welches das lyrische Ich beschleicht, ist nicht
allein die Angst vor der Einsamkeit, es ist, die Symbolfelder machen es überdeutlich, die Angst vor der erwachenden Sexualität. Die einzelnen Symbolisanten allein sind hierbei noch wenig aussagekräftig, die verschiedenen Pflanzen
werden noch detailliert zu behandeln sein. Erst durch den komplexen Aufbau
wird die auch erotische Konnotation, die hier bedrohlich wirkt, deutlich.

Besonders in einigen Novellen bilden solche detaillierten Naturschilderungen wieder das Fundament erotischer Konnotation. So in *Ein grünes Blatt*, einer
frühen Erzählung von 1850. Die erste Begegnung zwischen Gabriel und Regine
wird vorbereitet: „Seine Mütze hatte er abgenommen; die Nachmittagssonne
glühte in seinen Haaren", „Junischwüle" brütet (1,334). „In seiner Nähe, zur
Seite des Steiges, lag ein niedriger Hügel, voll Brombeerranken und wilder Ro-
senbüsche"(1,334). Gabriel legt sich in die Heide, es ist still bis auf „das Zirpen
der Heuschrecken und das Summen der Bienen, welche an den Kelchen hingen"(1,335). Es folgt eine Passage, die an der symbolischen Bedeutung der
Schlange keinen Zweifel läßt:

Der Sommerwind kam über die Heide und weckte eine Kreuzotter, die sich nicht weit
davon im Staube sonnte. [...] Der Schlafende wandte den Kopf, und halb erwachend sah
er in das kleine Auge der Schlange, die neben seinem Kopfe hinkroch. Er wollte die
Hand erheben, aber er vermochte es nicht; das Auge des Gewürmes ließ nicht von ihm.
[...] Nur wie durch einen Schleier sah er endlich die Gestalt eines Mädchens auf sich zu-
kommen, kindlich fast, doch kräftigen Baues, das Haar in dicken blonden Zöpfen. Sie
bog die Ranken zur Seite und setzte sich neben ihm auf den Boden. [...] Da küßte er die

---

42   *Th. Storm – Eduard Mörike / Th. Storm – Margarethe Mörike, Briefwechsel.* Kritische
      Ausgabe. Hrsg,. Hildburg und Werner Kohlschmidt. Berlin 1978, S. 50.

Schlange, und da war's geschehen. Die schöne Prinzessin hielt ihn in ihren Armen (1,335f.).

Das alte Kollektivsymbol der Schlange als Verführerin wird hier noch deutlicher ausgeführt als in *Waldweg*, die Landschaftsschilderungen zeigen darüber hinaus große Ähnlichkeit. Bleibt es in *Waldweg* noch beim natursymbolischen Antagonismus, so wird die Symbolik in *Ein grünes Blatt* in den erotisch-assoziierten Kontext eingebettet. Storm treibt die Allusionen an die romantische Poesie in dieser frühen Erzählung noch weiter. Die Identifikation zwischen Natur und Regine zu einem idealisierten Heimatbegriff kulminiert am Schluß in einem romantischen unberührbaren Ideal, getrennt vom profanen Alltagsleben:

Und fänd' ich selber wie im Traume
Den Weg zurück durch Moor und Feld –
Sie schritte doch vom Waldessaume
Niemals hinunter in die Welt. (1,347f.)

Storm schrieb zu diesem Schluß einige Erläuterungen an Fontane, der damit einige Schwierigkeiten hatte:

Gabriel ist die Erscheinung des jungen Mädchens mit ihrer ganzen Umgebung zu einer poetischen Erinnerung geworden, zu einem von den Dingen, „die man nicht anrühren soll", die nicht ins tägliche Leben hinein verpflanzt werden können. [...] An den körperlichen und dauernden *Besitz* des Mädchens hat Gabriel, bei dieser Auffassung des Erlebnisses, nicht gedacht.[43]

So ist denn Gabriels erotischer Traum zu Beginn nur als Bedrohung des Ideals zu verstehen, gestützt besonders durch die Schlangen-Passage. Und auch Gabriels Worte nach dem Erwachen lassen sich so im übertragenen Sinn deuten: „Nun wurde er völlig wach. „Ich bin irre gegangen", sagte er, „in der eigenen Heimat. Du mußt mir auf den Weg helfen" " (1,336).

Eichendorffs Naturschilderungen ebenso wie die antiken Götter sind nicht zuletzt Spiegel der Figurenpsychologie. So steht bekanntlich die statische Mittagshitze im Gegensatz zur Bewegung der Gegenstände im Raum[44]; sie symbolisiert die Verführbarkeit des Subjekts, das Sich-Verlieren im schläfrig-narzistischen Stillstand, die Gefährdung des Ich, gegen die es stets anzukämpfen gilt: „Hüte dich, sei wach und munter". Storm nimmt diesen Elementen sowohl in Lyrik als auch in Prosa ihren christlich fundierten Charakter und stellt sie, abgesehen von *Waldweg*, mehr in den illustrierenden Hintergrund zur Verdeutlichung von Wünschen, Trieben und Beziehungen der Figuren, er erdet sie gewis-

---

[43]   Storm an Fontane, zitiert nach: Storm, *Werke* (wie Anm. 38), Bd 1, S. 1045.
[44]   Grundlegend hierzu Richard Alewyn: *Eine Landschaft Eichendorffs*, in: *Eichendorff heute*. Hrsg. v. Paul Stöcklein. Darmstadt 1966, S. 19-43.

sermaßen. Dem Mythos der Erotik[45] fehlt bei Storm – kaum verwunderlich – der metaphysische Bezug. Deutlich wird dies vor allem in seinen Novellen.

Mit *Waldwinkel* wird das Frühwerk Storms verlassen, die Novelle stammt aus dem Jahre 1874. Die Verwendung der erotischen Symbolfelder bleibt jedoch gleich, nur der Aspekt der Bedrohung tritt stärker hervor. Auch hier wird die Schlange wieder in enge Beziehung zur Protagonistin gesetzt, bereits beim ersten Erscheinen Franziskas: „als sie jetzt ihre tiefliegenden grauen Augen aufschlug, murmelte der Actuarius unwillkürlich vor sich hin: „Scientes bonum et malum" " (2,225). Die bekannte Mittagshitze erscheint schon früh im Zusammenhang mit Franziska: sie schaut vom Dach des Hauses, „ihre grauen Falkenaugen schweiften lebhaft hin und her, bald zur Seite über die in der Mittagsglut wie schlummernd ruhenden Wälder" (2,237). Im Gegensatz zu *Waldweg*, wo der Wald Schutz bietet, wird er hier zum Symbol ausgelebter Sexualität: „Nichts unterbrach die ungeheure Stille um sie her, als mitunter das Gleiten einer Schlange" (2,250). Zunehmend wird die bereits eindeutige Atmosphäre durch weitere Symbolfelder verstärkt: „Am Waldesrande waren jetzt in seltener Fülle die tiefroten Hagerosen aufgebrochen. [...] Sie atmeten die Luft der Wildnis, sie waren die einzigen Menschen, Mann und Weib, in dieser träumerischen Welt" (2,250). Auch die Dramatik der folgenden Szene erschließt sich nur aus der Naturschilderung, sowie den Bezügen auf bereits zuvor gesetzte Andeutungen:

> Ein ander Mal, nach einem schwülen Tage, waren sie erst spät am Nachmittag hinausgegangen. – Als der Abend schon tief herabsank, ruhten sie am Ufer eines großen Waldwassers, das rings von hohen Buchen eingefaßt war. [...] drüben hinter dem jenseitigen Walde, der seine Schatten auf den Wasserspiegel warf, zuckte dann und wann ein Wetterschein empor; Irisduft wehte über den See, und ein lautloser Blitz erleuchtete ihn. [...] „Weißt du", sagte er, - „es heißt, man solle in den Augen eines Weibes noch mitunter das Schillern der Paradiesesschlange sehen. Eben, da der Blitz flammte, sah ich es in deinen Augen."
> „Schillerte es denn schön?" fragte sie und hielt ihre Augen offen ihm entgegen.
> „Betörend schön."
> Und wieder flammte ein Blitz.(2,251f.)

Hier wird nicht nur das Motiv der Schlange in Verbindung mit Franziska wieder aufgenommen; hinzu kommen der Wasserspiegel, die Blitze, der Blütenduft: die gesamte aus den Symbolfeldern erzeugte Atmosphäre bedrohlicher Erotik ist von Eichendorff bekannt[46]. Ihr fehlt allerdings jegliche metaphysische Dimension und ist allein auf die Protagonisten zu beziehen. Wie genau Storm mit der Technik Eichendorffs vertraut war, zeigt ein Brief an Hans Speckter aus dem Jahr der Entstehung von *Waldwinkel*, in dem Storm detaillierte Vorschläge für Illustrationen zu Eichendorff-Gedichten unterbreitet: „Mondnacht. Rechts im

---

[45] Vgl. Klaus Köhnke. *Hyroglyphenschrift. Untersuchungen zu Eichendorffs Erzählungen.* Sigmaringen 1986, S. 50-71.

[46] Vgl. auch Perraudin (wie Anm. 34), S. 292, zu Parallelen von *Waldwinkel* zu Eichendorffs *Dichter und ihre Gesellen*.

Schatten, unmittelbar vor dem Beschauer ein Park, Springbrunnen, weiße Statue
[...] Vielleicht noch besser statt des Mondes ein Gewitterschein [...] Schwüle
Sommernacht"[47].

Eine sehr ähnlich Passage wie in *Waldwinkel* findet sich in verkürzter Form
auch in *Aquis Submersus*:

> Wenn, wie es in den Liedern heißt, mitunter noch in Nächten die schöne heidnische Frau
> Venus aufersteht und umgeht, um die armen Menschenherzen zu verwirren, so war es
> dazumalen eine solche Nacht. Der Mondschein war am Himmel ausgethan, ein schwüler
> Ruch von Blumen hauchte durch das Fenster und dorten überm Walde spielete die Nacht
> in stummen Blitzen. (2,419)

Etwas später erscheinen auch in dieser Chroniknovelle weitere bereits bekannte
Symbole: „Die Sonne glühte schon heiß hernieder und verbreitete den Ruch der
Himbeeren, womit die Lichtung überdeckt war. Es fiel mir bei, wie einst Katharina und ich uns hier bei unsern Waldgängen süße Wegzehrung geholet hatten"
(2,422)[48].

Schließlich erscheint auch die von Storm als charakteristisch für Eichendorff
empfundene „weiße Statue" im Park als verwirrende Venusfigur in einer seiner
Novellen. Der intertextuelle Bezug zu Eichendorff wird in *Von Jenseit des Meeres* explizit hergestellt: „Machten die alten Götter die Runde?" (1,677). Der hier
durch das Zitat des Gedichts *Schöne Fremde* belegbare Rekurs auf Eichendorff
umfaßt fraglos die Statue im Lusthain, die den Protagonisten Alfred in einige
Verwirrung stürzt und sich seinem Zugriff entzieht[49]. Die gefährliche erotische
Spannung wird ebenfalls analog zu Eichendorff im Umfeld der Statue aufgebaut, allerdings mit nicht-romantischen Mitteln – die einzelnen Symbole werden
noch zu behandeln sein. Der Analogieschluß zu Jenni wird vom Erzähler selbst
beinahe überdeutlich gezogen: „ich mußte im Hinschauen immer an Jenni denken" (1,673). Diese weiß selbst um die Gefährdung, die von ihr ausgeht: „Ich
weiß wohl, daß wir schön sind, [...] verlockend schön, wie die Sünde, die unser
Ursprung ist"(1,677). Auch Alfred zieht die Parallele: „Du bist betörend schön;
sie war nicht schöner, die dämonische Göttin, die einst der Menschen Herz ver-
wirrte" (1,677). Zuflucht und Rettung findet der vom Trieb gefährdete Mann jedoch nicht wie bei Eichendorff in einer reinen weiblichen Gegenfigur[50]. Auch

---

[47] Storm an Hans Speckter, 16.2.1874, zit. nach: Storm – Heyse, *Briefwechsel* (wie Anm.
      18), Bd. 1, S. 152.

[48] Zu Motiven Eichendorffs in *Aquis Submersus* vgl. auch Perraudin (wie Anm. 34), S. 288-
      291.

[49] Vgl. hierzu David Artiss: *Theodor Storm. Studies in ambivalence. Symbol and myth in
      his narrative fiction (German language and literature monographs 5)*. Amsterdam 1978,
      S.58-64, und Perraudin (wie Anm. 34), S. 286f., s. ebenfalls Storm, *Werke* (wie Anm.
      38), Bd.1, Kommentar, S. 1192f.

[50] Zur Thematisierung männlicher Sexualphantasien im Marmorbild vgl. Lothar Pikulik:
      Die Mythisierung des Geschlechtstriebes in Eichendorffs „Das Marmorbild", in: *Eupho-
      rion* 71 (1977), S. 128-140; ebenfalls Hans Eichner: *Joseph von Eichendorff*, in: *Hand-*

der christliche Impetus Eichendorffs fehlt natürlich bei Storm. Durch eigene Kraft weiß Storms Figur der Gründerzeit seine Zukunft zu gestalten und die Gegensätze der männlichen Wunsch- und Angstallegorien Eros und Agape, Venus und Maria zu versöhnen: „Wenn wir auch willenlos das Fundament unserer Zukunft hier empfangen mußten – der Bau, den es einstens tragen soll, liegt doch in unserer Hand" (1,677). Die gelöste erotische Spannung geht im Schlußbild auf: „Vom Rasen her weht der Duft der Maililien durch die offenen Flügeltüren und drüben im Lusthain am Teiche, wo die Venus steht, sind die Uferränder blau von Veilchen" (1,693). Venus gemeinsam mit den Mariensymbolen Maiglöckchen und Veilchen: deutlicher läßt sich ein Gegensatz auf der Ebene kollektiver Symbolik kaum auflösen[51].

*

Die Detailanalyse der bislang angeführten Symbole ist besonders für die von Storm verwendeten Pflanzen notwendig. Während Biene, Nachtigall, Venus und Schlange sich in ihrem kollektiven Symbolisat bis heute problemlos dechiffrieren lassen und auch die Mittagshitze in ihrer literarischen Tradition keine Rätsel aufgibt, bietet die Symbolkraft der Pflanzenwelt ein für das 21. Jhd unüberschaubares Gebiet. Daß Storm sich hier auskannte und sie auch einsetzte, wird in seiner Prosa explizit belegt. In *Bötjer Basch* heißt es: „Meister Daniel hatte im letzten Frühjahr alles Unkraut ausgereutet und statt dessen roten Gartenmohn darauf gesäet. Er wußte wohl nicht, daß das die Blume der Vergessenheit sei" (3,483). Der Mohn erscheint auch in *Waldwinkel* als Tapetenmotiv, auch hier wird die Bedeutung erläutert: „es seien die Blumen des Schlafes und der Vergessenheit" (2,254). Solche textimmanenten Hinweise sind allerdings selten; es ist davon auszugehen, daß noch im späten 19. Jhd das Symbolisat einer ganzen Reihe von Pflanzen bekannt war und Storm diese nicht zufällig verwendete, sondern gerade auf dem heiklen Feld der Erotik als bewußt gewählte Andeutung einsetzte. Das gleiche gilt für die bereits angeführten intertextuellen Bezüge, in denen sich Storm innerhalb einer literarischen Tradition bewegt, die keiner weiteren Kommentierung mehr bedarf.

Diese symbolgetragene Kommunikationsstrategie funktioniert im mitteleuropäischen Raum des 21. Jhds nur noch rudimentär. Rose und Lilie etwa gehören zu den wenigen heute noch allgemein bekannten Vertretern botanischer Symbolsprache. Als botanischer Gegenpol zu Maiglöckchen und Veilchen stand die Rose jedoch nicht allein. Eine ganze Reihe weiterer Pflanzen symbolisierten die sinnliche Liebe oder zumindest Fruchtbarkeit. Einige von ihnen wurden hier

---

buch der deutschen Erzählung. Hrsg. v. Karl Konrad Polheim. Düsseldorf 1981. S.172-191, bes. S.174ff.

[51] Zur ebenfalls konnotierten Sozialproblematik der „gezähmten Wilden", der Behandlung von Kolonialismus und europäischem Kulturprimat im Kontext der Erzählung vgl. Jackson (wie Anm. 5), S. 166-169, und Pastor, *Die Sprache der Erinnerung. Zu den Novellen von Theodor Storm.* Frankfurt 1988, S. 98ff.

bereits genannt. So gehören auch die Himbeeren aus *Aquis Submersus* sowie die Brombeeren in *Waldweg* zur Familie der Rosengewächse (Rosaceae) und besitzen auch im Symbolbereich dieselbe Bedeutung[52]. Das gleiche gilt für die Erdbeere[53], auch sie erscheint bei Storm im gleichen Zusammenhang. Im 1859 erschienenen Gedicht *Garten-Spuk* beobachtet das lyrische Ich nach einem mittlerweile bekannten „heißen Tag" die imaginäre Erscheinung eines Knaben: „Und wieder sah ich – und ich irrte nicht - / Tief unten, wo im Grund der Birnbaum steht, / Langsam ein Kind im hohen Grase gehn" (1,71). Beim Nähertreten werden eine ganze Reihe botanischer Details genannt:

> Im Schatten des Holunderzauns entlang,
> Sorgsam die Schritte messend; einmal nur
> Nach einer Erdbeerranke bückt' ich mich,
> Die durch den Weg hinausgelaufen war.
> Schon schlüpft' ich bei der Geißblattlaube durch;
> [...]
> Auch an den Linden, an den Fliederbüschen,
> Die ringsum standen, regte sich kein Blatt. (1,72)

Schließlich eilt das lyrische Ich zurück zur wartenden Frau: „Vom Hause her nur, wo im Winkel dort, / Der Nußbaum vor dem Kammerfenster steht, / Verstohlen durch die Zweige schien ein Licht" (1,73). Diese „Dämonisierung der Garteneinsamkeit" hielt Storm selbst für „schwer verständlich"[54]. In der Tat läßt sich der Sinn der Knabenerscheinung nur vor dem Hintergrund der konzentrierten, den ganzen Bereich von Erotik über Fruchtbarkeit bis zur romantischen Liebe abdeckenden Symbolik konstituieren. Hier ist die Erdbeerranke nur ein Element unter vielen[55]. Erst im Zusammenhang mit Fruchtbarkeitssymbolen wie Birne und Nußbaum, Holunder[56] und Geißblatt, Attributen romantischer Liebe wie Flieder und Linde wird klar, daß es sich bei dem Knaben um die Vorstellung des noch ungeborenen eigenen Kindes handelt.

Die Strategie und Technik Stormscher Natursymbolik in Lyrik und Prosa läßt sich an einem Beispiel völlig entgegengesetzter Art verdeutlichen. Eine solche Szene dezidiert unerotischer Naturbeschreibung findet sich etwa beim Paarspaziergang in *Auf dem Staatshof*: „Wir gingen durch die kleine Pforte in den Baumgarten hinein, zwischen die schimmernden Stämme der ungeheuren Sil-

---

[52]   Aigremont: *Volkserotik und Pflanzenwelt*. Leipzig / Halle 1907 [Nachdruck Berlin 1987], Bd.1, S. 31, 78.

[53]   Ebda, Bd.2, S. 18f.

[54]   Storm, *Werke* (wie Anm. 38), Bd. 1, Kommentar, S. 841.

[55]   Hinzuweisen ist in diesem Zusammenhang auch auf die Erdbeersuche in *Immensee*. Bezeichnend ist dabei im Hinblick auf den Verlauf der Erzählung und die Beziehung zwischen Reinhardt und Elisabeth, daß die Suche vergeblich bleibt, vgl. Reimann (wie Anm. 41), S. 109.

[56]   Aigremont (wie Anm. 52), Bd. 1, S. 42: Der Holunder „war der Holla oder Freya, der kinderspendenden Göttin, heilig".

berpappeln, deren Laubkronen keinen Lichtstrahl durchließen. Die dürren Zweige, welche überall den Boden bedeckten, knickten unter unsern Füßen; und über uns, von dem Geräusche aufgestört, flogen die Raben von ihren Nestern" (1,422).

Die mit Bedacht gewählten Elemente der Naturbeschreibung im Kontext von Liebe und Erotik sind in Storms Gesamtwerk keine singulären Erscheinungen. Bekannt als Fruchtbarkeitssymbol ist der in *Garten-Spuk* auftauchende Birnbaum[57]. Schon in *Sommermittag* hatte Storm ihn eingesetzt, und im gleichen Zusammenhang wird er in *Von Jenseit des Meeres* verwendet. Die „alten Birnbäume" im Garten, mit „weißen Blüten übersäet" (1,654), werden direkt mit Jenni in Verbindung gebracht, denn nach seinem Sturz vom Dach sieht Alfred „in der Höhe zwischen den blühenden Zweigen die großen erschreckten Augen und die hängenden schwarzen Locken des schönen Kindes"(1,658). Auch in *Carsten Curator* bildet ein Birnbaum den Hintergrund für Heinrichs – wenn auch unromantischen – Heiratsantrag. Unter dem Birnbaum sitzend hörten sie „auf den Sommergesang der Bienen, der tönend aus dem mit Blüten überschneiten Baume zu ihnen herabklang" (2,490). Während Heinrich seinen Antrag emotionslos und sachlich vorbringt, ist dies bei Anna ganz anders, obwohl sie zunächst ablehnt: „sie war blutrot dabei geworden bis in ihr blondes Stirnhaar hinauf" (2,492). Auf Anna ist diese Kulisse symbolisierter Fruchtbarkeit von Birnbaum, Biene und Blüte unschwer zu beziehen.

Ebenfalls zum Symbolbereich der Fruchtbarkeit gehören Apfelbaum[58] und Kirsche[59], die beide zur Familie der Rosengewächse zählen, sowie der Nußbaum, der schon in *Garten-Spuk* erschien[60]. Auch in *Zur Wald- und Wasserfreude* erscheint er wiederholt als ein Kätti zugeordnetes Attribut[61]. In *Ein grünes Blatt* sieht Gabriel zum Kirschbaum und dort „noch eben zwei flinke Füßchen zwischen den Zweigen verschwinden" (1,341). In der kurzen humoristischen Erzählung *Wenn die Äpfel reif sind* spielt der Apfelbaum eine zentrale Rolle, wenngleich die bekannten Sterotype romantischer Liebesszenen hier persifliert werden. Die zum Paradies gehörende Schlange stellt sich in diesem Text als jugendlicher Apfeldieb dar: „Der unten Stehende schlich sich leise unter den Baum, und gewahrte nun endlich auch den Jungen wie eine große schwarze Raupe um den Stamm herumhängen" (1,387). Bestandteil einer Gartenszene ist der Apfelbaum, nun wieder im traditionellen Kontext, in *Eine Halligfahrt*: „Wir schritten langsam der weißen Katze nach und verschwanden gleich ihr unter

---

[57] Vgl. *Handwörterbuch des deutschen Aberglaubens*, Hrsg. v. Hanns Bächtold-Stäubli. Berlin 1941, Bd.1, Sp.1340, und Aigremont (wie Anm. 52), Bd.1, S. 69-72.

[58] Vgl. *Handwörterbuch des deutschen Aberglaubens* (wie Anm. 57), Bd.1, Sp. 511ff., und Aigremont (wie Anm. 52), Bd.1, S. 59-68.

[59] Vgl. Aigremont (wie Anm. 52), Bd.1, S. 79ff.

[60] Aigremont (wie Anm. 52), Bd.1, S. 89-94.

[61] Vgl. hierzu Stefan Schröder: *Von Feen und Nixen. Theodor Storms „Zur Wald und Wasserfreude"*, in: *Zeitschrift für Deutsche Philologie*. Bd. 117, Heft 4, 1998, S. 543-563, zur Symbolik des Nußbaums S. 553f.

dem dichten Laube der Apfelbäume, das fast Susannens goldklares Haar berührte; um uns her schwamm der Duft von Federnelken und Rosen"(2,53). Weniger romantisch, aber genauso eindeutig ist die Apfelernte in *Beim Vetter Christian*: „die schönsten aber, die mit den rotgestreiften Wangen, flogen zu seiner jungen Wirtschafterin hinab, die mit vorgehaltener Schürze unter dem Baume stand. Nur war sie heute nicht geschickt wie sonst; denn ihre Augen folgten dem Vetter ängstlich auf die schwanken Zweige"(2,108). Auch Wieb in *Hans und Heinz Kirch* wird positiv gezeichnet, jedoch keineswegs unsinnlich, denn sie hat zwar „ein Madonnengesichtlein", aber „die kleine Madonna aß gleichwohl gern des Pastors rote Äpfel" (3,66).

Ein weiteres Liebessymbol ist das Geißblatt, das von Storm häufiger und durchgehend verwendet wird. In den bereits behandelten Gedichten *Waldweg* und *Garten-Spuk* aus den 50er Jahren findet es sich ebenso wie in *Renate* und *Im Sonnenschein* oder den späten Novellen *Ein Fest auf Haderslevhuus* und *Ein Doppelgänger*. Wie die beiden Gedichte zählt auch *Im Sonnenschein* zu den frühen Arbeiten Storms. In der kurzen Erzählung des Jahres 1854 wird das Geißblatt zum Symbol der Liebesbeziehung, die Constantin vergeblich zu bewahren sucht:

> So trieb er es eine Zeitlang, bis seine Augen an dem Schatten einer Geißblattranke haften blieben, an deren Ende er die feinen Röhren der Blüte deutlich zu erkennen vermochte. Bald im längeren Betrachten bemerkte er daran den Schatten eines Lebendigen, der langsam an dem Stengel hinaufkroch. Er sah dem eine Weile zu; dann aber stand er auf und blickte über sich in das Gewirr der Ranken, um das gefährdete Blüte zu entdecken und das Ungeziefer herunterzuschlagen. Aber die Sonnenstrahlen brachen sich zwischen den Blättern und blendeten ihn; er mußte die Augen abwenden. – Als er sich wieder auf die Bank gesetzt hatte, sah er wie zuvor die Ranke scharf und deutlich auf dem sonnigen Boden liegen; nur zwischen den schlanken Kelchen der Schattenblüte haftete jetzt eine dunkle Masse, die von Zeit zu Zeit durch zuckende Bewegungen eine emsige tierische Tätigkeit verriet. Er wußte nicht, wie es ihn überkam, er stieß nach dem arbeitenden Klumpen mit seinem Rohrstock; aber über ihm ging der Sommerwind durch das Gezweige, und die Schatten huschten ineinander und entwischten ihm. (1,352f.)

Bildet das Geißblatt hier eines der zentralen Motive der Erzählung, so erscheint es in *Renate* als bekanntes Symbol innerhalb der Naturkulisse: „es ist der Weg, den wir dazumal an jenem Nachmittage gingen, und ist mir, als wehe noch ein sommerlich Düften von Geißblatt und Hagerosen um mich her" (2,550). In gleicher Weise wird das Geißblatt in *Schweigen* eingesetzt (3,133). Noch deutlicher wird dagegen die erotische Komponente in *Ein Fest auf Haderslevhuus* betont:

> Am Westhimmel war schon ein sanftes Rot erglommen; das Geißblatt, das voll Blüten an den Wällen hing, erfüllte die Luft mit Wohlgeruch, daß sie wie in ein wollüstig Meer von Duft hineinzogen. Rolf blickte nach seinem Weibe, das jetzt ein Stück zurückgeblieben war; dann wandte er wiederum den Kopf und sah ins Abendrot; da sprengte sie plötzlich an seine Seite und drängte ihren Schimmel hart an seinen Hengst (3,411).

Die Szene hatte Storm zuvor etwas abgemildert. Wulfhilds Stute wurde auf An-
raten Erich Schmidts zum neutraleren Schimmel[62]. Dennoch bleibt die Passage
deutlich genug erotisch aufgeladen.

Mit etwas anderem Schwerpunkt wird das Geißblatt in *Ein Doppelgänger*
verwendet. Hier fungiert es als ein zentrales Symbol des Rahmens der ehelichen
Liebesidylle des Oberförsters mit Christine. Bereits zu Beginn wird es mit
Christine verknüpft: „der Duft ist unvergänglich – – so lang sie lebt" (3,519);.
Ebenso am Schluß im Brief des Försters: „Aber ihr eigenstes Ich erschien bald
wieder; und jetzt – mein Freund, das Geißblatt am Waldesrande, das jetzt wieder
blüht, so lieblich, dünkt mich, hat es fast niemals noch geduftet"(3,578). Zu
Recht kann man hier von einem „Bildzeichen der ehelichen Liebe" sprechen[63],
an Rubens Gemälde trauter ehelicher Zweisamkeit, der *Geißblattlaube*, ließe
sich denken. Problematisch jedoch ist es, diese enge Deutung auf sämtliche Erscheinungen des Symbols bei Storm zu beziehen[64]. Gerade im Vergleich mit der
Passage aus *Ein Fest auf Haderslevhuus* zeigt sich, daß das Geißblatt, auch bezeichnet als „Jelängerjelieber", seit dem Mittelalter für anhaltenden sinnlichen
Genuß steht[65]. In diesem Zusammenhang erscheint es in *Tristan und Isolde*, und
Storm besaß den Roman Gottfrieds von Straßburg nicht nur in einer Übertragung aus dem Jahr 1847[66], sondern verarbeitete ihn auch in seiner Erzählung
Späte Rosen von 1859. Schließlich wird *Tristan* auch in *Ein Fest auf Haderslevhuus* deutlich hervorgehoben: „sogar ein Stück von Wolframs Parcival hatte er
gelesen; was aber ganz sein Herz gefangen hatte, das war des Straßburger Meisters Liebeslied von Tristan und Isolde" (3,390).

Eine ähnliche, vom Kontext abhängige Bedeutungsvarianz des Symbolisats
zeigt sich bei der Wasserlilie. Schon terminologisch ist sie nicht leicht festzule-
gen. Meyers Konversationslexikon von 1878 verweist unter dem Stichwort
„Wasserlilie" gleichermaßen auf *Nymphaea alba* und *Iris pseudacorus*[67]. Die eine wird auch als Seerose bezeichnet, letztere auch als Sumpfschwertlilie oder
einfach Iris. Auch Storm differenziert hier nicht immer, bei ihm erscheinen beide Arten. Die größere literarische Tradition besitzt wohl *Nymphaea alba*, die
Seerose, ironisch gebrochen in Heines *Neuen Gedichten* von 1844 – auch wenn
sie hier als Wasserlilie bezeichnet wird:

---

[62]   Vgl. Storm, *Werke* (wie Anm. 38), Bd. 3, Kommentar, S. .961; Storm an Schmidt,
       17.10.1885, *Briefwechsel* (wie Anm. 1), Bd.2, S. 115.
[63]   Storm, *Werke* (wie Anm. 38), Bd. 3, Kommentar, S. 1017. Vgl. auch Aigremont (wie
       Anm. 52), Bd.1, S.102.
[64]   Vgl. die durchweg identischen Erläuterungen in Storm, *Werke* (vgl. Anm. 38), Bd.3, S.
       964, 838, Bd.1, S. 1061.
[65]   Grimm, *Deutsches Wörterbuch*. Bd. 10, Leipzig 1877, Sp. 2300.
[66]   *Tristan und Isolde*. Gedicht von Gottfried von Straßburg. Übertragen und beschlossen
       von Hermann Kurtz. Stuttgart 1847; vgl. Storm, *Werke* (wie Anm.38), Bd.1, Kommentar,
       S. 1092.
[67]   Meyers Conversationslexikon. 3. Aufl. 1878, Bd.15, S. 620.

Die schlanke Wasserlilie
Schaut träumend empor aus dem See;
Da grüßt der Mond herunter
Mit lichtem Liebesweh.

Verschämt senkt sie das Köpfchen
Wieder hinab zu den Well'n –
Da sieht sie zu ihren Füßen
Den armen blassen Gesell'n.[68]

Ein weiteres eindeutiges Beispiel liefert Geibels *Wasserrose* aus den *Liedern als Intermezzo*:

Die stille Wasserrose
Steigt aus dem blauen See,
Die feuchten Blätter zittern,
Der Kelch ist weiß wie Schnee.
    Da gießt der Mond vom Himmel
All seinen goldnen Schein,
Gießt alle seine Strahlen
In ihren Schooß hinein.
    Im Wasser um die Blume
Kreiset ein weißer Schwan;
Er singt so süß, so leise,
Und schaut die Blume an.
    Er singt so süß, so leise,
Und will im Singen vergehn -
O Blume, weiße Blume,
Kannst du das Lied verstehn?[69]

Storm setzt die Wasserlilie, wenngleich nicht in seiner Lyrik, häufig ein. In seinen Novellen erscheint sie durchgängig und ähnlich wie in den drei angeführten Gedichten in etwas unterschiedlichem Kontext. In der populären Szene in *Immensee* ist es die bedrohende Leidenschaft. Schon hier wird die Atmosphäre zunehmend verdichtet durch die Kumulation bekannter Symbolfelder. Der Duft „der Blumen und Gesträuche" (1,322) dringt ins Zimmer, die Nachtigall schlägt, der See liegt in „schwüler Mondesdämmerung" (1,322). Dann erscheint die Wasserlilie, hier also eigentlich die Seerose, „einsam zwischen den großen blanken Blättern" (1,322f.). Schließlich erfolgt die gefahrvolle Verstrickung, dramatisch verstärkt durch die personifizierte Natur: „die glatten Stengel langten vom Grunde herauf und rankten sich an seine nackten Glieder" (1,323). Die Wasserlilie als Symbol einer auch sinnlich attraktiven Elisabeth wird zur gefahrvollen

---

[68]   Heinrich Heine: *Werke und Briefe*. Berlin / Weimar 1980, Bd. 1, S. 121f.
[69]   Emanuel Geibel: *Gesammelte Werke in acht Bänden*. Stuttgart 1883, Bd. 1, S. 35.

Projektionsfläche sexuellen Verlangens: „Auf einmal wandelte ihn die Lust an, sie in der Nähe zu sehen"(1,322)[70].

In *Von Jenseit des Meeres* wird sie unmittelbar mit der Venus, und damit mit Jenni, in Verbindung gesetzt: „Weiße Teichrosen schimmerten überall auf der schwarzen Tiefe; zwischen ihnen aber in der Mitte des Bassins auf einem Postamente, das sich nur eben über dem Wasser erhob, stand einsam und schweigend das Marmorbild der Venus" (1,672). Hier wirkt die erotische Symbolik im Unterschied zu *Immensee* keineswegs bedrohlich.

Ein anderer Schwerpunkt wird in *Renate* gesetzt. Hier symbolisiert die Wasserlilie die nicht entfaltete erotische Beziehung zwischen Renate und Josias, der „am tiefen Grunde das Wurzelgeflecht der Teichrosen und die daran keimenden Blätter gar leicht erkennen" kann (2,578). Auch als wenig später das Gerücht aufkommt, Renate sei über das Wasser und die Teichrosen zu ihm gelaufen, weiß doch Josias, daß diese Vereinigung auch auf symbolischer Ebene nie stattfand, denn er hatte ja die Blätter „unter dem Krystall des Wassers noch in ihren Hüllen […] liegen sehen" (2,582).

Dagegen wieder gefahrvoll wirkt die Wasserlilie in *Waldwinkel*. Nicht zufällig wird sie in der bereits zitierten Passage mit ihrem botanischen Namen, Iris (pseudacorus) bezeichnet[71]. Als Göttin des Regenbogens, in schillernde Farben gehüllt, harmoniert sie mit der Paradiesschlange als Symbol der Täuschung und Verführung.

Zu einem zentralen Symbol wird die Wasserlilie in *Aquis Submersus*. Storm hatte für das Totenbild des Kindes ein reales Vorbild aus der Kirche in Drelsdorf: „Seitwärts hing, liegend, das Todtenbild des Knaben, der eine rothe Nelke, so mein ich bestimmt zu erinnern, in der Hand hielt"[72]. Storm änderte das Attribut: „Und ich malete auf seinem Bildniß ihm eine weiße Wasserlilie in die Hand, als sei es spielend damit eingeschlafen. Solcher Art Blumen gab es selten in der Gegend hier" (2,452). Tatsächlich seltener als die Iris ist *Nymphea alba*, um die es sich hier handelt. Bereits der botanische Begriff assoziert den Kontext des Aberglaubens, in dem die Wasserlilie häufig in Verbindung mit Wassergeistern steht[73]. Verbreitet war die Vorstellung, daß junge Männer, die von Nixen in die Tiefe gelockt werden, mit Wasserlilien in der Hand wieder auftauchen[74]. Auch hier wird die erotische Konnotierung der Wasserlilie evident.

---

[70] Vgl. hierzu auch Jackson, *Theodor Storm* (wie Anm. 5), S. 84f. und Reimann (wie Anm. 41), S.93ff. Allerdings verwechseln beide geradezu traditionell die Wasserlilie mit der „reinen Lilie", die dann mit der Unberührbarkeit Elisabeth assoziiert wird. In sehr ähnlicher Form wie die unter der Oberfläche lauernden Verstrickungen in *Immensee* ist die Schlittenfahrt in *Auf der Universität* gestaltet. Auch hier lauern unter der Eisdecke „schlangenartige Triebe des Aalkrautes" (1,545), ebenso erregend wie bedrohlich, vgl. Pastor (wie Anm. 51), S. 89ff.; s. auch Jackson (wie Anm. 5), S. 142, und Reimann (wie Anm. 41), S. 124f.

[71] Vgl. Schröder, (wie Anm. 61), S. 556.

[72] Storm an Schmidt, Sept.1881, Storm – Schmidt, *Briefwechsel* (wie Anm. 1), Bd.2, S. 49.

[73] *Handwörterbuch des deutschen Aberglaubens* (wie Anm. 57), Bd.9, S. 134f.

[74] Ebda, S.146.

Die Frage, warum Storm eine Pflanze mit solch eindeutig erotischem Symbolisat wählt, läßt sich durch den Vergleich der beiden Liebeszenen des Paares beantworten. Die Darstellung der ersten Szene mit den Rückgriffen auf die Symbolgestaltung der Romantik wurde bereits angeführt. In der zweiten Szene, die den Tod ihres Kindes unmittelbar zur Folge hat, fehlt die Romantik der Darstellung. Der Schwerpunkt liegt hier auf Johannes' Leidenschaft: „Aber meine Sinne zielten nur auf das Weib, das sie begehrten" (2,447). Nicht mehr die Harmonie eines Paares steht im Vordergrund, sondern der Trieb: „Da wurd ich meiner schier unmächtig; ich riß sie jäh an meine Brust, ich hielt sie wie mit Eisenklammern" (2,448). Der Tod des Kindes, der zweifellos auf diesen Ausbruch von Leidenschaft zurückzuführen ist, führt zur häufig behandelten Schuldfrage und der bekannten Äußerung Storms: „der Held [...] fällt eigentlich nie durch eigne Schuld, sondern durch die *Schuld* oder *Unzulänglichkeit* des Menschenthums, sei dieß Feindliche in ihm selbst gelegen oder in einem außer ihm bestehenden Bruchtheil der Menschheit [...] So ist es in Aquis Subm<ersus> (wo ich an keine Schuld des Paares gedacht) so in „Renate", wo das Feindliche sowohl in die Seele des Helden, als in die Außenwelt gelegt ist"[75]. So liegt auch die Tragik in *Aquis Submersus* sowohl in den sozialen Verhältnissen und der feindlichen Außenwelt, als auch in der Absage an die Perfektibilität des Menschen, denn auch einer positiv besetzten Figur wie Johannes gelingt der Triebverzicht nicht immer.

In *Ein Doppelgänger* wird die Iris als Lieblingsblume der Förstersgattin Christine bezeichnet. Hier liegt der Schwerpunkt des Symbolisats, ähnlich wie in *Waldwinkel*, durch den Iris-Begriff wieder auf dem Bereich der Täuschung und verweist auf ihr Vaterbild. Kurz darauf erscheint die Wasserlilie, diesmal ist es jedoch *Nymphaea alba*, im Kontext einer bekannten erotisch-romantischen Naturbeschreibung: „ich trat an das offene Fenster und sah auf den Teich und auf die Wasserlilien, die wie Mondflimmer auf seinem dunklen Spiegel lagen; die Linden am Ufer hatten zu blühen begonnen, und ihr Duft wehte im Nachthauch zu mir herüber" (3,531). Die Szenerie bleibt jedoch leer, sie kontrastiert hart mit dem Rückblick des Erzählers: „Aber die reiche Sommernacht nahm mich nicht gefangen; vor mein inneres Auge drängten abwechselnd sich zwei öde Orte: ein verlassener Brunnen mit vermorschtem Plankwerk, [...] das äußerste der kleinen Stadthäuser am Ende der Norderstraße" (3,531)[76].

---

[75] Storm an Schmidt, Sept.1881, Storm – Schmidt, *Briefwechsel* (wie Anm. 1), Bd.2, S.49.
[76] Die Häufung der sonst so eindeutig erotischen Symbole im *Doppelgänger*: Geißblatt, Iris, Teich mit Wasserlilien irritiert zunächst, paßt sie doch nicht zur sanften, zivilisierten Liebesbeziehung des Paares der Rahmenhandlung. Bezieht man jedoch neuere Untersuchungen zum Verhältnis Storms zur Vererbungslehre mit ein, so zeigt sich hier unter der Ebene der triebreduzierten Kultur die noch ursprünglich ungezügelte Natur als symbolisch angedeuteter Subtext, vgl. Eckart Pastor (wie Anm. 51), S. 164-169; und Regina Fasold: *Storms Verständnis von Vererbung*, in: *Stormlektüren*. Festschrift für Karl Ernst Laage zum 80. Geburtstag. Hrsg. v. Gerd Eversberg / David A. Jackson / Eckart Pastor. Würzburg 2000, S. 47-58, hier S. 56f.

Diese Szene führt zu einem weiteren Symbolisatfeld, der Ambiguität der Wassersymbolik. Als Symbol ungebändigter Naturgewalt ist das Meer im *Schimmelreiter* bekannt, die Bedeutung von Untergang und gefährlichem Abgrund hat es in *Aquis Submersus* und *Auf dem Staatshof*, im *Doppelgänger* steht hierfür der Brunnen. Die vielfältig erotische, romantische oder triebhaft gefährliche Konnotation des Wassers wird dagegen häufig übersehen. In den hier bereits angeführten Passagen erscheint es immer wieder, schon in Eichendorffs *Marmorbild* plätschern in Verbindung mit der Venus die Springbrunnen, die Storm in seinen Eichendorff-Illustrationen auch erwähnt, und auch in *Von Jenseit des Meeres* darf ein Teich nicht fehlen. Im Zusammenhang mit der Wasserlilie ist das Wasser natürlich unverzichtbar, so das „Waldwasser" in *Waldwinkel*, *Immensee* oder *Renate*. In *Aquis Submersus* tönt ähnlich wie in *Auf dem Staatshof* bedrohlich das dumpfe „Brausen des Meeres" (2,454), doch zur Liebesszene gehört auch „das Rauschen des Wässerleins, das hinten um die Hecken fließt" (2,419). Auch die blonde Majorstochter in *Zur Wald- und Wasserfreude* wird über die Anadyomene-Metaphorik häufig mit Wasser in Verbindung gebracht[77].

In den frühen Novellen *Angelica* und *Veronica* bildet das Wasser den symbolischen Hintergrund für erotische Szenen. In Angelica ist es eine Bootsfahrt, die wieder im Kontext gesehen werden muß[78]:

> Um sie her war es so still, das Wasser ohne Wind und ohne Welle; nur bisweilen von unten herauf stieg ein Bläschen an die Oberfläche und blinkte und verschwand. Angelika zeigte mit der Hand danach, als frage sie, was das bedeute.
> „Geheimnis!" sagte Ehrhardt.
> „Geheimnis?"
> „Es blüht etwas im Grunde!" – Und ihre Augen hielten ihm Stand, daß er bis in die allerdunkelsten Tiefen sehen konnte. Sie lächelte, ihre Lippen waren rot, ihr Atem ging schwer wie Sommerluft. Er ließ seine Hand über Bord in's Wasser gleiten, die ihre folgte ihm, und während die Flut durch ihre Finger quoll, hielten sie sich gefaßt, und fühlten das geheimste Klopfen ihres Lebens. (1,366)

Der Schauplatz in *Veronica* dagegen ist eine Mühle, genauer „das eintönige Rauschen des Wassers, das über die Räder in die Tiefe stürzte" (1,469). Der rauschhafte Zustand des Paares endet abrupt mit dem Stillstand des Mühlrades: „von den Rädern fiel das abtropfende Wasser klingend in den Teich. Die Lippen des jungen Mannes verstummten"(1,470). Hier erinnert das Symbolisat des Wassers an die männlichen Angst- oder Wunschphantasien elementarer Weiblichkeit und Sexualität in der Literatur der zweiten Hälfte des 19. Jhds[79].

In *Psyche* eröffnet das Wasser wieder ein kontrastives Symbolisatfeld: es bildet sowohl das Element der Trennung und Bedrohung als auch der Verbindung des Paares. Basierend auf Apulejus' *Metamorphosen* transponiert Storm

[77] Vgl. Schröder (wie Anm. 61), S. 557ff.
[78] Vgl. Reimann (wie Anm. 41), S. 91f.
[79] Vgl. Peter Sprengel: *Geschichte der deutschsprachigen Literatur 1870-1900*. München 1998, S. 46f.

die Rettung der Psyche aus den Fluten. Zunächst sind sie noch bedrohlich und hemmend: „Und jetzt legte sich ein dunkles Wasser vor ihren Weg; [...] das Wasser spritzte auf den Weg, als das Mädchen daran vorüber eilte; zwei graue Tauchenten, die inmitten der schwarzen Tiefe sich auf den Wellen schaukeln ließen, verschwanden lautlos unter der Oberfläche" (2,328). Im Verlauf der Novelle wird das Wasser positiver und sinnlicher konnotiert. Zunächst für Franz:

> Er dachte an den Spreewald mit seinem Netz von hundert stillen Wasserarmen, in dessen Schatten er sich einmal mit seinem Freunde, dem Maler, einen schönen Sommermonat lang verloren hatte. Auf einsamem Nachen unter überhängenden Erlen hinzufahren, zwischen flüsterndem Schilfrohr oder durch die breiten schwimmenden Blätter der Wasserlilie (2,339).

Schließlich wird das Wasser zum Medium der Vereinigung des Paares: „ihm war, als hörte er in weiter Ferne das Wellenrauschen der Nordsee. Und auch die Geliebte schien er mit sich dahin gezogen zu haben"(2,344).

In *Eine Halligfahrt* ist das Wasser Bestandteil des Mythos im Gegensatz zur Rationalität. Zunächst als Bestandteil der Rungholt-Sage und der Zauberinsel, die bereits am Anfang wissenschaftlich aufgelöst wird: „Aber es war dennoch keine Zauberinsel, sondern eine Hallig des alten Nordfrieslands, das vor einem halben Jahrtausend von der großen Flut in diese Inselbrocken zerrissen wurde; die weißen Vögel waren Silbermöwen, welche dem Strande entlang über ihren Brutplätzen schwebten; lagus argentatus, von den Naturforschern längst registriert und in ihren Systemen untergebracht" (2,45). Das gleiche geschieht mit der sich anbahnenden Liebesbeziehung, zu deren Szenerie auch das Wasser als Bestandteil eines fast idyllischen hortus conclusus gehört: „Von unten aus dem Grunde blinkte ein kleiner Teich, ringsum von einem hohen Ligusterzaun umschlossen" (2,53).

*

Ein weiteres Feld erotischer Konnotation bieten dezente Hinweise auf die weibliche Physiognomie. Bereits in der Romantik und auch in Eichendorffs *Marmorbild* gilt das offene Haar als Topos erotischer Weiblichkeit: „Ihr langes goldenes Haar fiel in reichen Locken über die fast bloßen, blendendweißen Achseln bis in den Rücken hinab". Von dieser Kollektivsymbolik macht auch Storm Gebrauch; in seiner frühen Lyrik, wie in *Traumliebchen*: „Glühend um meine Glieder / Flutet ihr dunkles Haar" (1,228), und auch in der Prosa. In *Angelica* erscheint der Gegensatz der „blonden Flechten" des Kindes und des offenen Haares der Geliebten: „später dann, ihm ganz gehörend, über ihn gebeugt, das Haar über ihn herabfallend, er selbst an ihrem Leibe hängend" (1,384). In *Beim Vetter Christian* löst sich Julies Haar nicht zufällig bei der Apfelernte (2,108), und Frauengestalten wie Juliane in *Carsten Curator* (2,458) oder Wulfhild in *Ein Fest auf Haderslevhuus* werden durch ihr offenes Haar frühzeitig charakterisiert:

„das wellige Goldhaar fiel ihr frei über den stolzen Nacken" (3,94f.). Das Besondere in *Waldwinkel* ist weniger die Prozedur des Öffnens und Flechtens, sondern die symbolische Beziehung zwischen Franziska und der Natur, die feminisiert wird. Franziska löst „ihre schweren Flechten, daß das dunkelblonde Haar wie Wellen an ihr herabflutete" (2,236). Ganz ähnlich war zuvor die Natur beschrieben worden. Das Tiefland breitet sich aus, „zu dem in Wellenlinien sich der Weg hinuntersenkte" (2,227). Kurz darauf werden „grüne, wellenförmig sich erhebende Saatfelder" beschrieben und ein Laubwald, der „seine weichen Linien gegen den blauen Himmel abzeichnete" (2,231). Die Verbindung zwischen offenem Haar und der Wassersymbolik wird hier besonders deutlich. Beide Symbole konnotieren die ungebändigte Weiblichkeit, die ebenso anziehend wie gefährlich sein kann.

In *Aquis Submersus* läßt sich am Haar Katharinas ihre Entwicklung ablesen. Als Kind läßt sie „ihre braunen Zöpfe lustig fliegen" (2,388), etwas später „war Katharina schon fast wie eine Jungfrau; ihr braunes Haar lag itzt in einem goldnen Netz gefangen" (2,390), doch noch am Sarg des Vaters durchfährt Johannes „ein heißer Puls des Lebens", und „aus dem schwarzen Häubchen drängten sich die braunen Löcklein, und der schwellende Mund war um so röther in dem blassen Antlitz" (2,395). War schon in der ersten Abschiedsszene „die Fluth des seidenbraunen Haars dem güldnen Netz" entstürzt (2,392), die Liebesnacht auf diese Weise präfigurierend, so liegt schließlich in ihrer Liebesszene Katharinas Haar „über dem weißen Nachtgewand bis in den Schoß hinab" (2,417).

Parallel zum Bild des gefangenen und sich öffnenden Haars erscheint auch bei Storm häufig das Kollektivsymbol der geschlossenen und sich öffnenden Knospe bzw. Blüte. Während diese Symbolik eher mit dem Bereich der weiblichen Adoleszenz und nur am Rande mit erotischer Chiffrierung zu tun hat, wie das Springen der Knospe in *Psyche* (2,328), sind die geöffneten Blüten vor allem in Storms Lyrik sexuell konnotiert, etwa in *Mondlicht*[80]:

Und was in Tagesgluten
Zur Blüte nicht erwacht,
Es öffnet seine Kelche
Und duftet in die Nacht. (1,29)

In *Abends* hängt der Schmetterling „vergessend sich und seine bunten Flügel" (1,199) am Blütenkelch der Rose. Dieses Gedicht verweist zugleich wieder auf ein im gleichen Symbolisatfeld eingesetztes Symbol, den geöffneten Lippen: „O gönne mir der Lippen feuchte Glut, / Erschließ den Rosenkelch, den liebeswarmen" (1,199).

In der Tat sind es besonders in Storms Prosa die geöffneten roten Lippen, welche die weibliche Liebesbereitschaft anzeigen. Dies gilt für Susanne in *Eine Halligfahrt* (2,41) ebenso wie für Margarethes „üppige Lippen" in *Draußen im Heidedorf* (2,71). Häufig werden jedoch die Lippen gekoppelt mit einem Hin-

---

[80]   Vgl. Reimann (wie Anm. 41), S. 33.

weis auf die Zähne, womit die Assoziation von Energie und Vitalität geweckt wird, die durchaus auch als feminine Bedrohung wirken kann. Ferdinand von Saar etwa, geographisch weit entfernter Zeitgenosse Storms, setzt die Beschreibung der Zähne noch konsequenter häufig als Symbol für weibliche Dominanz und sexuelle Attraktivität ein[81]. Storm ist hierbei diskreter, doch die Anziehungskraft der Frauenfiguren wird auch bei ihm durch die Zahnsymbolik unterstrichen. Wiederholt werden die Zähne der schönen Jenni in *Von Jenseit des Meeres* erwähnt. Zunächst als Vorausdeutung beim Kind, das wie „ein kleiner schöner Teufel" wirkt und dem die „weißen Zähnchen hinter den roten Lippen" hervorblitzen (1,653). Bei der Begegnung im Lusthain schließlich ist sie erwachsen: „es war so hell vom Mond beleuchtet, daß ich den bläulichen Schmelz der Zähne zwischen den roten Lippen schimmern sah" (1,674). Ebenfalls wiederholt werden die Zähne Margarethes in *Draußen im Heidedorf* erwähnt. Über die „weißen spitzen Zähne, die jetzt von den lächelnden Lippen bloßgelegt wurden" (2,70)[82], hinaus wird sie durch das slawische Blut des Großvaters (2,74) zum „gefährlichen Mädchen" (2,73), zum literarischen Typus der verführerischen Slawin[83].

Willensstark und dominant zeigt sich früh Wulfhild in *Ein Fest auf Haderslevhuus*: „ihre weißen Zähne zerbissen einen Strohhalm" (3,393). Positiver gezeichnet, aber ebenfalls energisch und nicht unsinnlich im Gegensatz zur körperlosen Else[84] wirkt Hilda in der späten Novelle *Ein Bekenntnis*: „sie schloß ihre weißen Zähne auf einander und schüttelte so lebhaft den Kopf, daß der dunkle Zopf, der ihr im Nacken hing, zu beiden Seiten flog; und dabei zuckte aus den braunen Augen, die je zur Seite des feinen Stumpfnäschens saßen, ein fast übermütiges Leuchten" (3,622). Eher unerwartet und hintergründig werden ähnliche Hinweise in *Der Herr Etatsrat* gesetzt. Denn auch Phia sammelte als Kind Äpfel „aus dem tiefen Grase und biß frisch hinein mit ihren weißen Zähnchen" (3,20). Die Lebenslust, die hier angedeutet wird, korrespondiert mit dem wiederholt eingesetzten Motiv der Willis, den tanzlustigen Elementargeistern, vor der Hochzeit gestorbenen Bräuten, die aus Heines *Salon* bekannt sind und als Sinnbild für die im Leben entbehrten Freuden stehen[85].

---

[81] Eine Reihe von Beispielen von Saars Frauenfiguren mit ausgezeichnetem Gebiß bringt Jean Charue: *Zum Determinismus bei Saar*, in: *Ferdinand von Saar. Ein Wegbereiter der literarischen Moderne*. Hrsg. v. Karl Konrad Polheim. Bonn 1985, S. 235-263, hier S. 246f.

[82] Kurz darauf werden „die weißen Zähne [...] wieder sichtbar zwischen den üppigen Lippen" (2,71).

[83] Zum biographischen Aspekt vgl. die Aufzeichnungen Erich Schmidts über die Begegnung Storms mit der slawischen Schauspielerin Johanna Buska, die er „interessant, picant" findet und die ihm gefährlich zu werden droht, Storm – Schmidt, *Briefwechsel* (wie Anm. 1), Bd.1, S. 16.

[84] Vgl. hierzu als Beispiel Elses Tanz: „mitunter befiel mich Furcht, als könne ich sie nicht halten, als müsse sie mir in Luft zergehen" (3,604).

[85] Heine, Werke (wie Anm. 68), Bd.5, *Elementargeister*, S.321; vgl. hierzu Storm, *Werke* (wie Anm. 38), Bd.3, Kommentar, S. 785f.

Wulfhild aus *Ein Fest auf Haderslevhuus* stellt in vielerlei Hinsicht einen bekannten Frauentypus dar, der später als Femme Fatale bezeichnet werden sollte: erotisch, dominant und selbstbewußt, für Männer ebenso attraktiv wie gefährlich[86]. Ihr gegenüber steht Dagmar, die Kindfrau, zierlich und „zarteren Leibes, als sonst die Menschen sind" (3,409), die die Femme Fragile verkörpert. Ihre Anziehungskraft beruht auf Zerbrechlichkeit und scheinbarer Unberührbarkeit. Der Antagonismus dieser Frauentypen als Ausdruck verschiedener Formen von männlichen Angst-Wunsch-Projektionen gewinnt erst am Ende des 19. Jhds seine volle Popularität. Von den Vertretern realistischen Erzählens setzt auch Ferdinand von Saar beide Typisierungen ein, und zwar in seiner wenige Jahre nach Storms Erzählung geschriebenen *Ginevra*. Bei Saar erweist sich der Typus beider Figuren als brüchige Illusion des Ich-Erzählers. Die Femme Fatale stellt sich als alternde Kokotte heraus, und auch die Femme Fragile ist alles andere als zerbrechlich und unberührbar[87]. Storm dagegen transponiert diese moderne Typisierung problemlos als kontrastive Figuren in seinen mittelalterlichen Stoff.

Unkonventionell ist auch der symbolische Hinweis auf die sinnliche Anziehungskraft zwischen Renate und Josias in *Renate*:

> „wir sahen beid auf unsere Schatten, wie sie vereinet vor uns auf den Rasen fielen, und so das Mondlicht zwischen ihnen Platz gewinnen wollte, neigeten wir uns schweigend zu einander und schaueten darauf hin, wie sie aufs Neu in Eins zusammenflossen. Dann stunden wir auf der Uferhöhe und sahen schweigend in das Land hinaus und hörten auf das Strömen des Flusses, der darunten mit seinen Wassern nach dem Meer hinabzog." (2,561)

Ähnlich wie im Beispiel der nicht entwickelten Wasserlilienblätter verweist auch hier die Vereinigung der Schatten auf die versagte Liebesbeziehung.

Besonders problematisch war im 19. Jhd. die Behandlung von Formen gewalttätiger Sexualität. Storm verwendet unterschiedliche Arten der Andeutung. Literarische Tradition besitzt die Symbolkraft des Tanzes, in *Auf der Universität* wird auf diese Weise die Täter-Opfer-Beziehung zwischen Lore und dem Raugrafen dargestellt: „sie hatte den Kopf in den Nacken fallen lassen, während sie fast von seinem Arm getragen wurde und nur mit den Fußspitzen den Boden berührte; er neigte sich über sie, und seine Augen lagen unbeweglich wie die eines jungen Raubvogels auf ihrem Antlitz, das sie mit geschlossenen Lidern ihm entgegenhielt" (1,585). In *John Riew'* wird nur Annas Gesicht am nächsten Tag beschrieben: „ganz zerstört schien es mir; ich suchte darin nach etwas, und ich wußte nicht, wonach; die roten vollen Lippen schienen wie zum Spott daraus hervor" (3,369).

---

[86]   Zur Geschichte des Typus der Femme Fatale in den Medien Literatur, Oper, Malerei und Film s. die verschiedenen Beiträge in: *Don Juan und Femme Fatale*. Hrsg. v. Helmut Kreuzer. München 1994.

[87]   Ferdinand von Saar: *Ginevra*. Hrsg. und gedeutet von Stefan Schröder. Tübingen 1996, S. 170-177.

Am ausführlichsten und mit einem großem Maß an individueller Symbolik verarbeitet Storm das Thema recht früh, in *Auf dem Staatshof.* Die Figur des Kammerjunkers ähnelt der des angeblichen Barons in *John Riew'*, die Charakterisierung und die Art seiner Absichten werden jedoch ausführlicher dargestellt:

> Der Kammerjunker, ohne sie weiter zu beachten, haschte eine Mücke, die eben an ihm vorüberflog. Ich sah, wie er sie an den Flügeln sorgsam zwischen seinen Fingern hielt, wie er den Kopf herabneigte und die hülflosen Bewegungen des Geschöpfes mit Aufmerksamkeit zu betrachten schien. Nach einer Weile nahm er die neben ihm liegende Schreibfeder, tauchte sie in das Dintefaß und begann nun nach einander Kopf und Brustschild seines kleinen Opfers in langsamen Zügen damit zu bestreichen. Bald aber änderte er sein Verfahren; er zog die Feder zurück und führte sie wie zum Stoße wiederholt gegen die Brust der Kreatur, welche mit den feinen Füßen die auf sie eindringende Spitze vergebens abzuwehren strebte. Seine blanken Augen waren ganz in dies Geschäft vertieft. Endlich aber schien er dessen überdrüssig zu werden; er durchstach das Tier und ließ es vor sich auf den Tisch fallen (1,409f.)

In der darauf folgenden Szene findet die Übertragung des Mücken-Bildes auf Anne Lene statt:

> Hier stand sie mit dem Rücken an einen jungen Apfelbaum gelehnt. Sie schien ganz einem innern Erlebnis zugewendet; denn ihre Augen starrten unbeweglich vor sich hin, und ihre kleinen Hände lagen fest geschlossen auf der Brust. Ich fragte sie: „Was ist denn dir begegnet, Anne Lene?" Aber sie sah nicht auf; sie ließ die Arme sinken und sagte: „Nichts, Marx; was sollte mir begegnet sein?" Zufällig aber hatte ich bemerkt, daß die Krone des kleinen Baumes wie von einem Pulsschlage in gleichmäßigen Pausen erschüttert wurde, und es überkam mich eine Ahnung dessen, was hier geschehen sein könne (1,410)

Natürlich verwendet Storm in diesen Bildkomplexen auch traditionelle Symbole und Metaphern wie Mücke oder Apfelbaum, bei der Komplexität und Verknüpfung der Bilder wie etwa der eindringenden Spitze der Tintenfeder mit der pulsierenden Krone des kleinen Apfelbaumes ist man jedoch geneigt, eine grundlegende Freud-Lektüre des Autors vorauszusetzen. Auf der anderen Seite war die Art der Darstellung offenbar subtil genug, daß sie auch in einer Erzählung des Jahres 1858 keinen Anstoß erregte.

*

Obwohl Storm bereits von Fontane als erotischer Dichter bezeichnet worden war, dominierte die allgemeine Thematik von Liebe und Vergänglichkeit, Resignation und Wehmut zunächst die Stormrezeption, sexuelle wie auch sozialkritische und politische Subtexte wurden erst sehr viel später Gegenstand des Interesses. Die Tatsache, daß Storm zu seiner Zeit gern als Frauenliteratur empfohlen wurde[88], spricht für sich, zeigt auch, daß alles, was über die romantische

---

[88]   Vgl. Jackson (wie Anm. 2), S. 21.

Liebe hinausging, von ihm diskret genug behandelt wurde, so daß nur wenige, wie etwa Fontane oder Schmidt, die Komplexität der chiffrierten Erotik durchschauten. Tatsächlich spielt das Thema Sexualität bei Storm eine verhältnismäßig große Rolle. Dies gilt umso mehr, wenn man die Werke Fontanes, Raabes oder Kellers zum Vergleich heranzieht. Der aufgezeigte Einfluß der romantischen Symboltradition, besonders Eichendorffs, wie er vor allem in der Lyrik und der frühen Prosa zu finden ist, wirkte abgesehen von der persönlichen Wertschätzung des Romantikers vertraut und war unverdächtig. So hat Storm in der Darstellung erotischer oder sexuell konnotierter Szenarien nur selten Neuland betreten. Seine erotische Symbolik ist meist zeittypisch und kollektiv, dadurch nicht selten auch konventionell. Der Grund hierfür mag nicht zuletzt auch in der Gratwanderung liegen, die eine Behandlung heikler Themen wie der Sexualität darstellte. Letztlich ging nicht nur der Bürger Storm konform mit der Moral seiner Zeit, auch als Schriftsteller mußte und wollte er den „guten Geschmack" wahren[89]. Mitunter jedoch, wie in *Renate*, *Auf dem Staatshof* und *Ein Fest auf Haderslevhuus* ist die erotische Symbolik kreativ, individuell und höchst progessiv. Oder sie setzt, wie in *Der Herr Etatsrat* oder *Heinz und Hans Kirch*, als Subtext neue Akzente der Figurencharakteristik. Vage Begriffe wie „Stimmung" oder „Atmosphäre" werden der Erzählweise Storms nicht gerecht, denn ob eklektizistisch, auf der Höhe der Zeit oder ihr zuweilen auch voraus: Storms erotische Symbolik ist stets konkret faßbarer, verarbeiteter, modifizierter und damit individualisierter Bestandteil des poetischen Ganzen, sinnvoll eingebettet in narrativen oder lyrischen Strukturen mit komplexen Verästelungen und Zusammenhängen.

---

[89]   Vgl. ebda, S. 276f.

Burkhard Bittrich

Eduard Graf Keyserling und seine preußischblau kolorierte deutschbaltische Adelswelt

Eduard Graf Keyserling (1855 - 1918)[1] entstammt einem weitverzweigten und zahlreiche bedeutende Persönlichkeiten aufweisenden Adelsgeschlecht, dessen Wirken im Baltikum und in Preußen untilgbare Spuren hinterlassen hat. Wir heben die Namen und Funktionen einiger seiner Repräsentanten hervor, um etwas von der Welt sichtbar zu machen, aus der unser Autor hervorgegangen ist. Im Jahre 1492 verläßt der Ritter Hermann Keselingk das westfälische Herford, wendet sich nach Livland und begründet das ostmitteleuropäische Adelshaus der Keyserlinge. Als russischer Botschafter in Dresden bestellt der 1696 geborene Reichsgraf Hermann Carl von Keyserling bei Johann Sebastian Bach für seinen Cembalisten Johann Theophilus Goldberg eine Komposition zur Unterhaltung und Aufheiterung in schlaflosen Nächten, ein Werk, das nachmals unter der Bezeichnung *Goldberg-Variationen* weltberühmt wurde. Der zwei Jahre später geborene Freiherr Diedrich von Keyserling gewinnt den Kronprinzen Friedrich, den großen König späterer Jahre, zum Freunde und wird von ihm Cäsarion genannt. Das Königsberger Palais von Hermann Carls, des Botschafters, Sohn Heinrich Christian (*1727) sieht Immanuel Kant als ständigen Gast. Vier Namen aus Eduards eigenem Jahrhundert mögen die illustre Reihe beschließen: Die Jahre 1879 und 1973 markieren die Grenzpunkte der langen Lebenszeit des schriftstellernden Freiherren Otto von Taube, eines Neffen zweiten Grades unseres Autors. Den gleichen Verwandtschaftsgrad weist der 1880 geborene und 1946 gestorbene, ehemals weitbekannte Kulturphilosoph Hermann Graf Keyserling auf. Die letzten beiden noch zu nennenden Persönlichkeiten gehören dem militärisch-politischen Bereich an und veranschaulichen eindrücklich die Verflochtenheit der Keyserlinge sowohl in den baltisch-russischen als auch in den preußisch-deutschen Raum. In diesen ist der in Stettin 1869 geborene Walter Freiherr von Keyserlingk als Seeoffizier der deutschen Marine und während des ersten Weltkrieges Kommandant vom Flaggschiff des deutschen Kaisers eingebunden, in jenen der in Kurland 1882 geborene Archibald Graf Keyserling als Seeoffizier der kaiserlich russischen Marine und Teilnehmer am Russisch-japanischen Kriege wie auch am ersten Weltkriege. Schließlich bestimmt er auch noch die Nachkriegswelt mit, als er 1924 zum Chef und Organisator der lettischen Kriegsmarine ernannt wird.[2]

---

[1] Der abgedruckte Text gibt, geringfügig erweitert, einen Vortrag wieder, den der Verf. im Oberseminar von Karl Konrad Polheim sowie in der Ostsee-Akademie Travemünde, in der Pädagogischen Akademie Liepaja/Libau, in der Universität Riga sowie im Schriftstellerhaus Tallinn/Reval gehalten hat.

[2] Die vorstehenden Angaben stützen sich auf: Das Buch der Keyserlinge. Berlin 1944, so-

Wenn wir nun auf das Leben des Grafen Eduard von Keyserling selbst, verbunden mit einem Überblick über sein schriftstellerisches Werk, zu sprechen
kommen, so bleibt leider vieles für uns aus diesem Leben im dunkeln, da er die
Verfügung getroffen hat, sämtliche Lebensdokumente und auch seinen schriftstellerischen Nachlaß zu vernichten. Nur ein einziges Mal hat er sich im Jahre
1912 brieflich an Eduard Glock, der in der Zeitschrift *Eckart*[3] eine knappe Darstellung über ihn veröffentlichte, lapidar über seinen Werdegang geäußert. "Ich
bin", so beginnt er sein statement, "auf meinem väterlichen Gute im Kreise einer
zahlreichen Familie aufgewachsen". Seinen Geburtstag teilt er nicht mit, und
selbst dieser steht nicht eindeutig fest. In einschlägigen Darstellungen begegnet
der 14. oder 15. Mai 1855. Geburtsort ist Schloß Tels-Paddern im damals und
bis zum Ende des ersten Weltkrieges russischen Kurland. Den Sommer ver-
lebten die Keyserlinge üblicherweise in Telsen bei Libau, und dorthin führten
dann ausgedehnte Badereisen. Eduards ältere Schwester Henriette - sie wurde
schon 1839 geboren - hat in ihren Erinnerungen an ihre Schwester Marie, die der
Freiherr von Taube 1949 herausgab - sie brechen im März 1868 mit deren Tode
ab und enthalten leider kaum etwas über den damals erst zwölf Jahre alten Eduard - , sehr anschaulich das Reisefieber der zahlreichen Keyserling-Kinder geschildert. "Die sich fast jährlich wiederholenden Badereisen nach Libau", so lesen wir dort, "sind mit allem, was dazu gehört, mit allem Packen, Ordnen und
Einrichten, mit den vielen Equipagen, Koffern und Päckchen, mit der endlos
langen Fahrt durch das sommmerliche Land, eine Freude, die uns immer in den
wildesten Jubel versetzt"[4]. Eduard von Keyserling fährt in seinem Lebensresü-
mee fort: "Nach Beendigung eines Ritterschaftsgymnasiums besuchte ich einige
Universitäten, bei denen meiner schwankenden Gesundheit wegen die südlichen
wie Wien und Graz den Vorzug hatten. Dort studierte ich Kunstgeschichte und
Philosophie." Wiederum gibt es Unsicherheiten und finden sich Unklarheiten.
Fest steht immerhin, daß Keyserling das Gymnasium in Goldingen (heute Kul-
diga) besuchte. Sein 1887 erschienenes Erstlingswerk, der dem Naturalismus
verpflichtete Roman *Rosa Herz* mit dem Untertitel *Eine Kleinstadtliebe*, schildert recht detailliert ein nicht näher bezeichnetes Provinznest als Handlungsort,
und dessen Beschreibung enthält Spuren, die auf dieses lettische Städtchen verweisen. Doch vermeidet es Keyserling schon hier wie auch späterhin, worauf
zurückzukommen sein wird, lettisches Lokalkolorit betont zu verwenden. Nur
genaue Kenner der örtlichen Verhältnisse entdeckten im Namen der Titelfigur
Rosa Herz eine Anspielung auf die Tochter Rosa des Goldinger Arztes Dr.

---

wie auf das Nachwort von Otto Freiherr von Taube in: Eduard von Keyserling: Schwüle
Tage und andere Erzählungen. New York 1954 (= Manesse Bibliothek der Weltliteratur),
S. 317-335, hier: S. 317-321.

[3]   Eduard Glock: *Eduard von Keyserling. Eine Darstellung.* In: Eckart. Bd. 10 (1911/12), S.
623-637; hier: S. 628. Im folgenden wird dieser Keyserling-Text vollständig zitiert.

[4]   Gräfin Henriette Keyserling: *Frühe Vollendung. Das Leben der Gräfin Marie Keyserling
in den Erinnerungen ihrer Schwester.* Herausgegeben von Otto Freiherrr von Taube.
Bamberg 1949, S. 117.

Herzberg und in den Rivalen um ihre Gunst, dem erfolgreichen, aber treulosen Ambrosius von Tellerat des Romans, einen Gutsbesitzersohn aus der Umgebung und in dem Baron Herwig Kollhardt von Kollerwegen, dem im Romantext verschmähten Bewerber, ein Porträt des Gymnasiasten Keyserling selbst.[5] Ganz unpräzise sind die Angaben über seine Studentenzeit. Weder für Wien noch für Graz gibt es Immatrikulationsnachweise. In Wien zumindest dürfte er sich aber längere Zeit aufgehalten haben; denn die naturalistisch genauen Milieudokumentierungen in seinem zweiten Prosawerk, dem 1892 erschienenen Wiener Roman *Die dritte Stiege* - schon die Bezeichnung "Stiege" für "Treppe" deutet auf süddeutsch-österreichisches Sprachgebiet hin - und der ganz wienerische Zweiakter *Benignens Erlebnis* von 1906 ließen sich ohne enge, an Ort und Stelle gewonnene Vertrautheit mit der Donauresidenz kaum erklären. Ganz verschwiegen aber hat Keyserling seinen ersten Studienort, das livländische Dorpat, und dieses Verschweigen erfolgt nicht ohne Grund: Der dort 1874 Immatrikulierte, Student übrigens auch der Rechtswissenschaft, wird nämlich drei Jahre später wegen einer, wie sich Otto von Taube ausdrückt, "Lappalie"[6] aus seiner studentischen Verbindung, der *Curonia*, und möglicherweise auch aus dem Adelsverband der Ritterschaft ausgestoßen. Jedenfalls ist er seitdem bei seinen Standesgenossen verfemt. Diese Ächtung macht ihm ein Verbleiben in Dorpat unmöglich. Was es mit der sogenannten Lappalie, also Kleinigkeit auf sich hatte, bleibt wie so vieles in Keyserlings Vita rätselhaft. Am glaubwürdigsten erscheint, was der bereits erwähnte Kulturphilosoph Hermann Graf Keyserling in seinem 1948 erschienenen Memoirenwerk *Reise durch die Zeit* darüber berichtet hat. "Als Student", so lesen wir dort, "vergaß er einmal eine Geldsendung rechtzeitig abzusenden, vergaß dann wiederum, daß er es nicht getan hatte, und so ergaben sich Unstimmigkeiten, welche die kurländische Ritterschaft aufgriff"[7]. Keyserling selbst setzt seinen Lebensbericht mit den Worten fort: "Später folgten allerhand Reisen und dann eine Reihe von Jahren, in denen ich in meiner Heimat die Familiengüter verwaltete." Reisen, vor allem Kuraufenthalte in Bad Oeynhausen und Bad Herrenalb, sind allerdings erst aus den 1890er Jahren bezeugt und hängen wohl mit einem Rückenmarksleiden zusammen, dessen erste Anzeichen sich 1893 zeigen und das im Jahre 1908 zu seiner völligen Erblindung führt. Es liegt nahe, hierbei an Syphilis zu denken, die er sich während seiner Wiener Jahre zugezogen haben dürfte. Dieser Umstand würde auch sein hartnäckiges Schweigen über seine frühen Mannesjahre erklären und seinen Wunsch begreiflich machen, alle persönlichen Lebenszeugnisse vernichten zu lassen. Von besonderem Interesse ist des Grafen Hinweis auf seine Gutsverwaltertätigkeit. Dabei lernte er nämlich auch die Welt der 'kleinen Leute' gründlich kennen; und diese lettische Unterschicht ist in seinen Werken fast immer lebensvoll gegenwärtig, ohne

---

[5]   Diese Details verdankt der Verf. der frdl. Mitteilung von Herrn Harro von Hirschheydt.
[6]   Otto von Taube (wie Anm. 2): Nachwort, S. 321.
[7]   Hermann Graf Keyserling: *Reise durch die Zeit*. Teil 1: *Ursprünge und Entfaltungen*. Vaduz 1948, S. 39.

daß sie freilich ausdrücklich als lettisch gekennzeichnet wäre. "Ende der neunziger Jahre", so läßt sich unser Autor weiterhin vernehmen, "siedelte ich nach
München über, wo ich, abgesehen von einem Jahre in Italien, meinen ständigen
Wohnsitz nahm." Auch diese Mitteilung kann nicht unbesehen übernommen
werden. Die Übersiedelung nach München erfolgte bereits in der Mitte der
neunziger Jahre, nämlich im November 1895, nachdem Eduards Mutter gestorben und die Herrschaft über die baltischen Güter auf einen älteren Bruder über-
gegangen war. Die Jahrhundertwende ist von der ausgedehnten Italienreise bestimmt, die ihn nach Venedig, Florenz, Siena, Rom, Neapel, Capri und Pästum
führt und mannigfaltigen Niederschlag in seinen Werken gefunden hat. Der Graf
beschließt seinen allzu knappen und vielsagend lückenhaften Lebensabriß mit
einem Ausblick auf seine Münchner Jahre: "Hier lebte ich meinen Arbeiten,
veröffentlichte einige kunsthistorische Aufsätze und nahm 1899 meine literarische Arbeit wieder auf, die ich seit meinen beiden ganz im Zeichen des Naturalismus stehenden Erstlingsromanen abgebrochen hatte." Von den kunsthistori-
schen Aufsätzen seien hier nur zwei Berichte in der Zeitschrift *Kunst und Künstler* aus dem Jahre 1904 genannt, nämlich über die Münchner Moritz-von-
Schwind-Ausstellung und eine Ausstellung der Münchner Secession. Die beiden
Erstlingsromane sind uns schon dem Namen nach bekannt. Die erwähnte Wie-
deraufnahme der literarischen Tätigkeit bezieht sich auf das Schauspiel *Ein
Frühlingsopfer*, das 1900 im renommierten Berliner S.Fischer-Verlag erscheint,
der fortan Eduard von Keyserlings belletristisches Schaffen betreuen wird. Dem
Frühlingsopfer folgen noch drei weitere dramatische Werke: 1901 *Der dumme
Hans*, 1904 *Peter Hawel* und schließlich 1906 der schon erwähnte Zweiakter
Benignens Erlebnis. Mitten hinein in die Erscheinungsjahre der Achtungserfolge
erzielenden Dramen fällt dann 1903 die Publikation seines ersten Prosabuches
neuen, nämlich impressionistischen Stils, die *Schloßgeschichte* (so der Untertitel) *Beate und Mareile*. Diese und die folgenden 'Schloßgeschichten' sind Keyserlings gültiger und bleibender, wenn auch noch nicht allgemein erkannter und
gewürdigter Beitrag zur deutschen, ja europäischen Literaturgeschichte, und *Beate und Mareile* ist zugleich mit 55 Auflagen zu Lebzeiten des Autors sein größ-
ter Bucherfolg geworden, dem nur noch die späte, 1911 zuerst gedruckte Erzählung *Am Südhang* mit 47 Auflagen nahegekommen ist, während den Dramen
kein zweiter Druck zuteil wurde und die Auflagenhöhe der übrigen erzählenden
Werke die Zehnzahl entweder nicht erreicht oder nur unwesentlich überschreitet.
Beate und Mareile nimmt auch dadurch eine exponierte Stellung in Keyserlings
OEuvre ein, daß in diesem Roman in den beiden Frauengestalten zum erstenmal
die für den Autor charakteristischen zwei gegensätzlichen Ausprägungen von
Weiblichkeit Gestalt gewonnen haben: in Beate das durch die kühlen Farben
Weiß und Blau bestimmte, in der Schonatmosphäre der adligen Schloßwelt auf-
gewachsene, der Lebenswirklichkeit außerhalb der schirmenden Parkgitter ent-
rückte reine, aber blasse Luxusgeschöpf und in Mareile das zwar durch ihre
Herkunft auch mit der Schloß-Existenzform verknüpfte, aber lockerer verbundene, durch die warmen Farben Rot und Gelb gekennzeichnete, sinnlicher Lei-

denschaft fähige und diese auslebende Vollblutweib: Mareile ist die Tochter des Gutsinspektors Ziepe, Mila in der Erzählung *Harmonie*, um noch eine zweite Vertreterin der 'roten' Frauenwelt heranzuziehen, die Pflegetochter der Gesellschafterin der 'weißen' Schloßherrin Annemarie. Die beiden kontrastierenden Frauen-Charaktere verkörpern das in der Literatur der Jahrhundertwende häufig anzutreffende, idealtypisch als Gegenüber von *femme fragile* und *femme fatale* zu rubrizierende Gegensatzpaar von einerseits anämischen, neurasthenischen und andererseits willensstarken, im Geschlechterkampf triumphierenden Vertreterinnen weiblicher Wesensart. Dem blutleeren Typus ist als 'weiße' Frau auch die *Harmonie*-Protagonistin Annemarie von Bassenow zuzuzählen, während der blutvolle Typus außer von Mareile besonders eindrucksvoll von der männerumschwärmten Daniela von Bardow in der Erzählung *Am Südhang* vertreten wird. Innerhalb dieser Pole gibt es mannigfache Zwischenformen, die von den letzten Endes vergeblichen Versuchen 'weißer' Schloßweltgeschöpfe bestimmt sind, Anteil an der 'roten', der Vitalwelt zu gewinnen. Und die jungen, aber zuweilen auch noch die älteren adligen Herren, so auch Günther von Tarniff in *Beate und Mareile*, pendeln zwischen dem 'weißen' und 'roten' Weiblichkeits-Typus, wobei der rote auch den Mädchen und jungen Frauen der Unterschicht eignet und begehrt wird. Deren Sinnlichkeit ist allerdings nicht so forciert, naturwüchsig eben, freilich auch dumpfer. Doch weder der naiven noch der raffinierten Sensualität ihrer Liebespartnerinnen hält vor allem die jüngere Generation der Landadligen auf die Dauer stand: "neue Gedanken und Appetite komplizierten ihr Seelenleben"[8], konstatiert der Erzähler in *Beate und Mareile*, und immer wieder wird ihre Nervosität hervorgehoben. Sie fügen sich damit ein in die *fin de siècle*-Seelenlage und Dekadenzstimmung der Jahrhundertwende.

Auf *Beate und Mareile* folgen rasch weitere Erzählungen und kleine Romane, die fast alle, wie auch schon der Roman von 1903, in der *Neuen Rundschau*, S.Fischers angesehenem Journal der Moderne, vorabgedruckt werden. 1906 erscheint der Novellenband *Schwüle Tage*. Er enthält neben der titelgebenden Erzählung noch *Harmonie* und *Die Soldatenkersta*. Als Einzelausgabe wird 1908 der kleine Roman *Dumala* gedruckt. Schon im Folgejahr tritt Keyserling mit einer neuen Buchveröffentlichung hervor, nämlich mit *Bunte Herzen*, denen die Erzählung *Seine Liebeserfahrung* beigefügt ist. Die Romane *Wellen* und *Abendliche Häuser* schließen sich 1911 respektive 1914 an. Das zuletzt genannte Werk beschwört schon in seinem Titel die Abendschatten, die sich über des Grafen Keyserlings Adelswelt breiten. Das gleiche Jahr 1914, in dem nach Sir Edward Greys bekannten Worten 'in ganz Europa die Lichter ausgingen', bringt eine Sonderausgabe der Novelle *Harmonie* mit meisterlichen Zeichnungen Karl Walsers, eines Bruders des Schriftstellers Robert Walser. Wir werden später zweien dieser Illustrationen unsere Aufmerksamkeit zuwenden. Während des Weltkrieges erscheinen in seinen letzten Lebensjahren noch drei weitere Buchveröffent-

---

8   Eduard von Keyserling: *Werke*. Herausgegeben von Rainer Gruenter. Frankfurt am Main 1973, S. 260,

lichungen unseres Autors: 1916 *Am Südhang* (Der Zeitschriften-Vorabdruck lag allerdings bereits 1911 vor), 1917 *Fürstinnen* und 1918 *Im stillen Winkel* mit der beigefügten Erzählung *Nicky*. Diese beiden Texte thematisieren bereits den Ausbruch des Weltkrieges. Am 28. September 1918 endet in München das Leben des Grafen Eduard von Keyserling. Bis zu seiner Bettlägrigkeit ein gern gesehener Gast im Café Stefanie und in den Torggelstuben, beliebten Treffpunkten der Münchner Künstler- und Literaturkreise, hat er auch noch auf seinem Krankenlager, einer Heineschen Matratzengruft, seinem siechen Körper heroisch Meisterwerk um Meisterwerk abgerungen. Sein letztes Werk, *Feiertagskinder*, wird postum 1919 publiziert.

Keyserlings äußere Erscheinung ist meisterhaft in einem im Jahre 1900 entstandenen Ölgemälde Lovis Corinths festgehalten worden. Den treffendsten Kommentar zu diesem Bilde liefert ein Abschnitt aus dem 1932 erschienenen Erinnerungsbuch *ich - kleingeschrieben* des aus Riga gebürtigen, mit dem Münchner Albert-Langen-Verlag verbundenen Autors Korfiz Holm: "Die lange, schmale, etwas schlottrige Figur, das kränklich bleiche, faltige Gesicht, die müde Haltung ließen ihn, der etwa fünfundvierzig Jahre zählte, fast als Greis erscheinen. Er war ja damals schon ein kranker Mann; sein Leiden, das sich schlecht verbergen ließ, so sehr er sich auch darum Mühe gab, verstärkte noch den Eindruck der Hinfälligkeit. Wie seine Füße sich unsicher tastend vorwärts schoben, so konnte seine Hand gar oft das Glas, das er so gern zum Munde führte, erst auf den zweiten und dritten Griff erhaschen, behutsam und mit List, wie einer eine Fliege fängt. Und in den Zügen seines schmalen Kopfes gab es manche Zeichen von Überzüchtung und Degeneration: der Mund, der durch den Bau der oberen Zähne meistens offen stand, das Kinn, das in beinah gerader Linie von der Unterlippe gegen den Kehlkopf floh, die vorstehenden lebhaft blauen Augen, die ein wenig blöde [im Sinne von schwachsichtig, ausdrucksarm] blicken konnten und ja auch nicht lange Zeit danach erblindeten ... Hübsch war sein rauh gewelltes Haar von ganz apartem Blond; und daß in diesem armen Lazarus ein Freund des Lebens, ein Genießer steckte, bezeugten seine brennend roten Lippen, die von der sonstigen Blässe seiner Haut geradezu befremdend abstachen. Im ganzen wirkte er, wenn man ihn, ohne ihn zu kennen, flüchtig sah, als Mensch von ausgesprochener Häßlichkeit, doch gleichzeitig als Mensch von Stil und, ob er auch auf Kleidung und auf Pflege seines Äußeren wenig hielt, entschieden als Aristokrat. Doch kam man ins Gespräch mit ihm, dann schien es einem sonderbar, wie man ihn jemals hätte häßlich finden können - so sehr belebte und verschönte die ihm eingeborene Liebenswürdigkeit sein von verschwiegenem Leid gezeichnetes Gesicht, und so bezaubernd war der Geist, der hinter jedem Worte funkelte, das er nachlässig fallen ließ."[9]

Diese Charakteristik wird durch Max Halbe, den Autor des seinerzeit sensationellen Erfolgsstücks *Jugend* aus dem Jahre 1893, bestätigt, und zwar in

---

[9]   Korfiz Holm: *ich - kleingeschrieben. Heitere Erlebnisse eines Verlegers*. München 1932, S. 196f.

seinen, *Jahrhundertwende* betitelten, Memoiren von 1935. Ich "bekenne offen", so erzählt er, "daß Keyserlings äußere Erscheinung im ersten Augenblick geradezu etwas Erschreckendes für mich hatte. Das Wort von der 'phantastischen Häßlichkeit', das über ihn umging, schien mir nicht übertrieben zu sein. Das Meisterbild von Corinth [...] vermittelt uns ja heute mit seiner bleichen, durchsichtigen Tongebung und seiner unbarmherzigen Sachlichkeit den wahrheitsgetreuen Eindruck von Keyserlings dekadenter und hoffmanesker Erscheinung. [...] Ich empfand [aber] bald, daß die geistige Spannweite dieses Mannes weit über alles sonst gewohnte Maß hinausging. Nicht bloß seine philosophische Bildung war eine erstaunliche. Er war überall zu Hause, fand sich auf allen Gebieten des Wissens zurecht. Seine Unterhaltung legte Zeugnis dafür ab, sie funkelte von Geist und Witz, wenigstens noch in den Jahren seiner seelischen Vollkraft, in denen ich ihn kennenlernte. Aber auch noch den Alternden, den wie Faust Erblindeten erfüllte eine Art von Heißhunger selbst nach den entlegensten Früchten im Garten der menschlichen Erkenntnis. Solche Naturen sind, wenn sie vor den Problemen des dichterischen Schaffens stehen, nur zu leicht in Gefahr, sich im Abstrakten zu verlieren. Ihn rettete davor die Ursprünglichkeit seiner Instinkte, die mitbedingt war durch seine ländliche Abstammung und Erziehung. Dieser baltische Grafensohn hatte doch von frühester Jugend an nicht nur mit Plato und Aristoteles, sondern auch mit Pferden, Kühen und Schweinen, mit Wald und Acker, mit Knechten und Mägden Verkehr gepflogen. Eines durchtränkte so das andere. Die Gefahr des Allzuländlichen, des Rustikalen, ward gebannt durch die Kultur eines alten Herrengeschlechtes."[10]

Wir haben schon gelegentlich bemerkt, daß Keyserling ausdrückliche Anspielungen auf Kur- und Livländisches, also auf das Gebiet des heutigen Lettlands, zu vermeiden sucht. Wie steht es denn nun um das Baltische in seinen Schriften? Kann man bei ihm mit Recht von 'Baltischen Romanen' sprechen, wie ja eine Werkauswahl von 1933 betitelt ist?[11] Wir können getrost davon ausgehen, daß in seine Schloßgeschichten (und das besagt: die Hauptmasse dessen, was er zu Papier gebracht hat) allenthalben Heimatliches eingeflossen ist. Leider können wir das nur an einzelnen Stellen beweisen: bekanntlich existieren ja kaum hierfür aufschlußreiche Lebenszeugnisse. Immerhin benennt Otto von Taube in seinen *Erinnerungen an E. von Keyserling* seinen eigenen Vater und auch seinen Großvater, Eduards Onkel, als Vorbilder für den Grafen Hamilkar von Wandl-Dux in der Erzählung *Bunte Herzen*[12], und Rudolf Steinhilber weist in seiner verdienstvollen Monographie *Eduard von Keyserling. Sprachskepsis und Zeitkritik in seinem Werk* (1977) darauf hin, daß der Handlungsort Kadullen in *Bunte Herzen* lautlich an Schloß Kabillen, einen der Stammsitze der Keyser-

---

[10]   Max Halbe: *Jahrhundertwende. Geschichte meines Lebens* 1893 - 1914. Danzig 1935, S. 318.

[11]   Eduard von Keyserling: *Baltische Romane. Beate und Mareile. Seine Liebeserfahrung. Schwüle Tage. Dumala. Wellen.* Berlin 1933.

[12]   Vgl. Otto von Taube: *Erinnerungen an E. von Keyserling.* In: Die Neue Rundschau. 49 (1938), S. 287-305; hier: S. 298f.

lingschen Familie, erinnert und daß "Dumala, Schauplatz der gleichnamigen Erzählung, [...] 'Dundaga', den lettischen Namen für Dondagen, den Besitz der mit
den Keyserlingen verschwägerten Familie von der Osten-Sacken"[13] assoziiere.
Das alles sind aber nur indirekte, kryptische Anspielungen. Der Autor meidet
nach Möglichkeit topographisch festlegbare Namen und Begebenheiten, und
schon gar nicht spricht er irgendwo direkt von Kurland oder Livland. Sein *Frühlingsopfer*-Drama nennt zwar das Baltikum als Handlungsort, sein Schauplatz ist
aber ein "Litthauisches Dorf und Wallfahrtsort"[14], und in seinem zweiten Thea-
terstück, dem *Dummen Hans*, überschreitet er bereits die damalige deutsche
Reichsgrenze und läßt es in Ostpreußen spielen. Überhaupt erweist sich auch in
seinen erzählerischen Werken, falls wir hie und da eingestreute Bemerkungen,
Gesprächsfetzen etwa, unter die Lupe nehmen, fast stets das Deutsche Reich o-
der, besser noch, wenn man seine Agrarstruktur und seine Nachbarschaft zu den
baltischen Ländern in Betracht zieht: Ostpreußen als Handlungsort; einmal auch,
nämlich in *Beate und Mareile*, die Mark Brandenburg. So wird beispielsweise in
Bunte Herzen auf einen "Tannenwald" Bezug genommen, "der sich ununterbro-
chen bis an die russische Grenze hinzog"[15]; und Karl Erdmann von West-
Wallbaum fordert in der Erzählung *Am Südhang* in einem für den Leser bislang
in einem östlichen Irgendwo gelegenen Waldkruge ein paar Musikanten auf,
"was Patriotisches, einen Marsch oder 'Heil dir im Siegerkranz'"[16] zu spielen. In
der Novelle *Schwüle Tage*, deren Schauplätze Fernow und Warnow auf Grund
ihrer Wortenden nur irgendwie östlich klingen, taucht plötzlich ein Vetter Went
auf, der sich lediglich durch die Farbe seines Waffenrockes - "Tadellos fein sah
er aus. Sehr schlank in seine blaue Uniform geknüpft"[17] - als preußischer Offi-
zier zu erkennen gibt und damit den Gesamttext sozusagen preußischblau ein-
färbt. In Keyserlings brillantem Seestück *Wellen*, in dem man gern das lettische
Libau und sein Bade- und Strandleben widergespiegelt sehen möchte, bittet der
verwachsene Geheimrat Knospelius anläßlich einer *fête champêtre* den Leutnant
Baron Hamm, nicht zu vergessen, "daß die Geselligkeit des Deutschen Reichs
auf dem Leutnant beruht"[18], und erinnert uns damit daran, daß wir uns nicht
nördlich der Memel, sondern eher in dem ostpreußischen Seebad Cranz befin-
den. Schließlich bringt die Erzählung *Harmonie* ganz beiläufig und als einziges
Zeit- und Nationalkolorit die Aufforderung der Schloßherrin Annemarie an ih-

---

[13]   Rudolf Steinhilber: *Eduard von Keyserling. Sprachskepsis und Zeitkritik in seinem Werk.*
       Darmstadt 1977 (=Canon. Literaturwissenschaftliche Schriften. Bd. 4), S. 75.
[14]   E. von Keyserling: *Ein Frühlingsopfer.* Schauspiel in 3 Aufzügen. Berlin 1900, unpagi-
       niertes Personenverzeichnis.
[15]   Keyserling: *Werke* (wie Anm. 8), S. 484.
[16]   Ebd., S. 198.
[17]   Keyserling: *Schwüle Tage* (wie Anm. 2), S. 44.
[18]   Eduard von Keyserling: *Wellen.* Frankfurt am Main 1971 (= Im Fischernetz. Eine Samm-
       lung von Peter Härtling), S. 103.

ren Gatten: "Ach, Lieber, laß dich doch auch [wie Onkel Thilo] in den Reichstag wählen"[19].

Was ist aus alledem zu folgern? Zunächst einmal, daß die Bezeichnung 'Baltische Romane' für Keyserlings Schloßgeschichten, was zumindest ihre räumliche Placierung angeht, nicht aufrechtzuerhalten ist. Allenfalls könnte man, wenn man die Schauplätze seiner Romane herausheben möchte, von 'Ostelbischen Geschichten' sprechen. Vorhanden ist aber eine baltische Grundierung; denn Keyserling schildert aus eigener Anschauung, aus eigenem, wie auch immer abgewandeltem Erleben. Nur was er gesehen hat und kennt, bildet die stoffliche Grundlage seiner Werke, hat er doch außer seinen ostelbischen Schloßgeschichten und Dramen nur Wien und das Voralpenland und gelegentlich streiflichtartig Italien als Handlungsorte seiner Schriften gewählt: allenthalben Terrain, auf dem er sich bestens auskannte. Die bayerischen Ferienorte waren ihm von zahlreichen Sommerfrischen vertraut. Ostelbien aber war ihm in erster Linie seine baltische Heimat. Warum nun trotzdem diese Aussparung seines eigensten Erlebnisraumes oder, sicherlich zutreffender, die preußischblaue Kolorierung seines Heimatbildes? Der vielleicht tiefstliegende Grund für die irritierende Tabuisierung der Orte seines Herkunftslandes könnte in dem traumatischen Schock zu finden sein, den er als von seinen Standesgenossen Verfemter erlitt. Auch die Nichtnennung Dorpats in seinem Lebensabriß könnte darauf hindeuten. Dazu kommt aber als mindestens ebenso bedeutsam sein Bestreben, möglichst alle politischen und ethnischen Konfliktstoffe seinem Werke fernzuhalten. Nur den 'Donnerschlag' des Weltkrieges hat er ja in seinen ganz späten Erzählungen, *Im stillen Winkel* und *Nicky*, hörbar werden lassen. Gerade die erwähnten Probleme, namentlich die von St.Petersburg ausgehende Russifizierung und Spannungen zwischen Letten und Deutschen, belasteten jedoch in der zweiten Hälfte des neunzehnten Jahrhunderts zunehmend das menschliche Miteinander im Baltikum. Wohl weicht Keyserling Problemen nicht aus. Er sieht sie indessen in den Grundgegebenheiten der *condition humaine* ganz allgemein und im besonderen in der allzu lebenswirklichkeitsenthobenen Adelskultur als solcher; und er möchte diese Problematik gewissermaßen rein, ohne die Beimischung von außen kommender Attacken, thematisieren. Dies scheint ihm wohl am ehesten innerhalb der Grenzen des damaligen, im Vergleich zu Rußland und insbesondere seinen Ostseeprovinzen, weit weniger krisengeschüttelten Deutschen Reiches möglich gewesen zu sein. Aber selbst die Anspielungen auf Preußisch-Deutsches sind eher versteckt und sporadisch und lassen sein Bestreben erkennen, jegliches Lokalkolorit zugunsten eines Gesamtpanoramas ostelbischer, ostmitteleuropäischer 'Adelsdämmerung' zurücktreten zu lassen.

Was nun die menschlichen Grund-Probleme angeht, so hält er es mit seinem Wiener Zeitgenossen Arthur Schnitzler (1862 - 1931), der auf kritische Einwände, nicht aktuell genug zu sein und der Tagespolitik aus dem Wege zu gehen, geantwortet hat:

---

[19]   Keyserling: *Werke* (wie Anm. 8), S. 231.

"Und klagt Ihr wieder Eure krit'sche Not,
Ich wüßte nur von Lieb' und Spiel und Tod
Das wohlvertraute Lied Euch vorzusingen -
So seid getrost: in diesen ew'gen drei'n
Ist alle Wahrheit und ihr Spiegelschein
Und Sinn und Seel von allen Erdendingen."[20]

Liebe und Tod sind in der Tat auch Keyserlings immer von neuem und in mannigfachen Variationen behandelte Themen, und auch dem Spiel kommt zentrale Bedeutung zu: Erst auf der von materieller Not freien Ferieninsel des adligen Landlebens entfalten sich "Im Spiel der Sommerlüfte" (so der Titel des letzten, 1929 entstandenen Schnitzlerschen Dramas) die erotischen Abenteuer der *jeunesse dorée*, aber mitunter auch der äußerlich auf korrekte Haltung, auf *tenue* bedachten Väter, und erst der Tod endet das Spiel des Lebens.

Die verführerisch-erschlaffende Atmosphäre eines Keyserlingschen 'Adelsnests' - wir bedienen uns hier des Titels eines Turgenjew-Romans - hat niemand klarer gesehen als der durch seine Außenseiterposition als Hauslehrer zu einer kritischen Stellungnahme prädisponierte Aristides Dorn in der bereits durch ihren Titel auf die hochgezüchtete und umhegte, aber gerade dadurch auch hochempfindliche und gefährdete Schlösserwelt hindeutenden Erzählung *Am Südhang.* Auf die hinsichtlich des adligen Landlebens apologetische Bemerkung des jungen Herrensohns Karl Erdmann: "warum soll es nicht solche stillen Reservoirs geben, in denen sich das Hübsche und Vornehme und Kultivierte ansammelt, so Musterwirtschaften des Lebens?"[21], entgegnet Dorn: "Das Leben ist doch eine gefährliche, drohende Sache, in die einiges Hübsche hineingestreut ist und sehr viel Hinwegdenken über alles Schlimme. Hier soll es nur weich und hübsch sein und ganz aus dem Hinwegdenken über das Schlimme bestehen. Ich habe gefunden, daß uns das ein wenig widerstandslos, ein wenig feige gegen uns selbst macht."[22] Wie eine allzu süße, allzu weiche Birne - von ihnen ist symbolhaft in der Erzählung immer wieder die Rede - leicht faul werden kann, so widerfährt es auch dem armen Präzeptor. Der ihm gegenüber spröden Daniela von Bardow verfallen - wir haben sie im Verlaufe unserer Ausführungen bereits als eine sich dem *Femme fatale*-Typus annähernde Dame kennengelernt - , markiert sein Selbstmord das dunkle Ende der Erzählung. Auch Graf Hamilkar in *Bunte Herzen* weiß, durch traurige Erfahrungen mit seiner schönen Tochter Billy sehend geworden, um die Gefahren einer adligen Südhangexistenz und Treibhauserziehung: "War sie nicht vielleicht ein Mißverständnis", so meditiert er, "sein Mißverständnis, diese hübsche Kultur, die er sorgsam um sich und die Seinen eingehegt hatte? Konnte man hier leben lernen?"[23] Und seiner Schwester gegen-

---

[20]   Arthur Schnitzler: *Aphorismen und Betrachtungen.* Frankfurt am Main 1967, S. 17.
[21]   Keyserling: *Werke* (wie Anm. 8), S. 171.
[22]   Ebd., S. 172.
[23]   Ebd., S. 547.

über erklärt er resigniert: "Ich sage, Betty, was erziehen wir da für Wesen? [...] Denen kann man ja das Ding, das wir Leben nennen, gar nicht anvertrauen. Ein Stubenmädchen, das zum Stallknecht schleicht und sich verführen läßt, weiß, was es will, aber was wir da erziehen, Betty, das sind kleine berauschte Gespenster, die vor Verlangen zittern, draußen umzugehen, und wenn sie hinauskommen, nicht atmen können."[24]

Neben den 'Südhang-Gefahren' wird auch das starre Festhalten an willkürlichen und teilweise überlebten Satzungen in der Adelswelt als Verfallssymptom angesehen, eine Prinzipienreiterei, wie sie etwa in den *Abendlichen Häusern* der alte Baron von der Warthe gegenüber seinem Freunde, dem Baron Port, propagiert: "für uns gibt es gewisse Ansichten und Grundsätze, die richtig und wahr sind, nicht weil jemand sie uns bewiesen hat, sondern weil wir wollen, daß sie richtig und wahr sind. [...] Ich will, daß das und das wahr und richtig ist, weil, wenn das falsch ist, ich nicht mehr der von der Warthe bin, der ich bin, und du nicht von Port bist, der du bist"[25].

Um der damaligen geschichtlichen Wirklichkeit gerecht zu werden, ist zu betonen, daß Keyserling allzu tiefe Schatten auf die Welt seiner Standesgenossen fallen läßt und daß seine Adelskritik nur partiell stichhaltig ist. Wir müssen uns jedoch zum Verständnis dieser Dunkelmalerei immer wieder ins Gedächtnis rufen, daß sie der *fin de siècle*-Stimmung seiner Epoche entspricht und nicht nur den Adel, sondern auch das Großbürgertum umdunkelt. Als Beleg dafür mag der Hinweis auf den Untertitel von Thomas Manns *Buddenbrooks* genügen: *Verfall einer Familie*. Vielleicht hätte sich das Dunkel durch eine energische Lebenszugewandtheit und aus dem Innern kommende Aufbruchshaltung lichten lassen. Es kam aber bekanntlich der Weltkrieg, der die althergebrachten Lebensformen bis auf wenige Reste tatsächlich untergehen ließ und die Nachtgesichte der Künstler und Literaten der Jahrhundertwende als eine Form von *second sight* erwies.

Innerhalb der dunkelnden Adelswelt geht es also bei Keyserling um die ewigen Daseinsmächte Liebe und Tod. Wir kennen schon flüchtig seine 'weißen' und 'roten' Frauen und das Schwanken seiner Männergestalten zwischen diesen beiden Polen weiblicher Existenz. An Hand der Erzählung *Harmonie* wollen wir nun diese flüchtigen Begegnungen etwas vertiefen. Die männliche Hauptfigur des Textes, Felix von Bassenow, fügt sich erwartungsgemäß in das für unseren Autor typische Verhaltensschema ein: Er steht zwischen der 'weißen' Annemarie und der 'roten' Mila. Wir haben sie bereits als Schloßherrin respektive als Pflegetochter ihrer Gesellschafterin vorgestellt. Als Felix zu Beginn der Erzählung seinem Stammschlosse entgegenfährt, sieht er seine Gattin, den "echte[n], letzte[n] Sproß einer Rasse, die immer davon überzeugt gewesen war, daß für sie die Auslese des Lebens bestimmt war"[26], wie in einer Vision vor sich, und diese Vision hat Karl Walser meisterlich mit seinem Stift eingefangen: "das weiße

[24]   Ebd., S. 542.
[25]   Ebd., S. 355.
[26]   Ebd., S. 221.

Körperchen mit den abfallenden Schultern, den feinen Gelenken, den kleinen, spitzen Brüsten, diese Haut, die bleich und glatt war wie Blätter von Blumen, die im Schatten blühn."[27] Aber auch seine erste Begegnung mit der 'roten' Mila hat in Walser ihren kongenialen Interpreten gefunden, was bei einem Vergleich von Text und Bild augenfällig wird: "In einer Fensternische regte sich etwas. Da lehnte ein Mädchen, das ihn mit runden, grellblanken Augen neugierig ansah. Schweres, schwarzes Haar um ein erhitztes, bräunliches Gesicht, das gewaltsam errötete. Ein rotes Kleid, in dem sich volle Glieder ungeduldig regten."[28] Die Textstelle mündet, für Keyserling charakteristisch, in impressionistisch, fast pointillistisch wirkende Bildflecken. Der Annemarie-Vision des heimkehrenden Felix schließt sich eine bedeutsame Reminiszenz aus seinen Italienreisen an. In erlebter Rede teilt er sie uns mit. In "Rom, in einer Galerie", so beginnt seine Erinnerungsszene, "war da ein Bild gewesen, zu dem er öfters gegangen war. Da saß auch solch ein kleines, schmales Mädchen, eine Danae, stand im Katalog, auf einem blauen Lager, und das hatte auch den kühlen Perlmutterglanz auf den schmächtigen Gliedern, und das nahm die Liebe des Gottes mit einer vornehmen Selbstverständlichkeit hin, wie etwas Hübsches, das ihm zukäme. Vor diesem Bilde hatte er an Annemarie gedacht."[29] Wir rufen uns den Danae-Mythos ins Gedächtnis. Nach ihm ist Danae die Tochter des Akrisios, Königs von Argos. "Auf Grund eines Orakelspruches fürchtet Akrisios den Tod von der Hand eines Enkels und sperrt Danae in ein unterirdisches Gewölbe [aus anderer Überlieferung in ein Turmzimmer]. Zeus liebt die schöne Danae und dringt in Gestalt eines Goldregens zu ihr. Danae wird Mutter des Perseus."[30] Heide Eilert hat in ihrer Monographie, *Das Kunstzitat in der erzählenden Dichtung. Studien zur Literatur um 1900*, das von Felix erinnerte Bild als das *Danae*-Gemälde Correggios (1489 - 1534) aus der Galleria Borghese in Rom identifiziert. "Es zeigt", so lautet ihre Bildbeschreibung, die wir in ihren wesentlichen Teilen zitieren, "die unbekleidete *Danae* in halb liegender Stellung, auf einem hohen, von einem dunkelroten Baldachin überwölbten Ruhebett. Ihr heller, dem Betrachter zu drei Vierteln zugekehrter [...] Körper hebt sich plastisch von der dunkelblauen Bettund Wandverkleidung ab. Den feinen Kopf leicht gesenkt, folgt ihr Blick dem auf ihren Schoß herniederströmenden Goldregen, der auch von einem großen weißen, über ihre Schenkel gebreiteten Bettuch aufgefangen wird."[31] Die Übereinstimmungen von Keyserlings Text und Correggios Bildinhalt sind überzeugend. Was auf Correggios Gemälde dargestellt ist, nämlich gewissermaßen eine Liebe per Distanz, das entspricht auch den Wünschen und Bedürfnissen der fragilen Schloßherrin. So läßt sie sich von ihrem ihr wesensverwandten Onkel Thi-

---

[27]   Ebd., S. 222.
[28]   Ebd., S. 223.
[29]   Ebd., S. 222.
[30]   Herbert Hunger: Lexikon der griechischen und römischen Mythologie. 3. Aufl. Wien
      1953, S. 78.
[31]   Heide Eilert: *Das Kunstzitat in der erzählenden Dichtung. Studien zur Literatur um 1900.*
      Stuttgart 1991, S. 232.

lo, dem letzten Reichsgrafen zu Elmt - "Aussterben ist vornehm"[32], ist seine De-
vise - "Blütenbäder" verordnen: "Annemarie stellte sich unter die Obstbäume,
die voller Blüten wie Alabasterkuppeln sich über sie wölbten. Sie lächelte ihr
sorgloses Lächeln, wiegte sich leicht, wie berauscht von all dem Weiß. 'Jetzt
kommt er!' rief Thilo. Es war der Wind, der kam. Er fuhr in die weißen Wipfel.
Die Blütenblätter regneten dicht auf Annemarie nieder. Sie bog den Kopf zurück, stieß einen kleinen Schrei aus. Die Blätter fielen über ihr Gesicht, hingen
sich in ihr Haar."[33] Dem mythischen Goldregen entspricht der weiße Blütenre-
gen in der Erzählwirklichkeit. Weiß ist die *châtelaine*, und weiß ist ihre Welt.
Als Felix ihr Schlafzimmer betritt, "fand er sie in dem weißen Zimmer, unter einer weißen Ampel, auf ihrem Bette sitzen, selbst ganz weiß, nur die Augen
schienen fast schwarz in all dem Weiß und schauten ihm ruhig und sinnend entgegen. 'Danae', dachte er."[34] Neben dem Weiß fügt sich das kühle Blau zu ihr,
und als dritte Farbe gehört ihr das Jupiter-Gold. "Lapislazuli-Augen" spricht ihr
Felix in einem poetischen Moment zu, "mit goldenen Äderchen darin"[35]. Nach
einer im Park erlebten Gewitterszene, die das mit ihr verbundene mythische Geschehen gewissermaßen postfiguriert: - Sie spürt das Wetterleuchten in sich, als
"ob da drin auch so was Goldnes kommt und geht wie in den Wolken"[36] - ,
wünscht sie sich einen Trank, gemischt aus kühlem Nachtblau und Sternengold:
"So ein Getränk müßte es geben", sinniert sie, "blau und gold und kühl."[37] Felix,
der sie anfänglich geschont hat, macht später ihr gegenüber, auf Thilo eifer-
süchtig geworden, seine Herrenrechte geltend. Da bleibt ihr nur der Todestrank
im Wasser des Schloßteiches, während Felix im Park mit Mila eine Liebesnacht
genießt.

Der Tod, das andere große Thema in Keyserlings dichterischem Schaffen,
ist wie die Liebe in fast allen seinen Werken gegenwärtig. Insbesondere um die
existentiellen Fragen nach einem Lebenssinn und nach der Möglichkeit einer
wie auch immer beschaffenen Unsterblichkeit kreisen die Gedanken seiner to-
desnahen Gestalten. Wir wollen uns zum Abschluß unserer Ausführungen eine
solche Sterbeszene anhören. Sie umfaßt das Ende der Erzählung *Bunte Herzen*.
In ihrer ergreifenden Authentizität, in ihrer tief in uns eindringenden Botschaft:
tua res agitur - Auch deine Sache wird hier verhandelt, auch um dich selbst geht
es hier - bedarf sie keines Kommentars. Der Graf von Wandl-Dux hat sich er-
mattet auf einer Parkbank niedergelassen, um sich zu sonnen. "Eine der großen
Mücken kam jetzt mit leise schnurrendem Fluge an Graf Hamilkar vorüberge-
flogen. 'Srrr', machte er mit den Lippen und lächelte ein wirklich heiteres Lächeln, während er zuschaute, wie dieses wunderliche Bündel von Florflügeln
und Goldfäden durch den Sonnenschein taumelte. Verrückt vor Leben, dachte

---

32   Keyserling: *Werke* (wie Anm. 8), S.227.
33   Ebd., S. 236.
34   Ebd., S. 232.
35   Ebd., S. 225.
36   Ebd., S. 231.
37   Ebd., S. 232.

er, wenn das alles nur einen Sinn hat. Immerhin, es ist mehr Chance für Sinn als
für Sinnlosigkeit, obgleich - bin ich eine Zahl in der großen Rechnung, so habe
ich zwar einen Sinn, aber das Resultat unter dem schwarzen Strich braucht mir
deshalb noch lange nichts zu bedeuten. Es käme darauf an, eine Zahl im Resultat
unter dem Strich zu sein. Übrigens erschöpfte das Denken ihn. Warum mußte
immer gedacht werden, auch so ein Vorurteil. Nicht denken, atmen. Er lehnte
sich zurück und öffnete ein wenig den Mund. Das Atmen könnte auch eine
leichtere und einfachere Angelegenheit sein. Er fror, er mußte wohl wieder ein
wenig gehen, er wollte sich erheben; aber die Beine trugen ihn nicht. Er streckte
die langen Arme aus, als wollte er in den Sonnenschein hineingreifen, und sein
Gesicht nahm einen ärgerlichen angstvollen Ausdruck an, dann fiel er zurück,
wurde ganz still, sank in sich zusammen, ein wenig schief über die Seitenlehne
der Bank hin, in jener müden Bewegung, die der erste Augenblick des Todes
dem Menschen gibt, bevor die kühle Strenge kommt. Die Sonne stand schon tief
und badete die schweigende Gestalt in rotes Licht, ein leichter Wind bewegte
ein graues Haarbüschel an der bleichen Schläfe, die große Mücke flog wieder
schnurrend zurück, an der jetzt regungslosen weißen Nase vorüber. Ringsum fielen die reifen Früchte schwer in den Rasen und ließen für einen Augenblick das
Wetzen der Feldgrillen verstummen."[38]

---

[38] Ebd., S. 550.

Lucian Schiwietz

Heines Lyrik in Medtners Kosmos

Aspekte der Wort-Ton-Texturalität in Nikolaj Medtners Liedern op. 12

Nikolaj Medtners Heine-Lieder op. 12, deren Erstausgabe 1909 beim Verlag *P.I. Jurgenson* in Moskau und Leipzig mit der Widmung an Boris Nikolaevič Bugaev (Pseudonym: Andrej Belyj) unter dem Titel *3 Stichotvorenija Gejne / Drei Gedichte von Heine* erschien, „sind mit hoher Wahrscheinlichkeit gänzlich während Medtners Deutschland-Aufenthalt 1907 entstanden, vermutlich zum überwiegenden Teil in der ersten Jahreshälfte in München".[1] Die für dieses Opus ausgewählten Worttexte entstammen alle Heinrich Heines *Buch der Lieder*.[2] Dass Medtner Lyrik aus dieser Sammlung für Vertonungen berücksichtigte, erscheint vor dem Hintergrund der soziokulturellen Prägung des Komponisten sowie seiner psychisch-ideellen Disposition nicht sonderlich überraschend.

Nikolaj Karlovič Medtner wurde am 5. Januar 1880 (24. Dezember 1879 alter russischer Zeitrechnung) als fünftes Kind des Spitzenfabrik-Direktors Karl Petrovič Medtner und seiner Frau Aleksandra Karlovna Goedicke in Moskau geboren. Vor allem mütterlicherseits wurde eine starke Prägung durch deutsche Kultur tradiert. In den Eltern von Nikolaj Medtners Mutter hatte sich quasi das geistige Erbe der russlanddeutschen Familien Gebhard und Goedicke zusammengefunden. Die aus Thüringen stammende Familie Gebhard brachte bis in das 18. Jahrhundert vor allem Pastoren und Organisten hervor. Nikolaj Medtners Urgroßvater Friedrich Albert Gebhard hatte Theologie und Musik studiert und korrespondierte mit Ludwig Feuerbach, Ludwig Börne, Richard Wagner und wahrscheinlich auch mit Johann Wolfgang von Goethe. Später wurde er Mitglied des Kaiserlichen Hoftheaters in Sankt Petersburg und Direktor der Bühne in Reval. Die ursprünglich in Pommern ansässige Familie Goedicke konnte insbesondere Lehrer und Musiker vorweisen, unter anderen Fëdor Karlovič Goedicke, der am Moskauer Konservatorium lehrte und seinen Neffen Nikolaj Medtner privat schon früh musikalisch unterrichtete.[3] Zweifelsohne waren die

---

[1]   Christoph Flamm, *Der russische Komponist Nikolaj Metner* [Medtner], *Studien und Materialien*, Berlin 1995 (= *studia slavica musicologica*, Bd. 5), (im Folgenden abgekürzt: *Flamm*), S. 386. Ausführliche Erläuterungen zur Werk-, Publikations- und Aufführungsgeschichte ebd. S. 386 u. 387.

[2]   Heines *Buch der Lieder* erschien zuerst 1827. *Lieb Liebchen* (im Sommer 1816 entstanden) ist dort als Nr. 4 der *Lieder* im Teil *Junge Leiden*, *Die Bergstimme* (1820 entstanden) als Nr. 2 der *Romanzen* im selben Teil und *Ein Fichtenbaum steht einsam* (im Frühjahr 1822 entstanden) als Nr. 33 des Teils *Lyrisches Intermezzo* enthalten.

[3]   Vgl.: *Flamm* (wie Anm. 1), S. 2ff. - Isaak Zetel, *Nikolaj Karlovič Medtner – Der Pianist. Sein kompositorisches Schaffen, seine Interpretationskunst und Pädagogik*, aus d. Russ. übers. von Kerstin True-Biletski, in Abstimmung mit dem Autor neu bearb. u. erg. von

genealogischen und migrativen Zusammenhänge, in denen Nikolaj Medtner stand,[4] auch hinsichtlich der Beachtung bzw. Anerkennung seines Schaffens nicht ohne Relevanz. Als russischer Staatsbürger und Künstler weitgehend deutscher Herkunft sowie als unter dem Einfluss seines Bruders, des Kulturphilosophen und Publizisten Ėmilij Medtner, zumindest zeitweise auch „bekennender Germanophile" haftete ihm trotz aller Verbundenheit mit seiner Heimat Russland dort ein gewisser Anteil gesellschaftlicher und kultureller „Fremdheit" an. Als russischer Emigrant – nach 1921 – bekam er dann die Problematik des Mangels an sozialer, ökonomischer und kultureller Integration „in der westlichen Welt" schmerzlich zu spüren. Nikolaj Medtner starb am 13. November 1951 in London.

Hinsichtlich einer Beurteilung der Bedeutung Medtners für die Musik des 20. Jahrhunderts verführt eine Betrachtung seines Schaffens mit der heute noch weitgehend präpotenten Rezeptionsdisposition, dass allein die Avantgarde musikgeschichtlich relevant sei, leicht zu pauschalen Verdikten wie „epigonal-klassizistisch" – bezüglich Form und Struktur – bzw. „unzeitgemäß-romantisch" – hinsichtlich tonaler Gestaltung und Klangcharakteristika. Zudem steht nicht zuletzt der Beachtung und Wertschätzung von Medtners kompositorischem Oeuvre auch weitgehend seine stilistische Beschaffenheit entgegen, die sich nicht durch eine unmittelbare emotionale Attraktivität - wie beispielsweise im Falle der Tonsprache seines engen Freundes, „Mitemigranten" und ebenfalls erklärten „Anti-Avantgardisten" Sergej Rachmaninov - auszeichnet, sondern durch eine kontrapunktisch und harmonisch „vergrübelte" und rhythmisch bisweilen skurrile Setzweise. Diese Setzweise erweist sich zudem im Rahmen interpretatorischer Ausführung auch noch als „unbequem". Dennoch fand Medtners Schaffen immer wieder Interesse, in der ehemaligen Sowjetunion vermehrt seit den späten 1950er Jahren - nach dem Ende der stalinistischen Ära - und „in der westlichen Welt" gerade in jüngerer Zeit, was nicht nur Einspielungen durch Rundfunk und Tonträgerindustrie,[5] sondern auch eine intensivierte monographische Berücksichtigung durch die Musikforschung belegen.[6]

Als Gegenstand schöpferischer Auseinandersetzung drängte sich einem Künstler wie Medtner, der neben seiner starken Verwurzelung in der russischen Kultur und Gesellschaft durch seine familiäre Herkunft und seine Geistesbil-

---

Lucian Schiwietz u. Hans-Jürgen Winterhoff, Sinzig 2003 [= *Edition IME*, R. 1: *Schriften*, Bd. 12], [im Folgenden abgekürzt: *Zetel*], S. 19.

[4]   Christoph Flamm machte bereits deutlich, dass sich „*die Dimension der Genealogie innerhalb des Selbstverständnisses*" der Familie Medtner „*kaum überschätzen*" lasse. (*Flamm* wie Anm.1, S. 3f.).

[5]   Schallaufnahmen von Medtners Heine-Liedern op. 12 enthält folgende Audio-CD : *Nikolaj Medtner: Lieder* [nach Texten dt. Dichter] (Caroline Vitale, Sopran / Peter Baur, Klavier), Udine, Real Sound 2003, (RS 051-0038).

[6]   Diesbezüglich sei insbesondere auf die bereits zitierte Studie von Christoph Flamm sowie auf die Arbeit *Nicolas Medtner. His Life and Music* von Barrie Martyn, beide 1995 erschienen, verwiesen. (Vgl. *Zetel* wie Anm.), S. 11f. [Vorw. des Autors des vorliegenden Beitrags]).

dung auf das Engste mit den Traditionen Deutschlands verbunden war, das *Buch der Lieder* Heines, das damals zum zentralen Kanon deutscher Lyrik gehörte, zum einen also geradezu auf – und in diesem Zusammenhang war Medtner hinsichtlich seiner Textwahl auch keinesfalls originell, wie die ansehnliche Zahl der Vertonungen derselben Gedichte durch andere Komponisten belegt.[7] Zum

---

[7] Vertonungen: *Lieb Liebchen, leg's Händchen*

Aggházy, Károly (1855-1918): *Lieb Liebchen, leg's Händchen* op. 31 Nr. 5
Alwin, Karl Oskar (1891-1945): *Lieb Liebchen, leg's Händchen. Lieder,* Nr. 5
Bersa, Blagoje (1873-1943): *Lieb Liebchen, leg's Händchen* op. 66
Bunk, Gerhard (1888-1958): *Lieb Liebchen, leg's Händchen. Lieder,* Nr. 3
Busoni, Ferruccio Benvenuto (1866-1924): *Lied* op. 31 [op. 57]
Claussnitzer, Paul (1867-1924): *Der Zimmermann* op. 13 Nr. 3
Crabtree, Leslie (1941): *Lieb Liebchen, leg's Händchen. Lieder,* Nr. 4
Dessauer, Josef (1798-1876): *Lieb Liebchen, leg's Händchen*
Döring, Carl Heinrich (1834-1916): *Lieb Liebchen, leg's Händchen. Lieder* op. 15 Nr. 5
Dresel, Otto (1826-1890): *Lieb Liebchen, leg's Händchen*
Dütsch, Otto Johann Anton (1823-1863): *Lieb Liebchen, leg's Händchen*
Eckert, Carl Anton Florian (1820-1879): *Lied* op. 28 Nr. 5
Embden, Rachel van [Danziger van Embden] (1870-?): *Lieb Liebchen* [...] op. 4 Nr. 3
Emmerich, Robert (1836-1891): *Lieb Liebchen, leg's Händchen* op. 9 Nr. 5
Erfurt, Carl Gottlieb (1807-1856): *Lieb Liebchen* [...]. *Deutsche Lieder* (2. Sammlung) Nr. 2
Franz, Robert (1815-1892): *Lieb Liebchen, leg's Händchen* op. 17 Nr. 3. Publiziert 1860
Fried, W. (?): *Lieb Liebchen, leg's Händchen. Lieder* op. 6 Nr. 5
Gall, Jan Karol (1856-1912): *Lieb Liebchen, leg's Händchen* op. 1 Nr. 4
Gauby, Josef (1851-1932): *Lieb Liebchen, leg's Händchen* op. 14 Nr. 2
Gordigiani, Giovanni Battista (1795-1871): *Lieb Liebchen, leg's Händchen* op. 16 Nr. 2
Grell, Eduard August (1800-1886): *Liebchen, leg's Händchen. Fünf Gesänge,* Nr. 2
Grelling, R. (?): *Lieb Liebchen, leg's Händchen* op. 4 Nr. 4
Grimmer, Christian Friedrich (1798-1850): *Lieb Liebchen, leg's Händchen* op. 5 Nr. 5
Haug, Gustav (1871-1956): *Das pochende Herz* op. 7 Nr. 3
Hellmesberger, Joseph <jun.> (1855-1907): *Lieb Liebchen* [...]. *Fünf Lieder,* Nr. 4
Hennig, Carl [Karl] (1819-1873): *Lieb Liebchen, leg's Händchen* op. 83 Nr. 2
Hochberg, Hans Heinrich (1843-1926): *Meister Zimmermann* op. 39 Nr. 2
Jaques-Dalcroze, Émile (1865-1950): *Lieb Liebchen, leg's Händchen* op. 15 Nr. 5
Kreutzer, B. (?): *Lieb Liebchen, leg's Händchen* op. 9 Nr. 4
Kücken, Friedrich Wilhelm (1810-1882): *Lied von H. Heine* op. 17 Nr. 2
Lachner, Franz Paul (1803-1890): *Der Zimmermann* op. 49 Nr. 5
Lange-Müller, Peter Erasmus (1850-1926): *Der Zimmermann* op. 27 Nr. 5
Lankmann, F. (?): *Lieb Liebchen, leg's Händchen*
Lehmann, K. (?): *Lieb Liebchen* [...]. (*Sweet love...*). *Album of 8 German Songs,* Nr. 6
Lindblad, Adolf Fredrik (1801-1878): *Lieb Liebchen* [...] (*Sånger* [...]). *Ny godtköpsupplaga,* Nr. 6
Löwenberg, Ernst (1896-?): *Lieb Liebchen* [...]. *Lieder aus dem Nachlasse. 8 Lieder von Heine,* Nr. 8
Marcks, Fritz: *Lieb Liebchen, leg's Händchen* op. 10 Nr. 3
Mendelssohn, Arnold Ludwig (1855-1933): *Der Zimmermann. Lieder und Gesänge,* Nr. 9
Nertelsmann, Carl August (1811-1861): *Meister Zimmermann. Vier Lieder,* Nr. 1
Pomasansky, Ivan Alexandrovich (1848-?): *Lieb Liebchen, leg's Händchen*
Raddatz, Emma: *Lieb Liebchen, leg's Händchen* op. 1 Nr. 4
Reisenauer, Alfred (1863-1907): *Lieb Liebchen* [...]. *Traurige Lieder,* Nr. 3. Publiziert 1896

Ries, Franz (1846-1932): *Lieb Liebchen, leg's Händchen* op. 8 Nr. 4
Rijken, Georg (1863-?): *Lieb Liebchen, leg's Händchen* op. 4 Nr. 3
Rosenhain, Jakob (1813-1894): *Lieb Liebchen, leg's Händchen* op. 21 Nr. 4
Samson, Louis (?): *Lieb Liebchen, leg's Händchen. Lieder*, 2. Reihe, H. 5, Nr. 3
Schauss, Ernst (1882-1953): *Lieb Liebchen, leg's Händchen. 7 Lieder*, Nr. 4
Schlick, E. (Gräfin): *Lieb Liebchen, leg's Händchen* op. 5
Schlottmann, Louis (1826-1905): *Lieb Liebchen, leg's Händchen* op. 10 Nr. 3
Schumann, Robert (1810-1856): *Lieb Liebchen* [...]. *Liederkreis* op. 24 Nr. 4 (1840)
Söderman, Johan August (1832-1876): *Lieb Liebchen* [...]. (*Min äskling* [...]). *Heideröslein*
    Nr. 2
Steinmann, Alfred (?): *Lieb Liebchen, leg's Händchen* op. 18 Nr. 2
Stern, Julius (1820-1883): *Lieb Liebchen, leg's Händchen* op. 14 H. 2 Nr. 2
Stiehl, Carl [Karl] (1826-1911): *Lieb Liebchen, leg's Händchen* op. 2 Nr. 5
Taubert, Wilhelm (1811-1891): *Lieb Liebchen, leg's Händchen* op. 12 Nr. 3
Trendelenburg, Th. (?): *Lieb Liebchen, leg's Händchen* op. 2 Nr. 4
Truhn, Friedrich Hieronymus (1811-1886): *Lieb Liebchen, leg's Händchen* op. 16 Nr. 5
VanDerStucken, Frank Valentin (1858-1929): *Lieb Liebchen* (*Lef liefgen*) op. 5 Nr. 3 (1879)
Waghalter, Ignaz J. (1882-1949): *Lieb Liebchen, leg's Händchen* op. 7 Nr. 3
Zenger, Max (1837-1911): *Der Zimmermann* op. 45 Nr. 6

Vertonungen: *Ein Fichtenbaum steht einsam*

Allitsen (geb. Bumpus), (Mary) Frances: *Der Fichtenbaum*. Publiziert 1900
Behn, Hermann (1857?-1927): *Ein Fichtenbaum steht einsam* op. 1 H. 2 Nr. 4 (189?)
Delage, Maurice (1879-1961): *Lahore: Un sapin isolé*. 1912
DeLange, Samuel (1840-1911): *Ein Fichtenbaum* (*A spruce tree*) op. 26 Nr. 5
Foerster, Adolph Martin (1854-1927): *Ein Fichtenbaum* op. 57 Nr. 2 (1909)
Franz, Robert (1815-1892): *Der Fichtenbaum* op. 16 Nr. 3. Publiziert 1856
Grieg, Edvard (1843-1907): *Ein Fichtenbaum steht einsam*
Kempff, Wilhelm (1895-1991): *Der Fichtenbaum* op. 16 Nr. 1. Publiziert 1923
Lassen, Eduard (1830-1904): *Der Fichtenbaum*
Liszt, Franz (1811-1886): *Ein Fichtenbaum steht einsam*
Marx, Joseph (1882-1964): *Ein Fichtenbaum steht einsam* (1908)
Mendelssohn-Hensel, Fanny (1805-1847): *Fichtenbaum und Palme* (1838)
Pfitzner, Hans Erich (1869-1949): *Ein Fichtenbaum steht einsam* (1884-6)
Rimsky-Korsakov, Nikoly Andreyevich (1844-1908): op. 3 Nr. 1 (1866)
Stenhammar, (Karl) Wilhelm (Eugen) (1871-1927): *Ein Fichtenbaum* [...] op. 17 Nr. 2
    (1890?)
Vesque von Püttlingen, Johann (1803-1883): *Fichtenbaum und Palme* op. 56 Nr. ? (1869?)
Wegener-Koopman, Bertha Frensel (1874-1953): *Ein Fichtenbaum. Vier Lieder* Nr. 2 (1909)

Vertonungen: *Die Bergstimme*

Baake, Ferdinand Gottfried (1800-1881): *Die Bergstimme* op. 13 Nr. 12
Banck, Carl (1809-1889): *Die Bergstimme* op. 15 Nr. 8
Berthold, Karl Friedrich Theodor (1815-1882): *Die Bergstimme* op. 14 Nr. 3
Bienstock, Heinrich (1894-1918): *Die Bergstimme* op. 10 Nr. 3
Bobrov (?): *Die Bergstimme*
Bókay, János (1858-?): *Die Bergstimme. Heine-dalok*, Nr. 1
Bridge, Frank (1879-1941): *The mountain voice* (Fragment)
Craeyvanger, Karl Anton (1775-1855): *Die Bergstimme*
Davenport, Ambrose: *The mountain echo* op. 4 Nr. 6

Dietz, Friedrich Wilhelm (1833-1897): *Reiterlied* op. 5 Nr. 3
Ehrenstein, Johann Wolfgang von (?-1870): *Die Bergstimme* op. 3 Nr. 6
Filippi, Filippo (1830-1887): *L'Eco* op. 30 Nr. 5
Francke, Richard (1868-?): *Bergstimme* op. 39
Franz, Robert (1815-1892): *Romanze. Ein Reiter durch das Bergtal zieht* [Autorschaft von Franz zweifelhaft]
Grill, J. (?): *Die Bergstimme. Vier Romanzen*, Nr. 1
Grimmer, Christian Friedrich (1798-1850): *Die Bergstimme* op. 6 Nr. 6
Hallén, [Johann] Andreas (1846-1925): *Die Bergstimme* op. 11 Nr. 1
Hennings, Henrik (?): *Die Bergstimme* op. 18 Nr. 5
Hiller, Ferdinand (1811-1885): *Bergstimme. 3 Lieder*, Nr. 1
Hofmann, L. (?): *Die Bergstimme* op. 4
Huth, Alfred (1892-?): *Die Bergstimme* op. 11 Nr. 4
Jäger, Felix (?): *Die Bergstimme* op. 1 Nr. 6
Jirák, Karel Boleslav (1891-1972): *The Mountain's Voice. Two Songs* [...] (*Dve pisna* [...]), Nr. 2
Kienzl, Wilhelm (1857-1941): *Die Bergstimme* op. 25 Nr. 3
Koessler, Hans (1853-1926): *Die Bergstimme. Lieder*, Nr. 1
Kolb, Julius von (1831-1864?): *Die Bergstimme* op. 1 Nr. 1
Kreuz, Emil (1867-1932): *The Mountain Echo* (= *Die Bergstimme*) op. 14 Nr. 2
Kücken, Friedrich Wilhelm (1810-1882): *Die Bergstimme* op. 3 Nr. 2
Lachner, Franz Paul (1803-1890): *Die Bergstimme* op. 33 H. 1 Nr. 4
Lessmann, W. J. Otto (1844-1918): *Die Bergstimme* op. 7 Nr. 3
Levy, Eduard (1862-1921): *Bergstimme* op. 32 Nr. 2
Malatta, A. (?): *Die Bergstimme. Lieder*, Nr. 2
Mangold, Carl Ludwig Amand (1813-1889): *Die Bergstimme* op. 21 H. 3 Nr. 1
Mayer-Mahr, Moritz (1869-1947): *Die Bergstimme* op. 2 Nr. 1
Naumann, Emil (1827-1888): *Die Bergstimme* op. 4 Nr. 1
Netzer, Joseph (1808-1864): *Die Bergstimme* op. 28
Niederhof, W. (?): *Die Bergstimme* op. 6 Nr. 2
Pamer, Fritz Egon (1900-1923): *Bergstimme. 5 Heinelieder*, Nr. 5
Potolovskii, N. (?): *Die Bergstimme* op. 5 Nr. 4
Radecke, Albert Maria Robert (1830-1911): *Die Bergstimme* op. 2 Nr. 4
Reisenauer, Alfred (1863-1907): *Die Bergstimme* op. 13 Nr. 6
Roos, Robert de (1907-1976): *Bergstimme. 3 romantische Lieder*, Nr. 1
Rottenberg, Ludwig (1864-1932): *Die Bergstimme* op. 2 Nr. 3
Rowley, Christopher Edward (?): *The Mountain Voice. The Song Volume. 12 Songs*, Nr. 5
Rubinstein, Joseph (1847-1884): *Bergstimme. Lieder*, H. 2 Nr. 9
Scheuer, H.: *Bergstimme. Lieder*, Nr. 2
Schulz, Ferdinand (1821-1897): *Die Bergstimme* op. 33 Nr. 2
Sering, Friedrich Wilhelm (1822-1901): *Die Bergstimme* op. 25 Nr. 2
Sörenson, Torsten (1908-1992): *Bergstimme. Tre sånger*, Nr. 3
Succo, Franz Adolf (1802-1879): *Die Bergstimme* op. 3 Nr. 3
Titl, Anton Emil (1809-1882): *Die Bergstimme* op. 9
Tofft, Alfred (1865-1931): *Die Bergstimme* op. 2 Nr. 1
Vesque von Püttlingen, Johann [Hoven, J.] (1803-1883): *Die Bergstimme* op. 36 Nr. 3
Vivenot, Rudolph (Ritter) von (1807-1884): *Die Bergstimme* op. 5 Nr. 1
Weinbrenner, A. (?): *Die Bergstimme* op. 1 Nr. 3
Wilhelm, Carl Friedrich (1815-1873): *Die Bergstimme. Lieder*, Nr. 9
Winterberger, Alexander (1834-1914): *Die Bergstimme* op. 36 Nr. 1
Wöhler, Gotthard (?): *Die Bergstimme* op. 1 Nr. 1
Wrightson, Herbert James (1869-1949): *The Mountain Voice*

anderen scheint gerade das große Thema des Schmerzes bzw. des Leidens, das – sei es in individueller, sei es in metaphysischer Dimension – Heines *Buch der Lieder* durchzieht, den zwischen Depression und Idealität schaffenden Musiker Medtner in besonderer Weise angezogen zu haben. Durch Auswahl der Worttexte, zyklische Zusammenstellung und Vertonung verleibte Medtner die seinen Intentionen und Emotionen verwandt erscheinenden dichterischen Kunstwerke Heines seiner eigenen ideellen und psychischen Sphäre ein – in welcher Weise, wird im Folgenden in einigen Aspekten dargestellt.

Textgrundlage des ersten Liedes in Opus 12 ist Heines kurzes Gedicht *Lieb Liebchen*, auch unter dem Titel *Der Zimmermann* bekannt. Der poetische Diskurs erfolgt aus der Perspektive eines lyrischen Ichs. Er beginnt mit der Anrede an ein nicht näher bezeichnetes geliebtes Wesen, gleichsam in einem „harmlosen Volkston". Der Anschein eines harmlosen volkstümlichen Liebesliedchens, der in den ersten beiden Versen erweckt wird und nicht zuletzt auf der Verwendung von für ein derartiges Genre charakteristischen Topoi und der Anhäufung von verniedlichenden Verkleinerungsformen („*Liebchen*", „*Händchen*", „*Kämmerlein*") beruht, wird – in typisch Heinescher Ironie – unvermittelt zerstört: Die lebenserhaltende Funktion des Herzschlags, dessen erregtes Pochen auf das freudige Ereignis der Begegnung mit dem geliebten Wesen zu deuten schien, verwandelt sich zur Bedrohung, zum Prozess, der zum Tod führt, zum Prozess des Sterbens. In der zweiten Strophe wird dieser Prozess als permanente Qual dargestellt, die dem lyrischen Ich die Ruhe raubt. Thema ist also das Leben als stetiges unausweichliches Leiden. Das Gedicht endet mit der Aufforderung an den „*Meister Zimmermann*", den Tod, er möge sich beeilen, sein Werk, den Prozess des Sterbens, des Leidens, der Qual, zu beenden, damit das „Ich" seine Ruhe findet. Da der lyrische Diskurs letztendlich monologisch ist, manifestiert sich in ihm nicht nur das Leiden am Leben und die Hoffnung, im Tod dieses Leiden zu überwinden, sondern auch eine gewisse Einsamkeit. Das lyrische Ich richtet sich zwar an zwei Ansprechpartner, zunächst an einen realen, das „*Liebchen*", dann an einen metaphysischen, den „*Meister Zimmermann*" (den Tod), diese treten aber nicht in einen Dialog ein.

War die Einsamkeit im Leiden an der Existenz latent bereits im Worttext des ersten Liedes aus Medtners op. 12 thematisiert, wird sie im zweiten, *Ein Fich-*

Wüerst, Richard Ferdinand (1824-1881): *Die Bergstimme* op. 8 Nr. 4
Zavertal, Ladislav (1849-1942): *Melanconia. Eco die miei verd'anni!*, Nr. 4
Zenger, Max (1837-1911): *Die Bergstimme* op. 11 Nr. 3

Quellen: Shea, Peter W., *Ihr Lieder! Ihr meine guten Lieder! A performer's guide to musical settings for one or two voices of the poetry of Heinrich Heine*, (Internet-Publikation 2000),_http.//www.library.umass.edu/subject/music/heine/index-html (24.4.2002).
The Lied and Song Texts Page, Created and maintained by Emily Ezust, (Internet-Publikation o.J.), http.//www.recmusic/lieder/ (24.04.2002).

tenbaum steht einsam, zum zentralen Gegenstand des lyrischen Diskurses. Dieses Leiden erscheint nun aber nicht als quälender Prozess, der den Leidenden nicht zur Ruhe kommen lässt, sondern als Sehnsucht, die einem dualistischen Spannungszustand erwächst, in dem die beiden Pole sich zwar anziehen, aber nicht zueinander kommen können, gleichsam als Leiden an der Einsamkeit infolge der Verwurzelung in bipolaren Sphären. Der Sphäre des *„Fichtenbaums"*, bezeichnenderweise eine männliche Metapher, sind Sonnenferne und Kälte eigen, der Sphäre seines Gegenübers, auf das sich seine Sehnsucht richtet, einer *„Palme"*, bezeichnenderweise eine weibliche Metapher, Licht und Hitze. Als einzige Vermittlungsmöglichkeit zwischen den entfernten Sphären fungiert der Traum, der allerdings nur – und hierin liegt wieder ein gewisses Moment Heinescher Ironie – als Projektion der Wünsche des *„Fichtenbaums"* im kalten *„Norden"* erscheint. Dieser erträumt sich von seinem ersehnten Gegenüber *„im Morgenland"* ebenfalls ein Leiden an Einsamkeit.

Innerhalb dieses kleinen Zyklus des Leidens am Leben, den Medtner mit Texten Heines gestaltete, schlägt das dritte Gedicht deutlich den Bogen zurück zum ersten. Wieder ist ein stetiger Prozess der rote Faden des lyrischen Diskurses. War es in *Lieb Liebchen* das Schlagen des Herzens, so ist es hier das Ziehen des *„Reiters"* *„im traurig stillen Trab"*. Wieder haftet diesem Prozess die Doppelgesichtigkeit von lebensbejahender Diesseitigkeit und todsuchender metaphysischer Erlösung an. Die Frage nach dem Ziel seines Ritts, die *„der Reiter"* stellt, konkretisiert diese Doppelgesichtigkeit in der Alternative: *„Zieh' ich jetzt wohl in Liebchens Arm, oder zieh' ich ins dunkle Grab?"* Wieder sieht das depressive Subjekt, *„der Reiter"*, in letztgenanntem Ziel seine Bestimmung. Wieder sucht es in seiner existenziellen Qual den Dialog mit einem *„Außer-Ich"*. Doch der Dialog mit dem *„Außer-Ich"*, mit der *„Bergstimme"*, ist nur Monolog, die Bestätigung des depressiv Einsamen in seiner Depression durch sein eigenes Echo. Die Antworten des vermeintlichen Dialogpartners und seine Worte zur Unterstützung der metaphysischen Hoffnungen des leidenden Subjekts auf *„Ruhe"* und *„Wohlsein"* erklingen als Widerhall und damit als notwendige Konsequenz der eigenen Fragestellung und Selbstaussage – eine Pointe Heinescher Ironie, die geradezu nihilistische Dimension erreicht.

Sicherlich ist es ein ganz besonderes Problem, bei einer Vertonung derartigen Erscheinungen der Ironie gerecht zu werden. Es zu lösen, ist wohl den meisten „Vertonern" Heinescher Lyrik nicht gelungen. Sie blieben gleichsam in der Sphäre einer naiv-romantischen Deutung stecken.
      Betrachtet man Medtners Vertonung von *Lieb Liebchen*, op. 12 Nr. 1, oberflächlich, scheint sie diesem Phänomen der „Entironisierung" der Lyrik Heines durch „musikalischen Zugriff" durchaus zu entsprechen: Motive, Themen und Entwicklungen der Dichtung scheinen unmittelbar, d.h. distanzlos, in das „musikalische Ausdruckssystem" überführt worden zu sein. So manifestiert sich Hämmern, Klopfen und Pochen, das Leiden an permanenter, ruheraubender

Betriebsamkeit, in der ständigen Repetition kurzer rhythmischer und melodischer Floskeln im „*Allegro inquieto*". In den Rahmenteilen des Liedes wird dabei der Akzent des „kraftvollen Hauptschlags", der die motorische Repetition vorantreibt, noch durch diastematische Emphase im Melos verstärkt. Es kommt allerdings zu keinen durchgängig ostinaten Bildungen, sondern die Repetition ist durch Modifikationen innerhalb der Motivik bzw. Variation in der Kombination der Motive gleichsam gestört, was dem im Worttext exponierten Leiden an permanenter Unruhe direkt entspricht. Direkte Textausdeutung vollzieht sich auch im Detail. Hingewiesen sei nur auf die hemiolische Beschleunigung der tonalen Fortschreitung im Zusammenhang mit den Worten „*Ach, sputet euch, Meister Zimmermann*" (Takt 40f.) und ihrer darauf folgenden Augmentation beim Schlussvers „*Damit ich balde schlafen kann*", welche durchaus die Assoziation an ein den Schlaf herbeisehnendes Gähnen zulässt (Takt 42-50).

Zumindest im Falle dieses Liedes gelang es Medtner jedoch auch, eine Gestaltungsstrategie durchzuführen, die dem Element der Ironie im Worttext adäquat ist, durch die gleichsam latent eine Distanzierung von dem an der Oberfläche „musikalisch Ausgesagten" entsteht. Die volksliedhafte Harmlosigkeit, die auch der musikalische Diskurs „an der Oberfläche" bietet, ist bereits in seiner Substanz in Frage gestellt, noch bevor sie sich durch den Worttext ins Bedrohliche und Todesweisende wendet. Dieses ist nicht nur durch die tonale Charakterisierung der Entwicklung durch die Sphären b-Moll und f-Moll erreicht (s. Takt 1- 25) - das allein wäre zu banal -, sondern durch versteckte Allusionen an das „Dies-irae-Motiv". Bereits das Vorspiel birgt diese Allusion (s. Takt 1-5,1 die in der Oberstimme „versteckte" Tonfolge des-c-des-b-c-a[as]-b).[8] Sie wird deutlicher in der Bassstimme der instrumentalen Überleitung zwischen Vers 1 und 2 (s. Takt 9,3-12,3: as-ges[g]-[as]-f-ges[g]-es-f) und der Bassphrase, die Vers 2 und 3 verklammert (s. Takt 15,3-18,1: as-g-as-f-g-[es]-f). Nachdem die Wendung in das Todesweisende im Worttext erfolgt ist, „greift" diese Allusion auch auf das Melos der Singstimme „über" (s. Takt 22-37). Medtner erweiterte auf diese Weise den Diskurs auf der Wortebene um eine Vorausdeutung bzw. um ein Offenbarwerden von etwas, was bereits substanziell-unterschwellig vorhanden war.

Es liegt nahe anzunehmen, dass Medtners Verständnis von Heines Gedicht *Ein Fichtenbaum steht einsam*, das dem zweiten Lied in Opus 12 zugrunde liegt, und die Attraktion, die dieser Text für ihn damit besaß, nicht unerheblich durch seine „russische Prägung" bedingt war. Auf die große Bedeutung, welche die Bilder des Schnees bzw. der winterlichen Kälte als Todesmetapher und der Morgenröte als Metapher jenseitigen Lebens – Bilder, die in Heines Gedicht so deutlich exponiert sind – in der russischen Literatur allgemein und insbesondere für Medt-

---

[8]   Die in eckige Klammern gesetzten Tonbezeichnungen sollen die „diastematische Originalgestalt" des „Dies-irae-Motivs" verdeutlichen, die der jeweiligen Allusion zugrunde liegt.

ners Freund und Geistesverwandten Boris Bugaev, dem ja auch dieses Opus 12 gewidmet ist, hatten, wurde in der Medtner-Forschung bereits hingewiesen.[9] Eine so geprägte Deutung des Heineschen Textes mit ihrer Essenz, den „Einklang" der diametralen Sphären zu postulieren,[10] lässt sich mit der hier vorher gebotenen Interpretation durchaus in Übereinstimmung bringen, verschließt sich allerdings völlig dem Erkennen ironischer Elemente.

Nicht verwunderlich ist es also, dass Medtner den gesamten tonalen Diskurs als „Transzendieren" aus der C-Dur Sphäre, der Sphäre des „*Fichtenbaums*", die an seinem Beginn als stabil exponiert ist, in die G-Dur-Sphäre der „*Palme*" gestaltet hat, wobei diese neue Tonika erst erreicht wird, wenn die letzte Silbe des Worttextes erklingt, und in einem demnach folgerichtig groß dimensionierten Nachspiel ausgebreitet wird. Musikalisch wird die auf der Worttextebene nur erträumte Überschreitung zum ersehnten Gegenüber also tatsächlich vollzogen. Offenbar hat Medtner die Bilder in Heines Text als so „vertraut russisch" empfunden, dass er auch musikalisch auf einen typisch russischen Gestaltungstopos zurückgriff, auf den der Glockenklänge. Das Klangbild der Glocken in der Klavierbegleitung mit seiner charakteristischen Prägung durch reine Intervalle und ostinate Wiederholung im „*Lento*", die im Falle eines Motivs, der chromatisch absteigenden Viertonfolge c-h-b-a, im ganzen Lied beibehalten wird, evoziert im Wesentlichen den Eindruck einer gewissen statischen Ruhe, die dem im Worttext Dargestellten durchaus entspricht. Die Glockenklänge verdichten sich im Nachspiel zu einem geradezu jubelnden Geläute, gleichsam Ausdruck einer großen Feier der gelungenen Überschreitung, der Verbindung des Diametralen.

Abstrahiert von ihrer Vertonung weisen schon die Worttexte allein eine hohe zyklische Qualität auf. Verbunden durch eine einheitliche Grundthematik umrahmen zwei Gedichte, die von Motiven der Bewegung, permanenten Prozessen, geprägt sind, ein „*Intermezzo*" von eher statischem Charakter. Über die gemeinsame Grundthematik hinaus sind die drei Texte durch Einzelmotive und Assoziationen eng miteinander verknüpft. Bei weitgehender thematischer Einheit und motivisch engen Bezügen ist so bereits auf der Worttextebene eine zyklische Rahmenform mit innenliegendem Kontrastteil gebildet.

Wie gezeigt, entsprechen die ersten beiden Lieder op. 12 den diesbezüglichen worttextlichen Vorgaben, und es erscheint nur konsequent, dass sich in der Vertonung des dritten Gedichts *Bergstimme* diese Übereinstimmung vollendet. Permanente Bewegung, die Achtel-Figuration eines „*traurig stillen Trabs*" im „*Andantino con moto*", manifestiert sich hier. Von dieser Figuration gleichsam verhüllt ist eine Art Cantus firmus, der mit dem Melos der Singstimme einen latenten Zwiegesang bildet. Dieser Cantus firmus, gleichsam ein stetiger

---

[9]   Vgl.: *Flamm* (wie Anm. 1), S. 64.
[10]   S.: Medtners eigene Ausführungen in *Les Lieds de N. Medtner. Quelques mots de l'auteur* (1909), abgedruckt in: Ebd., S. 241-243, s. dort S. 243.

untergründiger Pilgergesang, entsteht im Wesentlichen durch Repetition, tonale
und diastematische Modifikation einer viertaktigen Phrase, deren Melos innerhalb einer Oktave diatonisch absteigt und mit einer plagalen Kadenz endet (s. im
Klavierpart die „Daumenmelodie der linken Hand" in den Takten zwei bis fünf).
Enge Begrenztheit der thematischen Substanz, Repetition und Gestaltvariation
zeichnen auch das Melos der Singstimme aus, das diesen Cantus firmus gleichsam überlagert. Das Gestaltungsprinzip des Ostinatos, das in dem Lied *Ein Fichtenbaum* so deutlich dominierte, findet hier also, zur tonal und diastematisch
variierten Repetition gewandelt, eine Wiederkehr. Das ist ein Beispiel dafür,
dass, wenn auch keine direkte motivische Gemeinschaft zwischen den verschiedenen Teilen des Zyklus vorliegt, so doch Assoziationen auf der Ebene der Ge-
staltungsprinzipien vorhanden sind. Eine Ausnahme bildet die Ostinatofigur c-h-
b-a, die „versteckt" bereits im Vorspiel von Opus 12 Nr. 1 als c-ces-b-a erscheint.

Gerade im Falle des letzten Liedes in Opus 12 drängt sich der Eindruck auf,
dass der tonale Diskurs, den Medtner gestaltete, in hohem Maß zur „Sinn-
gebung" bestimmt ist. So scheint das tonikale h-Moll die Sphäre des irdischen
Lebens zu repräsentieren, G-Dur die des geliebten und ersehnten Gegenübers,
hier des „*Liebchens*", e-Moll die der existenziellen Bedrohung und C-Dur die
der Hoffnung auf metaphysische Ruhe und Wohlsein im Jenseits. In diesem Zusammenhang bedeutsam erscheint auch der hinsichtlich der thematischen Substanz identisch gestaltete Beginn der drei Textstrophen innerhalb des „durch-
komponierten" musikalischen Diskurses von jeweils anderem tonalen Niveau
aus. Dieses verdeutlicht gleichsam das Fortschreiten der Reflexion, ausgehend
von einer jeweils anderen Bewusstseinsstufe. Ironische Distanzierung gegenüber
der Hoffnung auf metaphysische Erlösung von dem Leid des Lebens, eine Deu-
tungsmöglichkeit, die Heines Text, wie erläutert, durchaus bietet, lässt Medtners
Vertonung hier nicht erkennen. Sie hätte auch nicht in Medtners geistigen
Kosmos, in sein ideelles Konzept vom Sein, gepasst.

Kurt Binneberg

Karl Krolow „Drei Orangen, zwei Zitronen"

Ästhetische Autonomie in der modernen Naturlyrik

Im traditionellen Naturgedicht von der Aufklärung bis zum Ende des 19. Jahrhunderts nimmt der Mensch eine zentrale Stellung ein, weil er selbst als Naturwesen begriffen wird. Zwar übersteigt er durch sein Erkenntnisvermögen – religiös gesprochen: durch seine Gottähnlichkeit – im Rang alle anderen Lebewesen, aber er ist aufgrund seines Ursprungs fest in den Schöpfungsraum Natur eingebunden. Dieser nach göttlichen Gesetzen geschaffene Kosmos, in vielen Gedichten bewundernd gepriesen, bildet eine universale Einheit, in der alles mit allem zusammenhängt. Durch die naturhaft bestimmte Existenzweise kann der Mensch sich in den Erscheinungen seiner Natursphäre wiederfinden, sein Leben von ihnen her deuten und so sich selbst verstehen. Naturlyrik im traditionellen Sinne ist daher im Grunde immer auch Dichtung vom Menschen. Naturvorgänge werden zu Gleichnissen für menschliches Erleben. Entsprechend stellt etwa die klassisch-romantische Erlebnislyrik meist ein empfindendes Subjekt in den Mittelpunkt. In Goethes Natur- und Liebesgedichten („Mailied", „Willkommen und Abschied", „Ganymed" – um ein paar zentrale Textbeispiele zu nennen) bildet der innige Daseinszusammenhang zwischen Mensch und Natur die eigentliche Grundlage für eine glückhafte Lebensbejahung.

Andererseits bleibt trotz des Gedankens der universalen Harmonie im Naturganzen auch das Bewusstsein einer bestimmten Differenz bestehen. In der Romantik, besonders bei Hölderlin, tritt die Klage über den Verlust der ungebrochenen Natureinheit in den Vordergrund. Es häufen sich die Naturgedichte, in denen das schmerzliche Verlangen nach Wiederherstellung der All-Harmonie zu Wort kommt. Der Naturraum wird zum Sehnsuchtsraum.

In der kritisch-reflexiven Naturlyrik des 20. Jahrhunderts wird dann zunehmend das Anderssein des Menschen aufgrund seiner zivilisatorischen Entwicklung gegenüber der unschuldigen Naturexistenz hervorgehoben. Das moderne Ich erlebt sich als zerrissenes Doppelwesen, das sich in keinem der beiden Daseinsbereiche wirklich heimisch fühlt. Gottfried Benn hat dieses dissonantische Grundgefühl in seinen Naturgedichten oft ausgesprochen, beispielhaft etwa in dem folgenden:

Wenn etwas leicht und rauschend um dich ist
wie die Glyzinienpracht an dieser Mauer,
dann ist die Stunde jener Trauer,
daß du nicht reich und unerschöpflich bist,

nicht wie die Blüte oder wie das Licht:
in Strahlen kommend, sich verwandelnd,
an ähnlichen Gebilden handelnd,
die alle nur der eine Rausch verflicht,

der eine Samt, auf dem die Dinge ruhn
so strömend und so unzerspalten,
die Grenze ziehn, die Stunden halten
und nichts in jener Trauer tun.[1]

Das den Menschen eigentlich auszeichnende Geschenk der Vernunft wird für
Benn zum Fluch gegenüber der beglückenden Naivität aller anderen Naturwesen, den Pflanzen wie den Tieren, mit denen sich keine Einheit mehr herstellen
lässt. Sein Gefühl des Andersseins äußert sich in Motiven der Sehnsucht nach
Rückkehr in die Sphäre der Ungebrochenheit. So im Gedicht „Gesänge" („O daß
wir unsere Ururahnen wären./Ein Klümpchen Schleim in einem warmen
Moor"[2]). Stets aber formulieren auch diese pessimistisch gestimmten Naturgedichte die Rolle des Menschen, selbst wenn in ihnen die Erfahrung des absoluten Eigenstandes der Naturerscheinungen zu Wort kommt.

Andererseits kann man in der modernen Naturlyrik des 20. Jahrhunderts
feststellen, dass das erlebende Subjekt sich mehr und mehr aus dem Gedicht zurückzieht, dass Naturvorgänge sich unabhängig vom Menschen vollziehen und
dass seine Anteilnahme an ihnen für die Natur eher belanglos erscheint. (Ich
spreche hier nicht von den Eingriffen des Menschen in die Natur, das wäre ein
anderes Kapitel). Natürlich verschwindet das Ich auch aus dieser Lyrik nicht zur
Gänze, es bleibt als wahrnehmender oder ordnender Beobachter, kaum sichtbar,
erhalten – seine Rolle als Naturwesen wird aber nicht mehr eigens thematisiert.
Damit gewinnt das Gedicht einen Eigenstand, der mit dem Begriff der ‚Autonomie' zu umschreiben wäre, und dem die Literaturwissenschaft nicht zu Unrecht das Phänomen des ‚Ästhetizismus' beigeordnet hat. In der ersten Hälfte
des 20. Jahrhunderts entfaltet sich dieser Strang der ästhetisch-autonomen Dichtung in besonderer Weise, angestoßen von romanischen und angelsächsischen
Lyrikern, dann auch im deutschsprachigen Raum, und er lässt sich an Texten
von Oskar Loerke, Wilhelm Lehmann, Elisabeth Langgässer, Gottfried Benn
u.v.a. beobachten. Besonders ausgeprägt tritt dieser Stiltypus in manchen Gedichten Karl Krolows zutage, weshalb eines seiner bekanntesten zur Veranschaulichung des Phänomens zugrunde gelegt werden soll.

Krolow selbst äußert sich zur ästhetizistischen Tendenz seiner Lyrik, als deren wichtigsten Ausgangspunkt er den französischen Surrealismus benennt:
"Naturlyrik und Surrealismus. Das waren meine ersten zehn oder fünfzehn Jahre

---

[1] Gottfried Benn: Sämtliche Werke, Bd. 1. Hg. v. Gerhard Schuster. Gedichte 1. Stuttgart
     1986. S.197.
[2] Ebd. S.23

des Schreibens, von 1943 bis 1955 etwa".[3] Das antirealistische Gestaltungsmoment, das damit angesprochen ist, kann als wesentliche Stileigentümlichkeit der Lyrik von 1945 bis etwa 1970 gelten. Sie tritt bei Krolow noch stärker in Erscheinung als bei Benn, und sie ist ein prägendes Moment in dem folgenden Naturgedicht.

Drei Orangen, zwei Zitronen

Drei Orangen, zwei Zitronen: -
Bald nicht mehr verborgne Gleichung,
Formeln, die die Luft bewohnen,
Algebra der reifen Früchte!

5   Licht umschwirrt im wespengelben
Mittag lautlos alle Wesen.
Trockne Blumen ruhn im selben
Augenblick auf trocknem Wind.
Drei Orangen, zwei Zitronen.
10   Und die Stille kommt mit Flügeln.
Grün schwebt sie durch Ulmenkronen,
Selges Schiff, matrosenheiter.

Und der Himmel ist ein blaues
Auge, das sich nicht mehr schließt
15   Über Herzen: ein genaues
Wunder, schwankend unter Blättern.

Drei Orangen, zwei Zitronen: -
Mathematisches Entzücken,
Mittagsschrift aus leichten Zonen!
20   Zunge schweigt bei Zunge. Doch
Alter Sinn gurrt wie ein Tauber.[4]

Der Titel dieses 1953 entstandenen Gedichts und seine dreimalige, leitmotivische Wiederholung im Text evozieren beim Leser malerische Bildvorstellungen, die an ein Stillleben erinnern: vielleicht an Südfrüchte als kunstvolles Arrangement wie auf den Bildern von Paul Cézanne. Faktisch setzt die Zeile allerdings nur die Namen, isolierte Worte ohne jeden Kontext, mit denen ebenso gut an Bäumen hängende Früchte gemeint sein können, oder aber gar keine Früchte, sondern nur faszinierende Sprachzeichen ohne Verweisungsabsicht. ‚Ein Gedicht ist *nur* aus Worten gemacht', würde Benn konstatieren. Und was der imaginierte Anblick der Orangen und Zitronen in den drei Folgezeilen auslöst, sind zunächst Worte, Sprachbilder, Verse, für die Krolow metaphorische Umschreibungen wie ‚Gleichung' oder ‚Formel' einsetzt. Die dreifache Wiederholung des

---

3   Karl Krolow: Wenn die Schwermut Fortschritte macht. Gedichte, Prosa, Essays. (Reclam-Bibliothek 1473). Hg. v. Kurt Drawert. 2. Aufl. Leipzig 1993. S.7.

4   Karl Krolow: Gesammelte Gedichte, Bd.1. Frankfurt/M. 1965. S.107.

Titelverses (Vers 1,9,17) erinnert den Leser, der Ähnliches aus Märchen und Spruchdichtung kennt, an die beschwörende Absicht von Zaubersprüchen, die geheimnisvoll Verborgenes in die Wirklichkeit herbeirufen sollen. Dabei spielt die ‚Drei' als magische Zahl eine bedeutsame Rolle. Krolows Gedicht präsentiert dem Leser die Früchte nicht als solche, sondern in kalkulierend abgezählter Form. Allein die Zahladjektive in der Titelzeile steuern die Rezeptionserwartung in eine unerwartete Richtung. Während die Früchtenamen möglicherweise ein Gedicht über Orangen und Zitronen ankündigen könnten, lenken die Zahlwörter das Interesse auf die nummerische Ordnung. Von den natürlichen Eigenschaften der Südfrüchte (Farbe, Form, Duft, Geschmack) ist in dem Text keine Rede, wohl hingegen von der Mathematik. Vor allem aber dienen die beiden Zahlen ‚Zwei' und ‚Drei' der Strukturierung des Gedichts selbst, das aus Zweier- und Dreierelementen aufgebaut ist. Drei Strophen der ungeraden Zahlenfolge 1, 3 und 5, die mit der Leitmotivzeile beginnen, umschließen zwei eingefügte Strophen, so dass sich der Gesamttext zu fünf Strophen summiert. Jede Strophe besteht aus vier Zeilen, von denen je zwei Verse bindenden Endreim besitzen. Die Mittelstrophe bildet eine Symmetrieachse, um die die Strophen 1 und 5 bzw. 2 und 4 miteinander korrespondierend angeordnet sind. Eine Sonderstellung nimmt die Strophe 5 ein. Nicht nur spiegelt ihre nummerische Größe das Summenverhältnis von 2 + 3 wider, sondern in der Fünfzahl der Verse scheint das Gedicht seine mathematisch-formale Vollkommenheit zu erreichen. Der Gedichttitel bezieht sich also nicht nur auf inhaltliche Zusammenhänge. Er verweist auch auf den kunstvollen Textaufbau, der gleichzeitig Ausgewogenheit (Symmetrie) und Spannung (ungleiches Zahlenverhältnis) aufweist.

Dass die Leitverse 1 und 17

Drei Orangen, zwei Zitronen: -

nicht zusammenhanglose Zauberformeln darstellen, sondern in der Welt des Textes und der Vorstellungswelt des Lesers etwas Bestimmtes evozieren sollen, lässt sich an der Interpunktion ablesen. Hinter dem Doppelpunkt wird man zwangsläufig die von den Bildern ausgelösten korrespondierenden Inhalte erwarten. Der Gedankenstrich signalisiert dem Leser, dass ein reflektierender Einhalt nötig ist, dass der Übergang sich nicht problemlos, sondern nur zögernd vollziehen lässt In beiden Fällen folgen der Früchtemotiv-Zeile Verse, die von abstrakten Begriffsgrößen sprechen: 'Gleichung, Formeln, Algebra' (Str. 1) und „Mathematisches Entzücken" (Str. 5). Es handelt sich um Wahrnehmungs- und Beschreibungsformen von Gegenständen, bei denen ihre mathematisch-physikalischen Eigenschaften, nicht aber ihre ästhetische Schönheit oder emotionale Wirkung eine Rolle spielen. Das Interesse an den Orangen und Zitronen gilt ihnen nicht als verlockenden Naturobjekten, sondern ihrem bewusst gewählten Mengenverhältnis, dem natürlich auch eine ästhetische Spannung innewohnt. Indem der Dichter dem Früchtearrangement die Zahlenbeziehung 3:2 zugrunde legt, kann er in übertragenem Sinne von einer „Algebra der reifen Früchte" (Vers 4) sprechen. Dies hat metaphorische Bedeutung, denn Gegenstände der Algebra oder Elemente einer Gleichung sind normalerweise nicht Naturobjekte, sondern mathematische Größen. Gerhard Kaiser[5] interpretiert die Metapher so, dass in ihr Natur (Früchte) und Geist (Zahlen) zur unlösbaren Einheit verschmolzen werden. Die Naturobjekte sind von vornherein als gezählte und die Zahlen wiederum als angeschaute Früchte aufgefasst. Die ‚Formeln' und ‚Gleichungen' in Krolows Gedicht sind also Abstraktionen, aber stets in konkret anschaulicher Gestalt.

Das nummerische Verhältnis zwischen den Orangen und Zitronen erzeugt aufgrund der Asymmetrie eine gewisse Spannung. Hätte Krolow die gleichgewichtige Beziehung 'Zwei Orangen, zwei Zitronen' gewählt, würde sich eine andere, spannungsärmere ästhetische Wirkung ergeben. Der Spannungseffekt beruht aber nicht allein auf der Mengenverteilung, sondern auch auf der unterschiedlichen Natur der Früchte: ihren Farben und Geschmacksnuancen. Dabei wird der orangefarbenen, süßlicheren Apfelsinenfrucht der Vorrang eingeräumt. Das 'mathematische Entzücken', das der fiktive Anblick der imaginierten Früchte auslöst (Vers 17/18), hat seinen Grund wohl in der Schönheit des Angeschauten, das aber seinerseits vor allem auf einer schönen Zahlenordnung beruht.

Das Prinzip der mathematisierten Naturwahrnehmung (Grundlage aller naturwissenschaftlichen Anschauungen) hat in Krolows Naturlyrik der fünfziger Jahre eine große Bedeutung erlangt. Es lässt sich außerhalb der Poesie von jedem Leser leicht nachvollziehen. Beim Anblick eines Himmels mit Schäfchenwolken, einer Pappelreihe, eines Vogelzugs, einer Sonnenblume usw. entsteht ästhetisches Wohlgefallen nicht zuletzt aufgrund von Zahlenverhältnissen und geometrischer Anordnung. In einigen seiner Gedichte hat Krolow diesen Aspekt des Naturerlebens ausdrücklich thematisiert. Für das Gedicht „Zeit der Zahlen" wählt er einen Vers von Baudelaire als Motto: „Die Zahl ist in allem". Es könnte auch über „Drei Orangen, zwei Zitronen" stehen. Die Anfangszeilen jenes Gedichts lauten:

Das Einmaleins, auf Wasser
Und Mauern hingeschrieben,
Ins Birnenfleisch geläutert
Aus goldnem Wachs getrieben,[6]

Das Gedicht „Orte der Geometrie" beruht ebenfalls auf dem poetisch-mathematischen Darstellungsprinzip der Naturphänomene. Es beginnt mit der Strophe:

Orte der Geometrie:
Einzelne Pappel, Platane.

---

[5]   Gerhard Kaiser: Geschichte der deutschen Lyrik von Heine bis zur Gegenwart. Zweiter Teil. (suhrkamp taschenbuch 2107). Frankfurt/M. 1991. S.708-716. Hier: S.712.

[6]   Karl Krolow (wie Anm. 4), Bd.1. S.126 f.

Und dahinter die Luft,
Schiffbar mit heiterem Kahne.[7]

Und die Zeilen der Strophe 3 fügen sich in die entfaltete Bildwelt ein:

Alles wird faßlich und Form:
Kurve des Flusses, Konturen
Flüchtender Vögel im Laub,
Diesige Hitze-Spuren,[8]

Die Grundidee der zitierten Textbeispiele lässt sich auf einen einfachen Nenner bringen: In vielen Naturerscheinungen sind, offen oder versteckt, mathematische Ordnungsprinzipien zu entdecken. Sie wirken als ästhetische Faktoren in das Naturgedicht hinein, und zwar auf der formalen Ebene, indem sie die Struktur des Textes organisieren, und auf der semantischen Ebene, insofern sie die Naturdinge ordnen. Die Folge dieser lyrischen Verfahrensweise besteht darin, dass die Naturobjekte von ihrer Stofflichkeit befreit werden; sie werden ‚leicht' und durchsichtig, weil ihre abstrakten, rationalen und nicht ihre materialen Eigenschaften zur Geltung kommen. In der dritten Zeile des Gedichts „Drei Orangen, zwei Zitronen"

Formeln, die die Luft bewohnen

kleidet Krolow diesen Gedanken in ein anschauliches Bild. Die ‚Formeln', welche die Naturerscheinungen umschreiben, sind von ätherischer Körperlosigkeit, so dass sie der Luft gleichen. Mit der Verbalmetapher ‚wohnen' vollzieht Krolow eine Personifikation, die den abstrakten Begriff ‚Formel' in eine Art von Lebewesen verwandelt. Hier stellt sich assoziativ die Vorstellung von Luftgeistern ein. Krolow „spiritualisiert" auf diese Weise die materialen Gegenstände „in ein Flüchtig-Ungreifbares".[9] Von fern erinnert dies an physikalisch-chemische Vorgehensweisen, die die reale Natur auf Strukturformeln und mathematische Modelle reduzieren. Aber natürlich benötigt der Lyriker den anschaulich-sinnlichen Stoff, ohne den die Formeln gar nicht existieren können. Auf der anderen Seite kritisiert Krolow jedoch an der deutschen Naturlyrik, dass sie meist „zu stoffbenommen, stoffbetäubt" sei und dass ihr die Leichtigkeit fehle.[10] Deshalb sucht er nach Möglichkeiten zur Entstofflichung der gedichteten Welt.

Diesem Ziel dient neben der mathematischen Ästhetik das zweite wichtige Prinzip in „Drei Orangen, zwei Zitronen" und anderen vergleichbaren Gedichten Krolows: die Bewegung. Sie tritt in zweifacher Weise in Erscheinung. Einmal

---

[7]   Ebd. S.110.
[8]   Ebd. S. 110.
[9]   Otto Knörrich: Die deutsche Lyrik seit 1945. (Kröners Taschenausgabe Bd. 401). 2.
      Aufl. Stuttgart 1978. S. 213. (Hier S.14 f. interessante Hinweise zum motivverwandten
      Gedicht „Pappellaub").
[10] Vgl. dazu G. Kaiser (wie Anm. 5), Zweiter Teil. S. 915. Anm. 24.

bestimmt sie den immanenten Textverlauf des Gedichts, das in einer fortschreitenden Progression angelegt ist. Das temporale Adverb ‚bald' („Bald nicht mehr verborgne Gleichung") weist voraus auf eine Auflösung des anfangs dunklen Sinns, der am Ende („Mathematisches Entzücken") als Augenblick der Erfüllung erreicht wird. So spannt sich von Vers 2 zu Vers 18 der Bogen einer fortschreitenden Bild- und Gedankenentwicklung. Der Glücksmetapher „Mathematisches Entzücken" ist noch eine erklärende Zeile angefügt, die formal (durch den Reim und die identische Textposition) und auch inhaltlich mit Vers 3 („Formeln, die die Luft bewohnen") übereinstimmt:

Mittagsschrift aus leichten Zonen!

Beide Formulierungen heben die körperlose Leichtigkeit hervor, in die das dichterische Anschauen die Dinge verwandelt. Krolow umschreibt den ganzen Begriffskomplex (Formeln, algebraische Gleichung) mit der vieldeutigen, abstrakten Metapher „Mittagsschrift". Sie enthält den temporalen Aspekt der Tageszeit, die nicht zufällig gewählt ist. Schon Vers 6 benennt den „Mittag" als Geschehens-„Augenblick" (Vers 8) der fiktionalen Gedichtvorgänge, in dem Licht, Stille, Blumen und Wind momenthaft zusammentreten. Nach der Auffassung Artur Rümmlers[11] handelt es sich um den „zeitlosen erfüllten Augenblick", der nur kurzen Bestand hat. Zeitliche Bewegung findet hier also nicht statt. Vielmehr markiert der Mittag den Zeit p u n k t des höchsten Sonnenstandes. Zu ihm gehört das Licht (Vers 5) in seiner größten Helligkeit. In der Symboltradition gilt er von jeher als der Augenblick deutlichster Wahrnehmung und Erkenntnisfähigkeit. Alle diese Konnotationen gehen in die Metapher ‚Mittagsschrift' ein. Von der Metaphorik der ‚Schrift' als zweiter Komponente führt ein unmittelbarer Weg zur traditionellen Deutung der Natur als Buch, dem der Mensch lesend die Geheimnisse der Schöpfung entnehmen kann. Bei Krolow handelt es sich allerdings nicht um ein Geschriebenes, das – vorgängiger Tradition folgend – religiöse oder philosophische Wahrheiten mitteilen will. Sein Gedicht ist von ‚leichterer' Natur.

Hier könnte eine zusätzliche geographische Nebenbedeutung der „Mittagsschrift"-Metapher mit ins Spiel kommen. Orangen und Zitronen verweisen unterschwellig auf das südliche Europa, vornehmlich nach Italien und Spanien. Kaiser[12] verweist im Zusammenhang mit dem Früchtebild auf die berühmten Verse aus Goethes „Wilhelm Meister":

Kennst du das Land, wo die Zitronen blühn,
Im dunkeln Laub die Goldorangen glühn,
Ein sanfter Wind vom blauen Himmel weht,

---

[11]   Artur Rümmler: Die Entwicklung der Metaphorik in der Lyrik Karl Krolows (1942-1962). Frankfurt/M. 1972. S. 187.
[12]   Gerhard Kaiser (wie Anm. 5). Zweiter Teil. S. 708.

Die Myrte still und hoch der Lorbeer steht,
Kennst du es wohl?[13]

Nicht nur die Früchtenamen, auch zahlreiche andere Signalwörter dieser Mignon-Strophe (Laub/ Blätter – Wind – blauer Himmel – still/ Stille) kehren in Krolows Naturgedicht wieder. Das bei Goethe besungene Sehnsuchtsland ist Italien. ‚Mittag' aber bedeutet in der poetischen Sprache des 18./19. Jahrhunderts meist die Himmelsrichtung des Südens, wo die ‚leichten Zonen' der Heiterkeit liegen. „Mittagsschrift" ließe sich dann auch als versteckter Hinweis verstehen auf Formen südländischen Erfassens von Natur, denen die besondere romanische Beweglichkeit und Helle des Geistes eigen sein mag. Verschiedene französische und spanische Gedichte (Apollinaire, Guillén, Lorca u.a.) sind als unmittelbare Vorbilder für Krolows „Drei Orangen, zwei Zitronen" zu benennen.[14] Von ihnen übernimmt der Dichter auch die mathematisierende Ästhetik, für die er besondere Anregungen bei Guillén findet. Trotz aller semantischen Vieldeutigkeit der Metaphernfügung „Mittagsschrift aus leichten Zonen" lässt sich durch assoziative und kontextuelle Interpretation ein plausibler, keineswegs beliebiger Sinnzusammenhang herstellen.

Das von Krolow bevorzugte Gestaltungsprinzip der Bewegung, das mit dem der körperlosen Leichtigkeit zusammengehört, kommt in den Strophen 2 und 3 auf andere Weise zur vollen Wirksamkeit. Die erste Hälfte der 2. Strophe rückt das immaterielle Phänomen des Lichts in den Mittelpunkt.

Licht umschwirrt im wespengelben
Mittag lautlos alle Wesen.

Die bildsprachliche Vergegenwärtigung weist eine Reihe von Besonderheiten auf, die für den naturlyrischen Stil Krolows zu dieser Zeit typisch erscheinen. Das Licht als selbst nicht wahrnehmbare Größe wird durch die Verbmetapher zu einem ‚umherschwirrenden' Lebewesen umgedeutet, dadurch gleichsam mit einem Körper ausgestattet. Die sonnenhelle Mittagsstunde, ursprünglich eine abstrakte Zeitangabe, erfährt eine Verdinglichung insofern ihr die Farbqualität ‚gelb' zuerkannt wird, über die nur Gegenstände verfügen können. Das Attribut ‚wespengelb' gehört grammatisch zu ‚Mittag'. Allerdings korrespondiert der erste Bestandteil der Metapher (‚Wespen') semantisch nicht mit dem ‚Mittag', sondern mit dem Verb ‚umschwirren', das wiederum die Tätigkeit des Lichtes benennt. Aufgrund der sachlogischen Beziehungen erfüllt ‚wespengelb' also gleichzeitig die Rolle eines Adjektivs zu ‚Licht' und die eines Adverbs zu ‚umschwirren':

wespengelbes Licht umschwirrt
Licht umschwirrt wespengelb

---

13   Goethes Werke (Hamburger Ausgabe). Hg. v. Erich Trunz, Bd. VII. 8. Aufl. München 1973. S. 145.
14   Dazu: Artur Rümmler (wie Anm. 11), S. 184 ff.

Die adverbiale Position ist allerdings bereits durch das Attribut ‚lautlos' (Vers 6) besetzt, das semantisch zu ‚Mittag' passen würde, weil es doch einen gewissen Gegensatz zum Geräusch des Umherschwirrens darstellt. Allerdings kann man das Schwirren des Lichts auch rein optisch (also nicht akustisch) mit den Wespen verbinden. Deren Gelb evoziert nebenbei die Vorstellung von Giftigkeit und Gefahr, die sich assoziativ auf das grelle Mittagslicht und vielleicht auch auf die scharfe Säure der gelben Zitrone übertragen ließe. Der Sinn dieser verwirrenden semantisch-strukturellen Beziehungsmöglichkeiten liegt auf der Hand. Krolow materialisiert die körperlosen Erscheinungen (z. B. durch Personifikation) und handelt damit anscheinend gegen die angestrebte Entstofflichung der Dinge. Doch gewinnt er dadurch erst die Möglichkeit, eine Fülle von schwerelos wirkenden Bewegungen ins Bild zu setzen. Das spiegelt sich in der Sprachstruktur durch den frei beweglichen Umgang mit den Wortbeziehungen, der sich an keine syntaktische Vorschrift hält.

Komplexe Bewegungsvorgänge im Zusammenspiel mit Ruhe bilden auch den Inhalt der Verse 7 und 8. Es ist leicht vorstellbar, dass die „Blumen" in der Mittagshitze die Köpfe wie schlafend hängen lassen und „ruhn".[15] Doch geht zugleich ein ‚trockener Wind', der sie bewegt, so dass sie „im selben Augenblick" an zwei gegensätzlichen Zuständen teilhaben: Ruhe in schwebender Bewegtheit.

Zur Atmosphäre des Mittags gehört die Stille („lautlos", Vers 6). Sie wird in der mittleren Strophe zum Hauptereignis (Vers 10). „Stille" übernimmt die Rolle des grammatischen Subjekts in der dreizeiligen Fügung, und sie wird – wie das Licht – im Bild eines fliegenden Lebewesens veranschaulicht. Krolow benutzt allerdings keine reale Vogelmetapher. Er stattet das nicht wahrnehmbare Phänomen lediglich mit Flügeln aus, um den Eindruck des lautlosen Herbeischwebens in der Leserphantasie aufzurufen. Im Unterschied zum traditionellen Bildvergleich heißt es nicht: ‚Die Stille kommt *wie* mit Flügeln', sondern durch die unmittelbare Zusammenziehung entsteht die Vorstellung eines surrealen Mischwesens aus abstrakten und konkreten Bestandteilen. Dieses imaginäre Flugwesen schwebt körperlos „durch Ulmenkronen", wobei ihm mit dem Farbadjektiv ‚grün' eine optische Qualität zuerkannt wird. Es handelt sich hier um dasselbe Prinzip, mit dem Krolow in Strophe 2 die Mittagszeit ‚gelb' nennt. Grammatisch gehört ‚grün' als Adverb zu ‚schweben' und somit attributiv zu ‚Stille'. Aus sachlichen Gründen lässt es sich in dem Bildkomplex aber eigentlich nur auf ‚Ulmenkronen' beziehen. Erneut hebt der Dichter die natürliche Zuordnung der Dinge auf, indem er die sprachliche Ordnung durchbricht: Er rückt das Adjektiv ‚grün' in eine syntaktische Position, die mit seiner semantischen Funktion nicht

---

[15]   Ein analoges Bild formuliert Krolow im Gedicht „Ein Uhr mittags", wo es heißt:
„Ein Uhr mittags. Die Blumen
Hängen mit gebrochenem Genick
In der Windstille." (In: Gesammelte Gedichte (wie Anm. 4), Bd.1. S. 179).

übereinstimmt. Entsprechend verlangt er dann vom Leser, sich eine ,grün schwebende Stille' vorzustellen.

Wie wenig sich Krolow an die gewohnte Realitätserfahrung hält, geht aus der Bildfügung der nächst folgenden Zeile hervor. Wörtlich genommen teilt sie uns mit: ,Die Stille schwebt mit Flügeln grün wie ein seliges Schiff heiter durch Ulmenkronen'. Hier gerät die vertraute Ordnung der Welt völlig durcheinander, weil die sichernden Grenzen zwischen den einzelnen Phänomenen verschwunden sind. Trotzdem ist das Arrangement dieser disparaten Elemente nicht sinnlos. Die Flugmetapher für Stille wird um die Schiffsmetapher erweitert. Aufgrund der Übereinstimmung (sanfte, lautlose Bewegung) lassen sich beide Bildbereiche zwanglos miteinander verknüpfen. Schon die Barockmetaphorik benennt Schiffe als ,Vögel mit Segeln' und Vögel als ,Schiffe mit Flügeln'.[16] Das Adjektiv der Formel „Selges Schiff" ist sicher doppeldeutig gemeint. Seine Lautgestalt verweist unmittelbar auf ,Segel'-Schiff. Als Gefühlsattribut ,selig' bewirkt es, zusammen mit ,matrosenheiter', eine Personifikation des Schiffes, welches seinerseits ja eine metaphorische Verdinglichung der Stille darstellt. Wenn aber Vögel durch Baumkronen gleiten können, dann können Segelschiffe dies auch – jedenfalls im modernen Naturgedicht. Dazu müssen allerdings die ,normalen 'Wirklichkeitsbedingungen außer Kraft gesetzt werden. Die Bildkomposition dieser Strophe offenbart in exemplarischer Weise die surrealistische Tendenz von Krolows Lyrik. Sie entsteht durch die Montage disparater Bildelemente oder Bildbereiche und kann als eines der wichtigsten Stilmittel der modernen Lyrik gelten. Mit Hilfe der kalkulierenden Phantasie werden entlegendste Elemente so zusammengefügt, dass Kontrast- oder Korrespondenzeffekte auftreten, die die Wirklichkeit verfremden und auf der künstlerischen Ebene hohe ästhetische Spannung erzeugen. Krolow besitzt offenbar eine große Vorliebe für die spezifische Bildkombination, die er in der 3. Strophe von „Drei Orangen, zwei Zitronen" verwendet. Die bereits zitierte Anfangsstrophe von „Orte der Geometrie" wäre hier zu erwähnen. Das Gedicht „Krümmung der Ferne", das sich generell zu einer vergleichenden Interpretation empfiehlt, besitzt die folgenden Verse:

Landschaften mit Schiffen,
Heiter in Bäumen,
Wimpeln und Pfiffen,
Seefahrerblusen.[17]

Die Übereinstimmungen in den Bildelementen der irrealen Flugmetaphorik und in der Heiterkeit der Atmosphäre sind überraschend. Ein weiteres Motiv kehrt im Beginn der 3. Strophe von „Krümmung der Ferne" wieder:

---

[16] Artur Rümmler (wie Anm. 11), S.188.
[17] Karl Krolow (wie Anm. 4), Bd.1. S.112.

Leicht aus Gedanken
Mittags errichtet:
[...]^{18}

Das erinnert an die „Mittagsschrift aus leichten Zonen!" Weitergeführt wird der
Motivkomplex in den Zeilen 19-22, in denen „Krümmung der Ferne" analog
zum ,Orangen'-Gedicht auf die heitere Italien-Welt anspielt:

Land ohne Winter.
Spiele der Wärme,
Torsen im Laube,
Hell, ohne Alter;^{19}

Die 4. Strophe des Gedichts „Drei Orangen, zwei Zitronen" schließt mit ihrer
augenfälligen Strukturparallele („Und die Stille" – „Und der Himmel") nahtlos
an die vorhergehende an. Sie setzt deren ,Glücksbild' (G. Kaiser) fort und fügt –
angedeutet durch „Herzen" (Vers 15) – die Liebe als weiteres Motiv hinzu. Der
Blick des imaginären Betrachters verlängert sich über die ,Ulmenkronen' hinaus
bis zum ,Himmel'. Dieser wird unmittelbar metaphorisiert und als ,Auge' eines
überirdischen Wesens gedeutet. In der traditionellen Bildersprache ist dann
meist das Auge Gottes gemeint, aber religiöse Konnotationen kann man hier in
diesem Fall eher ausschließen. Vielmehr werden Vorstellungen von einem Himmel evoziert, der jenen Menschen unverwandt offen steht, die einander in Liebe
zugetan sind. Im Vorgriff auf Vers 20 („Zunge schweigt bei Zunge") wird man
die „Herzen" als „eine Zweiheit" deuten.^{20} Zwar spricht das Gedicht nicht eigens von der Liebe, aber es liefert deutliche Anspielungen auf das Motiv. Orangen und Zitronen sind bei Lorca und Apollinaire, an die Krolow hier anknüpft,
häufig Symbole des Erotischen.^{21} Die Ulme wird von Kaiser^{22} als „Baum der
Idylle und Liebe" gedeutet. Mit dem Bild der Zungen verbindet sich die Vorstellung des Kusses, und der ,gurrende Tauber' gilt selbstverständlich als Anspielung auf die Liebe. Daher kann man das „Wunder" (Vers 16) durchaus als
,Wunder der Liebe' verstehen, das vom Himmel mit Wohlgefallen angeschaut
wird. Allerdings bleiben die semantischen Zuordnungen wegen der syntakti-
schen Unklarheit schwierig. Wenn man ,Himmel' als grammatisches Subjekt für
die gesamte Strophe auffasst, dann benennt ,Wunder' (Gleichsetzungsnomina-
tiv) einen Wesenszug des Himmels. Aber die Gedichtinterpretation hat mehrfach
gezeigt, dass die grammatischen Bezüge mit den semantischen nicht immer
übereinstimmen. Mit guten Gründen kann man als ,Wunder' auch das Sich-
nicht-mehr-Schließen des Himmelsauges verstehen. Dieses wieder hängt ab von
den entsprechend gestimmten liebenden Seelen. Demnach besteht das Wunder-
bare in einer besonderen irdisch-himmlischen Wechselbeziehung, in der Tren-

---

18 Ebd.
19 Ebd.
20 Gerhard Kaiser (wie Anm. 5), Zweiter Teil. S. 714.
21 Artur Rümmler (wie Anm. 11), S. 188 f.
22 Gerhard Kaiser (wie Anm. 5), Zweiter Teil. S. 714.

nung aufgehoben wäre. Krolows Verszeile spricht seltsamerweise von einem 'genauen Wunder' und benutzt damit ein Attribut, das mathematische, nicht aber emotionale Beziehungen charakterisiert. Allerdings gibt die Chiffre ‚mathematisches Entzücken' zu verstehen, dass die beiden Erfahrungsbereiche eng miteinander verschmolzen sind, um den Augenblick des Glücks zu ermöglichen. „Mathematisches und erotisches Entzücken sind zusammengeflossen".[23]

Erinnert man sich in diesem Zusammenhang an die Mottozeile „Die Zahl ist in allem", dann lässt sich das Prädikat ‚genau' als Anspielung auf die Zweizahl der Liebenden deuten; der als Fixpunkt einbezogene Himmel ließe sich dann spekulativ als Erweiterung der Zwei zur vollkommeneren Dreizahl deuten.[24] ‚Genau' heißt: exakt, sicher, fest umschrieben. Dazu bildet das sich anschließende „schwankend unter Blättern" einen absoluten Gegensatz. Unklar ist wieder einmal der semantische Bezug. Was ‚schwankt' tatsächlich in dieser imaginierten Naturszene? Syntaktisch nahe liegend wäre eine Zuordnung zu ‚Wunder', wobei dann die Liebe metaphorisch zu einem unsicheren Phänomen erklärt würde. Dem widerspricht aber die Fügung ‚genaues Wunder'. Aus semantischer Sicht lässt der Bildkomplex eine sinnvolle Verknüpfung von ‚schwankend' eigentlich nur mit ‚Blättern' zu, auch wenn die grammatische Konstruktion dem widerspricht. Offenbar treibt der Dichter erneut ein Verwirrspiel. Das Satzgefüge erlaubt letztlich auch die Deutung, dass der Himmel das ‚Schwankende' sei. Wenn ein Betrachter durch die bewegten Zweige und Blätter eines Baumes in den Himmel hinaufblickt, mag es täuschend so erscheinen, als schwanke der Himmel selbst, während es in Wahrheit doch anders ist. Wie zuvor das ‚Grün' der Ulmenkronen auf die Stille, so wird hier die Eigenschaft des Baumes (Bewegtheit) auf den Himmel übertragen. Es dient, wie die meisten anderen Bildfügungen, dem Ziel, alle Naturphänomene in Bewegung zu versetzen, der Wirklichkeit ihre festen Konturen zu rauben und sie in impressionistische bzw. surrealistische Eindrücke aufzulösen. Die Häufung der Verben für diffuse Bewegungsvorgänge (umschwirren, schweben, schwanken) und die ätherischen Elemente ‚Luft, Licht, Wind' schaffen gemeinsam die Voraussetzungen für die dynamische Schwerelosigkeit in der fiktiven Welt des Gedichts. Auf der rationalen Ebene wird dieses Ziel durch die mathematisierende Entstofflichung der Natur ergänzt. So entsteht eine Atmosphäre aus heiterer Leichtigkeit, wie sie dem ungetrübten Glücksaugenblick eigen sein mag, in dem nicht die Gesetze der Realität, sondern der dichterischen Phantasie gelten. Allerdings handelt es sich ‚nur' um ein ästhetisches Spiel mit Sprachzeichen und Sprachbildern. ‚Die Mittagsschrift aus leichten Zonen' meint als ein Geschriebenes das Gedicht Krolows selbst und charakterisiert es als ein unbeschwert anspruchsloses Kunstwerk. In Vers 19 kommt also ein poetologischer Gedanke zur Sprache, der auch in „Algebra der Früchte" anklingt.[25]

---

[23]   Ebd. S. 714.
[24]   Ebd. S. 714.
[25]   Ebd. S. 715.

In „Drei Orangen, zwei Zitronen" wird dieser Aspekt nicht weiter ausgearbeitet. Dagegen entfaltet ein anderes Krolow-Gedicht: „Ode 1950", das Thema unter Gebrauch ähnlicher Metaphern auf breiterer Basis. Dort ist die Rede von „Formeln der Früchte" und „Algebra/ Aus atmenden Silben"[26], mit denen der Autor seine Dichtungen vergleichend umschreibt. Deren rein ästhetische Wirkungsabsicht lässt sich am ehesten vergleichen mit dem Anblick des Stilllebens aus Orangen und Zitronen.

Zum vollen Verständnis des Gedichts ist abschließend noch die Bedeutung seiner rätselhaften Schlusszeile zu erörtern. Mit ihrer adversativen Einleitung ‚Doch' kündet sie einen Stimmungsgegensatz an. Die Zeile

Alter Sinn gurrt wie ein Tauber

ruft zwangsläufig einen komplementär gemeinten ‚neuen Sinn' ins Bewusstsein. Dieser ist offenbar in den leichten, heiteren Glücksbildern der vorhergehenden Gedichtverse zur Sprache gebracht worden. Ihnen schließt sich ein warnendes ‚Aber' an, das vergessenes Altes in Erinnerung rufen soll. Die abweichende, ungerade Verszahl der Schlussstrophe gegenüber den anderen harmonischen Strophen signalisiert einen Unterschied. Indem Krolow den ‚alten Sinn' mit den verlockenden Liebesäußerungen des Taubers vergleicht, weckt er die Vermutung, dass es sich um einen positiven Sinn handeln müsse. Doch ist andererseits das Gurren dem Schweigen der Zungen kontrastiv entgegengestellt. Versteht man dieses als einen Gestus der Liebe, der sich durch das Schweigen harmonisch in die Gedichtatmosphäre einfügt (Vers 6 u. 10), dann wirkt das geräuschvolle Taubengurren eher wie ein störendes Element.

Die „Ode 1950" liefert mit den folgenden Versen einen vielleicht hilfreichen Interpretationshinweis:

Aber mit diesen
Namen aus Zauber
Ist nichts erwiesen:
Der gurrende Tauber,
Die süßen Geräusche
– Erhört wie bewußtlos –
Vergehen. Ich täusche
Sie vor als ein Sinn bloß
In Worten und Zeichen.[27]

Die faszinierenden Gedichte mit ihren beschwörend schönen Sprachbildern ‚beweisen' für die Wirklichkeit der Natur gar nichts. Wie der ‚Tauber' und sein ‚süßes Gurren' vergehen, so muss auch der im Gedicht gestaltete ‚erfüllte Daseinsaugenblick' (Rümmler) entschwinden. Mit der Schlusszeile von „Drei Orangen,

---

[26] Karl Krolow (wie Anm. 4), Bd.1. S.51.
[27] Ebd. S.51.

zwei Zitronen" soll das Bewusstsein von der Nichtübereinstimmung zwischen Gedicht und Realität und von der Vergänglichkeit wach gehalten werden. Aber man darf den mahnenden Nebenton nicht überbewerten. Das melancholische Thema des Vergehens tritt in diesem heiteren Naturgedicht – anders als in der „Ode 1950" – nur beiläufig auf. Während es dort in pessimistischem Ton von der Natur heißt, sie sei „leuchtend und bitter zugleich", überstrahlt in „Drei O-rangen" das Leuchtende die dunkle Seite des Daseins, auch wenn diese nicht verschwiegen wird. Aber hier kommt sie nur in einem Nachsatz zur Sprache, der auch formal fast wie ein Fremdkörper wirkt.

Abschließend stellt sich für die Rezeption des Textes zwangsläufig die Frage nach Wirkungsabsicht oder möglichem Aussagesinn. Da ein lyrisches Subjekt als Repräsentant des Menschlichen so gut wie nicht in Erscheinung tritt, lässt sich dem Gedicht eine bestimmte Auffassung über das Verhältnis zwischen Mensch (Gesellschaft) und Natur nicht entnehmen. Insofern enthält das Gedicht weder eine „Anweisung auf Praxis" noch einen „Praxisentwurf", ja nicht einmal eine bestimmte „Naturauffassung".[28] Man kann Krolows Gedicht auch nicht, wie viele traditionelle Naturgedichte, als poetisches Gleichnis für die Liebe lesen, selbst wenn das Motiv in Strophe 4 anklingt. So wird man „Drei Orangen, zwei Zitronen" als autonomes Sprachkunstwerk wahrnehmen müssen, dessen Bedeutung im Bereich des Ästhetischen und der modernen Lyrikentwicklung liegt. Die Erfahrungen, die mit diesem Text gemacht werden können, beziehen sich in erster Linie auf seinen Kunstcharakter. Lyrik vom Typus des Krolow-Gedichts vermittelt dem Leser keine verwertbaren Inhalte, tiefgründigen Wahrheiten oder mitzufühlenden Erlebnismomente. Sie gewährt stattdessen Einblicke in die Arbeitsweise des modernen Lyrikers, der ‚Wirklichkeitsstücke' aus den unterschiedlichsten Bereichen mit kalkulierender Sprachphantasie so kombiniert, dass neuartige, ästhetisch reizvolle Gebilde mit einem eigenen Realitätsgehalt entstehen. Ihre wesentliche Bedeutung liegt darin, dass sie sich radikal von den Regeln und Gesetzen der Naturwahrnehmung befreien und so der Naturlyrik einen neuen Freiheitsraum verschaffen. Für die Rezeption hat dies zur Folge, dass der Leser einen sinnvollen Bezug des Gedichts zur außerliterarischen Realität nicht mehr herstellen kann. Er wird das bei einem pragmatisch ausgerichteten Literaturverständnis als Defizit empfinden, und der Vorwurf der artifiziellen Selbstgenügsamkeit solcher Lyrik, die sich den Wirklichkeitsbedingungen entzieht, wäre vielleicht kritisch zu erörtern. Das hohe Maß an ästhetischer Autonomie von Krolows „Drei Orangen, zwei Zitronen" lässt sich sehr schön verdeutlichen, indem man es beispielsweise mit dem anfangs zitierten Benn-Gedicht „Wenn etwas leicht und rauschend um dich ist" kontrastiert. Auch hier handelt es sich um Naturlyrik. Doch zielt Benns Gedicht auf eine reflektierende Gegenüberstellung der Seinsweise von Mensch und Natur mit dem Ziel, wesentliche Differenzen zu formulieren. Es handelt sich um ein naturlyrisches Gedankengedicht mit philosophischem Gehalt, wovon Krolows Text weit entfernt ist.

---

[28]   Gerhard Kaiser (wie Anm. 5), Zweiter Teil. S.716.

Peter Lang · Internationaler Verlag der Wissenschaften

Zofia Moros

Nihilistische Gedankenexperimente in der deutschen Literatur von Jean Paul bis Georg Büchner

Frankfurt am Main, Berlin, Bern, Bruxelles, New York, Oxford, Wien, 2007.
216 S.
Posener Beiträge zur Germanistik. Herausgegeben von Czesław Karolak. Bd. 17
ISBN 978-3-631-56679-4 · br. € 39.–*

Jean Paul eröffnet mit einer Traumvision *Die Rede des toten Christus...* Ende des 18. Jahrhunderts die Phase nihilistischer Gedankenexperimente, die in vielen Werken der Romantik (L. Tiecks *William Lovell* – 1795; C. Brentanos *Godwi* – 1801; Jean Pauls *Titan* – 1803; *Nachtwachen des Bonaventura* – 1805; E.T.A. Hoffmanns *Elixiere des Teufels* – 1815) fortgesetzt wurden, bis hin zur Infragestellung Gottes in Georg Büchners *Lenz* und zur Ersetzung Gottes durch das Nichts in Büchners *Dantons Tod* (1835). Damit wird beabsichtigt, nihilistische Gedanken in ihrem Einfluss auf die Auffassung Gottes, der Welt (u. a. die Rolle der Phantasie, des Idealismus, des Schicksals; Werte und Prioritäten) und des Menschen (u. a. Identitätsproblem, Gefühlsleere, Nichtigkeit, Langeweile, Außenseitertum) als einen kontinuierlichen Prozess zu erfassen. Der Untersuchung literarischer Werke geht eine theoretische Analyse des Begriffes „Nihilismus" um die Jahrhundertwende vom 18. auf das 19. Jahrhundert voran.

Aus dem Inhalt: Metaphysische Trinität: Gott, Welt und der Mensch im Kontext nihilistischer Gedankenexperimente in der deutschen Literatur (Ende des 18. Jahrhunderts – dreißiger Jahre des 19. Jahrhunderts) · Randmotive in der Literatur der Zeit der deutschen Romantik (u. a. Leben als Nichtigkeitsspiel, der Mensch als Marionette, der Außenseiter, Genusssucht, Lebensmüdigkeit, Leere, Langeweile, Melancholie) · Jean Paul, L. Tieck, C. Brentano, E.T.A. Hoffmann, G. Büchner

Frankfurt am Main · Berlin · Bern · Bruxelles · New York · Oxford · Wien
Auslieferung: Verlag Peter Lang AG
Moosstr. 1, CH-2542 Pieterlen
Telefax 00 41 (0) 32 / 376 17 27

*inklusive der in Deutschland gültigen Mehrwertsteuer
Preisänderungen vorbehalten

Homepage http://www.peterlang.de